文化震撼之旅

德国

GERMANY

（美国）理查德·罗德 著
刘 淳 译

北京·旅游教育出版社

北京市版权局著作权合同登记章图字：01-2013-8161
策　　划：丁海秀　李荣强
责任编辑：李荣强
图片提供：微图网、中国图库、壹图网

图书在版编目（CIP）数据
德国 /（美）罗德著；刘淳译. -- 北京：旅游教育出版社，2015.4
（文化震撼之旅）
ISBN 978-7-5637-3103-9

Ⅰ.①德…　Ⅱ.①罗… ②刘…　Ⅲ.①德国—概况
Ⅳ.①K951.6

中国版本图书馆CIP数据核字（2015）第011246号

文化震撼之旅

德　国

（美国）理查德·罗德　著
刘　淳　译

出版单位：旅游教育出版社
地　　址：北京市朝阳区定福庄南里1号
邮　　编：100024
发行电话：（010）65778403 65728372
　　　　　65767462（传真）
本社网址：www.tepcb.com
E-mail：tepfx@163.com
排版单位：北京旅教文化传播有限公司
印刷单位：北京嘉业印刷厂
经销单位：新华书店
开　　本：720毫米×1000毫米　1/16
印　　张：17.75
字　　数：256千字
版　　次：2015年4月第1版
印　　次：2015年4月第1次印刷
定　　价：58.00元

（图书如有装订差错请与发行部联系）

感受文化震撼

任何人一旦离开自己熟悉的舒适环境，骤然进入陌生的环境，就会感到迷失了方向，这种迷惑的状态就是文化震撼。“文化震撼之旅”是一套信息可靠的著名丛书。几十年来，一直都有助于移居国外或长期访问居留者减轻初到一个新国家（地区）所感到的文化震撼的冲击力。

这套丛书的作者都曾经在相关的国家（地区）生活过，并且亲身体验过文化震撼。他们和大家分享一切必要的信息，以便人家能更有效地解决种种迷惑。丛书的写作风格简单易懂，话题广泛，能够给读者足够多的忠告、提示与建议，以使他们能够重新尽可能正常地生活。

每册书结构一致。首先介绍不同的游客对某个城市或者国家（地区）的第一印象。要想了解一种文化，就必须首先了解其人民——他们来自何处，是什么身份，遵循什么价值观和传统，以及他们的风俗习惯和社交礼仪怎样？这些构成了书的前半部分。

接下来是各种实用的生活常识——告诉您如何最为舒适地定居下来。作者带领读者，先是了解如何寻找住处，如何把水、电、气、通信等各项设施开通，继而了解如何给孩子注册入学，以及如何保持健康生活。当然，还不仅这些。一旦解决了和基本生活有关的问题，就要出去尝试当地的饮食，享受更多的文化生活，并且到其他地区旅游。然后，在更深入地了解经济生活之前，还要透彻地掌握该国（地区）的语言。

在最后一章，作者先给出一些方方面面的基本信息，再测验读者对该国（地区）风俗习惯与社交礼节了解掌握的程度。为了方便读者，还列出了实用性的词汇与短语、综合全面的信息资源指南和查询更多信息的参考书目。

柏林勃兰登堡门

CONTENTS 目录

目录 CONTENTS

CONTENTS 目录

目录 CONTENTS

CONTENTS 目录

第七章 享受德国文化

第八章 学习德语

第九章 在德国经商

目录 CONTENTS

CONTENTS 目录

第十章 德国掠影

附录

德累斯顿圣母大教堂

FORWORD 前言

如何向那些来自其他国家并打算在德国生活的人描述德国呢？

开始着手写这本书时，我以为并不难，一切都会喷涌而出。毕竟，我几乎每天都得面对生活在德国的外国人要面对的那些好处和坏处，困难和实惠，这些还是我和外国朋友或伙伴们在一起时常聊的话题。但当我试图把这一切写成一本书、可以让来德国生活的外国人参考时，我发现这个任务比我一开始想象的要艰巨得多。

跟居住在德国的很多外国人的交谈越来越让我想起三个盲人被国王派去了解大象是什么的老故事。你肯定知道这个故事：第一个盲人回来向国王汇报说，大象是一种细长的动物；第二个盲人说，大象是一个巨大、光滑、无毛的动物；而第三个盲人则说，大象是个长而粗的圆柱形动物，长着蝴蝶一样的嘴，还会发出奇怪的像号角发出的嘟嘟声。

这个故事的寓意很清楚——每个盲人说的都是实话，都准确地描述了各自的体验，但第一个盲人只摸了大象的尾巴，第二个盲人只摸了大象的身体，第三个盲人只摸了大象的腿。描述有关德国这样一个大而复杂的国家也一样，没有人能够完整地体验它的每个部分并描述出来，即使是在德国生活了一辈子的人也不

德国无忧宫

可能。(而且土生土长的德国人也无法体验到那些意想不到的让初来乍到者难以应付的问题。)

我们每个人都有自己的盲点，有些人可能还会有一两个私心。我承认我有盲点，甚至还有一两个私心。而且我承认如果这本书是其他人所写，是其他有自己的盲点和私心的人所写，它会有所不同，会关注不同的事情。比如，我和那些朋友和熟人交谈了很久，发现他们越来越沉迷于自己的那部分大象。在这本书中我尽力把这些各种不同的体验和看法都包含进来，以期呈现给大家一个完整的画面，虽然有时那些体验和看法完全自相矛盾。

不过话说回来，德国本身在很多方面就是自相矛盾的。它拥有巨大的财富却同样难以摆脱令人沮丧的贫困；沉迷于秩序却又爱好节制有度的混乱；关心面临威胁的自然环境，却对那些更好保护环境的限制措施漠不关心。

你知道的那些关于德国的耳熟能详的很多说法现在在德国仍能见到；有些以前能见到，现在没有了；而有些不但已不属实，而且有害。

我承认，即使你读完整本书，也不会对大象的每一部分都了如指掌，但是至少你会明白大象是个什么样的动物，应该怎么应对它。

路德维希堡

鸣 谢

由于众多人士和机构的大力支持、帮助和投入，本书才不至于薄而疏浅。我无法在此向所有帮助过我的人表示感谢，但我必须感谢以下机构：

ADAC(德国汽车协会)

Amt fur Multikulturelle Angelegenheiten, Frankfurt(法兰克福市多元文化事务局)

Archiv fur Kunst und Geschichte, Berlin(柏林艺术与历史档案馆)

Bundesbildestelle(波恩联邦图片公司)

Deutsche Bibliothek(德国国家图书馆)

Financial Times-Europe(《金融时报》欧洲版)

Industrie-und Handelskammer, Frankfurt am Main(法兰克福工商会)

Inter Nationes, Bonn(波恩国际交流中心)

Wolfgang Huhn and the Polizeiladen, 法兰克福

Landesverband des Hessischen Einzelhandels e.V.(地方粗麻协会)

我还要向以下人士表示最诚挚的谢意：

Bernd Basten	Peter Linder 博士
Martin Harrison	Heinz Frey 和 Rita Da Silva-Frey
Brigid Ibell	Alessandra Helm
Sally Lamm	Doris Linda Jones
George McIlhenney	Gudrun Lord
Robert RodgerJames	G. Neuger
Inge Schlaile	Orly Selinger
Robert Stevenson	Helmut 和 Hedwig Stein
Susan Stern	Ulla 和 Marylane Silundika

题 词

献给 Gudrun，

我在德国生活的主要原因。

第一章

第一印象

“你要是问这儿的人什么样，我只能回答：跟别的地方一样！”

—— 歌德，《少年维特的烦恼》(JFW Goethe, The Sorrows of Young Werther)

“人人都把自己视野的极限，当做世界的极限。”

——阿瑟·叔本华（1851，Arthur Schopenhauer）

几乎每个人在到达德国时都对德国和德国人有一堆先入为主的想法。这些想法大多数都该交给海关，因为它们毫无价值。除非你在到达德国之前对这个国家已经特别了解，否则肯定会碰上一些令你惊讶的事。

很可能你会乘机前往这个国家，在某个大机场降落，也许是法兰克福机场，它是德国最大最繁忙的机场。机场里熙熙攘攘，商店、货架灯光明亮，其干净程度也令人称道。没错，这就是你想象中的德国。

第一印象

从机场或火车站出来排队的出租车，你会惊讶地发现几乎所有的出租车都是奔驰。你早知道这是个富足的国家，可是富到这个程度了吗？很快会有人告诉你，这是因为政府大幅减收这些豪华出租车的购置税。这些车可是质量上乘、不畏磨损，而且别忘了，奔驰可是德国人引以为豪的汽车品牌。尽管如此，看到那么多奔驰出租车还是令人印象深刻。

乘车或步行经过城区，你开始寻找德国人——很久以来你在图画书中见到的德国人。比如身着皮短裤、褶边衬衫，头戴侠盗罗宾汉喜欢的那些滑稽帽子的男人们，还

德国法兰克福机场

有他故事中的那些快乐的男人或女人。女人们打扮得像是长大了的“小海蒂”，穿着上紧下宽的大圆裙以及褶边更多的衬衫，还有尖尖的、看上去不太稳的鞋。当然，他们每个人至少一只手紧握着一个大大的啤酒杯。

德国街边景色

可别把你的脖子累酸了。你会发现即使在德国住上几十年也不会在生活中见到这些场景。当然，在德国的某些地方，又赶上某些节日，你会看见很多这样的德国人，否则，德国人穿着得并不那么像“德国人”。

他们说话也不那么德国腔——“Zee Yermans don’t reellee talk like ziss, you zee。”没错，多数德国人说英语都有明显的口音，但你听到的多数口音即便是对美国电影《霍根英雄》（Hogans Heroes）来说也是不能接受的。事实上，很多英国以外的人把这种德国口音只当做发颤的英国口音。我曾经认识一个在伦敦的德国男演员，他告诉我这样一件可悲的事情：因为德国口音不够重，他失去了在一个英国电视剧里扮演德国士兵的机会。大多数德国人并没有什么德国口音。

可你还是会继续寻找有典型特征的德国人，却发现很多德国人看上去像土耳其人、克罗地亚人、意大利人、希腊人或阿拉伯人、亚洲人、非洲人，这可真令人费解。其实你看到的正是这些不同民族的人。不久你就会意识到，在很多大城市，大街上和商店里的外国人几乎和德国人一样多。如果你是经由法兰克福来到德国，你应该知道法兰克福至少有 30% 的居民不是德国人。

我在哪儿

那什么才是德国特色？什么是德国？你以前总是听说德国很干净、德国人对公共卫生几乎有一种癖好。难道你是误降在另外一个地方了？我是说，看看地上这些乱扔的废纸，有些距垃圾箱只有咫尺之遥，轻轻一够，摁一下垃圾箱盖就扔进去了。而且很多地方到处是烟头，像长在人行道上或紧贴在马路牙子上的野花。这就是他们所说的德国人对公共卫生和秩序的癖好？

或者在城中徜徉时，你会惊异于这个地方对德国个性的缺乏。一个对世界各地都厌倦了的美国旅游者曾经极度失望地说：“世界上的各个地方都一样，我已经习惯了。但德国却尤其如此。”你的第一印象也许恰好和这个旅游者不谋而合。

并非如此。不久你的第一印象中的一些印象就会被一些新的印象所代替，正如后浪推前浪。看，这肯定才是德国——人们在一排排的小摊前用牙签或手指享用着香肠而不就着小面包吃；而且沿着大街往下走，你会发现周围的人都焦急忙碌，步履匆匆，与你擦身而过时脸上带着清晰的德国人的严肃表情。这才更像你听到或读到过的德国。

而且还有更多你认为具有典型德国特色的东西隐藏在城中的另一些地方，或隐藏在你正前往的一个小镇或郊外。蜿蜒的道路在寂静的村庄中盘桓，路旁是一排排整齐而维护良好的半木质结构的房屋。这些小镇的街道也正如你想象中的德国街道一样，整齐干净，见不到一星半点垃圾。

如果你所在的城市有老城区，而又幸免于第二次世界大战的轰炸，你就会见到你一直想见的故事书中的德国。那儿的街道和建筑可能已有几百年的历史，有些建筑看上去就像巨大的姜饼面包房。和某些城市中某些地方那些“看上去无异于另一个地方”的建筑相反，你会看到一些100多年来变化甚微的村庄（主要在东部省）。

德国的街道

那是不是说你的第一印象都是错误的，而第二印象更准确？并不是。所有这些印象都是正确的。但是别忘了我在前言中说过的话——初来乍到的你只是摸到了大象很小的一部分，而更具魅力的德国属于大象的另一部分。两组印象都不可磨灭，同属德国。不过现在你需要更深入一些，去发现这个国家更多的魅力。

为何来德国

这些年我和居住在这里的外国人有过无数次谈话，关于为什么来德国的问题他们给出了不少答案，但这些答案都没超出一个相当狭小的范围，主要涉及配偶、男友或女友、工作或一些生意上的机会——或是对上述某种机会的期望。非常显著的是没有人说他们来这儿是因为这个国家，或是因为他们早就听说过德国而且一直都想来这儿，终于有了这样的机会就来了。对很多长期或短期移民来说，德国只是一个更适合他们做那些他们想做的事情的地方。

许多在德国生活了很久的人都谈到他们当初是怎样打算再往西去，可是德国，由于某种原因，成了他们最后的驻足地。最有趣的也许是东欧的犹太人。在过去的 60 年里他们很多人在德国寻求庇护，其中一些人是在第二次世界大战刚结束时。他们中的很多人当初险些被送进纳粹集中营，一些人甚至曾被关押在那些集中营里。可 25 年或 30 年后，这些人又对德国和德国人建立起来的自由民主重获信心，敢于颇为艰难地穿过“铁幕”来到这个国家，利用这个国家宽松大度的政治避难法律寻求庇护。恐怕没有比这更有力的证据能证明西德（现已统一）民主再建的力量了。

被贬损的“圣地”

收集德国印象的最初几个月里，你会发现另一件不寻常的事：很少有外国居民很喜欢德国——或者承认很喜欢德国。外国居民在一起谈的都是对德国生活这方面或那方面的抱怨，对德国人个性这样或那样的不满，或遭受过这样或那样不友善的待遇。很多人无休无止地说他们多想搬迁到别的地方，可他们却以某种方式设法在德国长久地待了下来。我有几个朋友，他们至少 10 年来一直在说一有可能就会搬出德国，可他们却在德国居住了 20 年或者更长，尽管他们完全可以离开德国去别的国家。

比这些牢骚满腹的人更典型的是另一些人，他们会告诉你当初他们来德国是因为

德国乡村风光

大众汽车

工作或任务，只打算待很短的时间，可是后来他们遇到了一个伴侣，结识了一些新朋友，参与了这个或那个项目，发现德国这个或那个方面奇特有趣，然后，就可想而知了。

德国的确给人一种很强的“惯力”。这个国家管理完善，给生活在这个制度相当开放的国家的人提供了足以让人宽慰的安全感和心灵的平静。宣泄对德国的不满是外国居民很喜欢的一项轻松愉快的休闲活动，很快你也会加入其中。对上百万的外国居民来说，德国给了他们一个温暖舒适的家；这个国家一定做了一些正确的事情。

我认识的那些来到德国并爱上这个国家和人民（而不是某些德国人）的人并非多得难以计算，但他们大多数都生活得很满足。关于为什么喜欢在德国生活，那些在德国居住时间很长或不长的外国居民是怎么说的呢？“这个国家干净、有序；在这儿凡事都很顺利；总体来说人都很可靠；相当安全，即使晚上很晚坐公交车也不害怕；火车很准时，对，几乎所有的东西都很准时；在这儿可以挣很多钱，比我们那儿多多了；我在这儿有个很好的工作，工作待遇不错，也很受人尊重。”只要在德国待一小段时间，你就会点头赞同至少其中一种令人振奋的说法，可能还会加几句自己的赞美之词。

要使你的第一印象更完整，而不仅仅停留于那些跳出来抓住你注意力的东西，或许你还应该了解德国生活的另一面——德国历史，它虽不那么引人注意却很重要。那些悲剧性的事件影响着每一个人，包括当 21 世纪悄然而至时来到德国的那些人。

德国什末林市的城堡

第二章

国土与历史概览

“德国人的历史是走极端的历史。它包含了除适度以外所有其他的东西。”

——泰勒（1944）（AJP Taylor）

“我不是德国人，我是巴伐利亚人。”

——弗朗茨·克罗茨（Franz Xaver Kroetz），德国当今最著名的剧作家

国土概览：自然区划与地区主义

地理

迄今为止，我们谈论德国和德国人的方式似乎都在暗示德国即便不是单一如磐石，也是一个由同一种族组成的国家。实际上，德国地域广阔，其地区主义和国家民族认同感同样显著。这些地区主义是深厚的民族自豪感的根源，受到人们坚决的保护，抵制任何让它们一体化的企图。

德国曾经幅员更为辽阔，如今面积为 35.7 万平方公里，是欧盟面积第三大国家，小于法国和西班牙。南北最大距离为 876 公里，东西最大距离为 640 公里。德国疆域足够辽阔，有丰富多样的地貌特征和建筑风格，却又小到你在一天之内可以从任何一个地方到达另一个地方。

德国风景各异，地形复杂多样。从波罗的海和北海海岸的低地，到南部高耸的阿尔卑斯山脉；从中南部地区森林茂密的高地，到平整的吕内堡草原（Lüneburg Heide）；从绿树成荫的莱茵河峡谷，到雾霭中景色壮观的康斯坦茨湖（Lake Constance）、湖中小岛及周围景色，各不相同，令人难忘。而且还有西南部巴登－符腾堡州（Baden-Württemberg）有名而壮观的黑森林（Black Forest）和可以与之相媲美的图林根森林（The Thuringian Forest）。

自然的呼唤

德国因其迥异壮观的景色从不会让自然爱好者失望。即使对那些居住在德国大城市钢筋混凝土丛林中的人来说，要想纵情享受乡下秀丽的风光，开车或乘坐公交车都只需一段很短的旅程。

德国人很喜欢把至少一部分周末时间或无数个节假日中的一段时间用于本国朝圣般的旅行。遗憾的是，周末巨大的游客量正逐渐使一些风景壮观的旅游胜地在烟雾中窒息，因为大量有名的森林区正遭受着游客车辆排出的废气的威胁。此外，开往周末度假胜地的长长的车队也令人泄气，使游玩的乐趣大打折扣。

不管是冬日还是夏日运动的爱好者，在德国都能轻松找到他们的所爱。南端呈带状绵延的阿尔卑斯山是国内外游客滑雪和从事其他冬日运动的良好场所；而在北端，北海和波罗的海沿岸沙滩极多，天气宜人，是日光浴和阳光爱好者们娱乐休闲的理想去处。联邦德国因为1990年梅克伦堡－前波莫瑞州的加入拥有了德国最棒的沙滩，其周围未经雕琢的自然景色尤为秀丽壮观。这个前东欧地区正成为德国备受青睐的旅游胜地，以前那些破旧的基础设施已被成功重建，以接待那些喜欢来这儿度假的人。

除了大陆本身，梅克伦堡－前波莫瑞州还给联邦德国带来了第三个绚丽迷人的岛屿——波罗的海的吕根岛（Rügen），它现在和北海的叙尔特岛（Sylt）和赫尔戈兰岛（Helgoland）一起成为德国最受欢迎的岛屿度假地。叙尔特岛最受青睐，虽然赫尔戈

德国诺尔登海滨

兰岛保存更好，而且以岩石多、地势起伏见长。恐怕让赫尔戈兰岛不及它这个北海近邻的主要原因是它只能从海上到达，而乘船穿越那片海面的颠簸和遍布的礁石却是颇为有名的。如果你真的要去那个可爱的岛上度假，上船前可别吃得太饱。

多彩的城堡

德国还为那些对自然风光稍感厌倦的人准备了色彩多样的建筑极品，它们尤其深受城堡爱好者的喜爱。统一前德国有 200 多个王国、公国和封地（随后你在“历史”部分会读到相关内容），这些大大小小的君王们都痴迷于给自己建造各种城堡，在德国的土地上留下了星罗棋布的各式城堡建筑。由于现代战争使城堡失去了战略意义，大多数城堡在第二次世界大战中都幸免于难，或只受到了轻微的损坏。

介绍德国不提城堡很难，只说一句就够了，驱车在德国郊外行驶，你至少会路过一座城堡，不管它规模多小。德国和外国游客都喜欢把游览城堡和莱茵河合而为一。莱茵河是德国最大、最壮观的河流。德国以前那些大大小小的君王们也都倾心于莱茵河的壮观，因此沿河建造了许多城堡，以便他们能在山坡上温暖舒适的城堡中俯瞰莱茵河全景。

由于战争和时间的原因，也有很多城堡受到损坏，因此游客们只能从外部观赏它们，而不能进入。不过也有一些保存完好的城堡可以让你了解德国那些并不久远的皇族们的生活，这些城堡都已成为旅游胜地。其中最著名的是巴伐利亚号称“疯子国王”路德维希二世（Mad King Ludwig II）的四大城堡——林德霍夫堡（Linderhof）、海伦金姆湖堡

德国旧天鹅堡

（Herrenchiemsee）、旧天鹅堡（Hohenschwangau）和新天鹅堡（Neuschwanstein）。新天鹅堡是迪斯尼乐园魔幻王国城堡的原型，距离规模较小的旧天鹅堡很近，步行就可到达。如果你住在慕尼黑或有机会去那儿，每个城堡都值得你游览半天。

而罗滕堡（Rothenburg ob der Tauber，也在巴伐利亚）值得你游览更久，至少是半天。这是欧洲保存最完好的中世纪古城，古城中多数建筑都可追溯到13至16世纪，几乎没有什么是19世纪以后建的。罗滕堡被喻为德国的迪斯尼，自然是一个重要的旅游胜地，而且通常你会见到更多的日本人和美国人而不是德国人在铺着鹅卵石的街道上悠闲地散步。

有着“大学城”之称的海德堡（Heidelberg）是另一个游客们喜欢光顾的地方。它位于美丽的内卡河谷（Neckar River Valley），保存着狭窄的阿斯塔迪（Altstadt）中部地区古老的辉煌。如今著名的海德城堡基本已是废墟，但这座古城由于久负盛名的海德堡大学和大学生而独具特色，成为德国最具魅力的小城之一。事实上，很多远在法兰克福、卡尔斯鲁厄（Karlsruhe）工作的人也不顾早晚长途驱车的辛劳，宁愿住在海德堡地区，所以，海德堡不仅是个旅游城。

气候

如果你以为德国的气候和斯堪的纳维亚差不多，你就可以感到宽慰了，因为德国其实气候温和，很少会寒冷刺骨或闷热难熬（尽管过去10多年里曾有几个出人意料的炎热夏季大大促进了空调的销售，而原本这个国家很少需要使用空调）。

北部海岸的天气是最阴冷的，不仅寒冷，还常伴有狂风，除了那些最强壮禁冻的人，所有人都蜷缩在温暖的屋里。

海德堡大学城

德国吕贝克街景

西南端通常是这个国家最暖和的地方，康斯坦茨湖的美瑙岛（Mainau）遍布着柠檬、柑橘和棕榈树，以及兰花和其他亚热带植物和花卉，经常游客爆满。这个地区理所当然成为早春和秋季旅游者趋之若鹜的地方。中西部地区冬日温和，夏日凉爽，季节之间的变化并不明显。

总的来说，和其他地方相比，北部地区冬季更寒冷，夏季更凉爽，可德国最寒冷的地方却是在最南部。怎么听上去很矛盾呢？很简单——海拔最高点在德国南部地区，位于阿尔卑斯山斯瓦比亚和巴伐利亚支脉。这些地区自然也是德国滑雪业和其他冬日运动的中心。

东部的哈茨山（Harz Mountain）地区据称形成了自己独特的气候带。由于狂暴的寒风、凉爽的夏季以及漫长的白雪皑皑的冬季，哈茨山地区成为那些渴望远离现代舒适生活的人们度假的首选地。

资源

德国自然资源匮乏，几乎不产石油或铁矿石。虽然天然气储量还算丰富，也只能满足德国 1/4 的需求。真正丰富的自然资源只有煤（褐煤和烟煤）和盐。

资源的匮乏形成了几百年来的德式经济思维。自然资源方面德国一直依靠进口，而且自工业时代开始以来,这种对进口的依赖就十分关键。由于德国的土壤不是太“好客”，农产品的种类和质量也都有限。但是，德国最重要的资源是德国人民。

人口

德国人口超过 820 万（除俄罗斯外欧洲第一），人口密度在欧洲大陆排名第三。虽然只有近 10% 的人口属于正式的“外国人”，德国人之间也存在很大差异。即使是纳粹，那些倡导“种族纯净”谬论的人，也承认德国人有很多不同的支族。尽管近些年职业变动造成的搬迁促进了人口的融合，但不同地区、甚至是同一地区不同人之间的风俗和特点也明显不同。不过毫无疑问，在这个国家生活，每个地方都不同于另一个地方。

多样化的优势

不同的地区之所以能够发展和培养各自的特点，很大程度是因为统一姗姗来迟。尽管普鲁士在 18、19 世纪以其严格的价值观扩大自己的影响，其他地区和主要城市

慕尼黑马林广场

已经形成了自己独有的特征，而这些特征即使是在普鲁士统治下也以某种方式继续存在并发展着。

汉堡、不来梅、吕贝克、法兰克福和科隆这些城市早在几世纪前的所谓神圣罗马帝国（第一帝国）时期就已成为权力中心，而到了19世纪初，符腾堡王国的首府斯图加特、巴伐利亚的首府慕尼黑、下萨克森君王们的所在地汉诺瓦、富有而势力强大的萨克森州的德累斯顿和莱比锡才和这些城市统一。

地区化的国家

新的、工业化的第二帝国成立后，柏林成为其紧张而繁忙的首都。这时，过度的权力开始慢慢集中在一个城市。从那时开始，其他地区就掀起了文化抵制的浪潮，并一直持续到今天。事实上，在1991年那场关于把政府所在地从波恩迁回柏林的激烈争论中，双方的支持者都引用了历史上的先例。反对迁回柏林的一方认为德国历史上一些重大的灾难都在强烈地告诫后人不能把这样的权力集中在一个城市（支持柏林的一方还是赢了）。即便如此，德国统一之父俾斯麦曾不无嘲讽地说，在团结友爱的理智下，德国人在彼此之间培育了一种健康的蔑视。今天说德国人之间相互蔑视有些夸张，但是说德国人相互之间确实保有一种健康的怀疑态度却很可能是正确的。

直到几年前，德国人仍然固守土地、懒于流动，这使很多地区得以保持地区主义观念。很多德国人首先认为自己是属于某个地区或城市，然后才属于德国的一员。有很多笑话都是关于巴伐利亚人如何怀疑任何带有一丝普鲁士特色的东西（对具有喜剧色彩的巴伐利亚人意味着任何美因河以北的东西）。没错，这些笑话都有其真实性。这可不是玩笑：在德国和瑞典之间的一个主要过境处有一个标志牌，上面用很大的字写着“巴伐利亚自由之州”，在下面却挤着一行很小的不起眼的字“德意志联邦共和国”。

这些地区差异表现在食品、方言、宗教、思维各个方面，而且甚至在一定程度上还表现在服装上。尽管大众媒体，尤其是电视，以及德国人流动性的增加使这些差异日趋模糊，但区别仍然存在，尤其是在小城镇和乡村。我记得有一次和我岳父观看有关巴伐利亚一个小乡村的电视报道。他是法兰克福人。当我说村民们方言很重、我只能听懂他们谈话的1/4时，他却坦白说他自己只能听懂一半。

饮食的地区差异

德国果仁面包

从广义上来说，德国菜系有别于别的菜系，但德国菜本身也有很多不同。最南端的巴伐利亚和巴登 - 符腾堡两州的分界线常被称为“白香肠赤道”，笑指深受巴伐利亚人喜爱的水煮香肠。一些烹饪风味的差异是由地理位置决定的，比如在北部沿海地区海鲜占主导地位，而与法国临界的巴登 - 符腾堡和萨尔兰州（Saarland）则受法国风味的影响。还有很多小的差异——西南部吃面条很普遍，而在北部和东部土豆是主要食品；穿越威斯特法伦（Westphalia）时你会发现面包的颜色越来越深；德国北部的饮食含有更多脂肪等。东部地区的饮食更加有趣，可惜那个地区在第二次世界大战后被分割出德国，而从东部西移的德国人在融入的过程中却未能保住他们独特的风味。

宗教的地区差异

虽然南部和西部各州以及往北到北莱茵 - 威斯特法伦州（North Rhine-Westphalia）主要信奉天主教，而北部和东部各州主要信奉新教（主要是路德教），宗教的地区差异在过去 50 年来也日趋模糊。实际上，很多德国人对某种宗教的信仰更像是穿戴某种风格的衣装，只为某些特殊的场合而用。

服装的地区差异

服装也存在地区差别。比如，如果你喜欢德国男士身穿皮裤或夹克、头上歪戴猎手帽的经典形象，你可能会在巴伐利亚遂心如愿。而在北部沿海地区，扁平的、更为实用的海因里希亲王帽（也叫渔夫帽，Prince Heinrich cap 或 fisherman's cap）则更常见。这种帽子因为前总理赫尔姆特 · 施密特（Helmut Schmidt）而变得闻名遐迩。有些德国人还声称即使是突然空降到某个大城市，仅从着装风格就能猜出是哪个城市。如果这种说法属实，那就可以区分出不同：穿着讲究的杜塞尔多夫和慕尼黑人服装颜色鲜亮、款式雅致，穿着讲究的汉堡人服装风格比较传统保守，而法兰克福的时装则垂青于更为严肃和实用的线条。

最能狂饮啤酒的人被认为是巴伐利亚人

西部各州在性格上的差异只是表面的而非实质的。尽管如此，当你从下萨克森州中部往南行，你会听到很多当地人非常肯定地说他们北部的同胞们比其他地区的人更沉默寡言、保守内向。也许如此，可我在汉堡的酒吧里很快就被陌生人热情接纳，胜过德国任何其他地方。

据说这种无法解释的德国个性特征在巴伐利亚州最为严重。巴伐利亚人被认为（不仅被他们自己认为）是德国最热情奔放、最追求玩乐、最能狂饮啤酒的人（有大量统计数据证明了最后这一点）。然而迁到南方的普鲁士人（任何一个非巴伐利亚当地人）在期望融入这种狂放而热情的氛围中时却发现巴伐利亚人的这种性情完全只流于表面。据说外人要想穿透这个表层，必须要非常用力才能撞开那一扇扇对外紧闭的大门。还有另外一些人，有德国人也有外国人，也谈到他们在巴伐利亚乡村的一些令人不快的经历。在那儿，德国人对陌生人那种先天的根深蒂固的怀疑表现得最为严重。尽管如此，在大多数民意测验中，德国人都认为慕尼黑是他们最乐意居住的城市。慕尼黑如此受欢迎不仅是因为它作为巴伐利亚州的首府魅力无穷，还由于它靠近很多运动和休闲中心，像阿尔卑斯山和散布在巴伐利亚州南部的数量众多的湖泊。

柏林人也以开朗著称，尽管他们表现出的恼怒、敌意和不悦更令人印象深刻。柏林人有名的“大嘴”（Schnauze，指说话咄咄逼人——译者注）经常是歌曲和传说的题材，带着某种讨人喜爱的粗鲁为世人所知晓。他们随时准备欢迎或帮助你，也随时会因为某种真实或想象中的冒犯而怠慢你。当然，两种行为都带着具有德国个性的粗犷的幽默。简而言之，居住在柏林这个大都市的人比其他地区的人更像纽约人、伦敦人或巴黎人。

1948 年至 1989 年间的独特身份孕育了柏林独一无二的特点。西柏林因其开放和丰富的夜生活吸引了成千上万的年轻人，而且年轻人还可因在少年时代成为柏林居民而免服军役。此外，柏林开放容纳的氛围和谋生的机会也像磁铁般吸引着很多外国的移民。艺术家们也因为这个城市令人陶醉的气氛和市参议院为艺术提供的慷慨资助而纷纷前往。

所有这些让人们觉得在柏林有什么狂放和古怪的举止都不足为奇。柏林的这个名声通常比较符合事实，而且其他地区的大多数德国人都对柏林有一种渴望的爱慕或仁慈的宽容。即使是一些非常保守的德国人在听说他们这个新确立的首都要举行一些奇怪的演出或活动时［比如克里斯多（Christo）和珍·克劳德（Jean-Claude) 包装德国议会大厦］，也只会摇摇头，笑一笑，说："嗨，这就是柏林，柏林永远是柏林。"

莱茵兰地区也有着自己独特的个性，你也只能笑一笑摇摇头接受它。这个地区也以比较开放和友好著称，而且和巴伐利亚人及柏林人一样以享受生活闻名——当该享受生活的时刻来临时。

东西分界

毫无疑问，德国境内最大的差异仍然存在于前东德和前西德以及前东德人和前西德人之间。 在两个截然不同的政府和经济体制下生活了 40 年（而且历史上一些最迅猛的变化就发生在这 40 年里)，无法期望他们之间没有巨大的差异。

在德意志民主共和国（DDR）濒临解体的那些日子，成千上万的人上街游行，高喊着"我们是同一民族"的口号。这种由 40 年被迫分裂带来的差异远比他们想象的要根深蒂固、难以磨灭。在柏林墙已被胜利拆除 20 多年的今天，很多人还在谈论他们"心中的柏林墙"，令人悲伤的是这种心中的障碍更难消除。

西德佬和东德佬

西德佬（东德人对西德人轻蔑的称呼）和东德佬（西德人对东德人轻蔑的称呼）之间的主要区别体现了他们各自生活其中的不同制度。东部人认为西部人太物质主义，

德国的道路施工建设

穿越森林的德国公路

太表面化，太关心自己和他们自己的小圈子，太傲慢。西部人则反击说东部人太懒，太简单，太急于想要一切，太不主动，而且太没有安全感。

东西部之间诸多的不同不仅在于人们的心态，还在于工业和住房。东部的很多工厂要么已废弃，要么效率很低。虽然其中一些工厂安装了新的设备，但很多工厂都不可救药、关门倒闭了。现在，面貌崭新、技术先进的工厂一座接一座地耸立而起，政府或商业界那些最疯狂的乐观主义者甚至推测再过 5 年落后的将是西部的工业。多数人都把这种推测当做是浪漫的幻想。尽管如此，东部的工业和经济已经开始增长，虽然比很多人曾经期望的要慢一些。

缓慢的路程

东部最显著的改善有两个方面，一个是公共和私人交通，一个是空气和水的质量。

在德国刚刚统一的那几年，对许多人来说，在新加入的东部各州旅游最实际的问题就是东部的路况和西部相差巨大，出门非常不便。由于很多道路，即使是主要街道或高速公路，路况质量较差，亟待维修，而且只有两条车道，因此在东部行驶要比在西部慢得多，而且非常不舒适。乘火车旅行，其舒适度也远不如西部。

然而，德意志联邦政府和德国铁路公司投入大量资金改善东部交通，使东西部交通方面的主要差距基本得以消除。

联邦政府投入东部的 1.2 万亿欧元中，有相当大一部分用于改善道路和其他基础设施。像德国整体交通运输计划这样的工程使东部的许多高速公路和铁路事实上变得比西部的还要好，可是在乡村和小镇周围还有数不清的道路铺的是鹅卵石，路况很差。因此在东部那些颇具魅力的地方旅游时，要多准备点时间，还要准备好应对旅程的颠簸。

带给百姓的污染

德国统一后，德国人面临的另一个更重要的问题是东部环境的严重污染。前东德的某些信仰者们认为只有剥削的资本主义生产方式才会造成工业污染，所以建造和保留了一些污染最严重的工厂。由于无法迅速隔离这种可怕的污染，又未能关闭大部分工厂和电厂，所以在20世纪90年代的大部分时间里，严重的空气和水污染使东部的很多地区饱受其苦（那个地区长期以来的健康问题反映了前东德当局对自然环境的长期滥用）。

柏林墙

这种情况现已大有好转。不得不承认的是，这种大幅的改善一部分是因为众多散发有毒物质的工厂和电厂因为经济原因而被关闭，因此当地许多人虽然呼吸到了更洁净的空气，却付出了高失业率的代价。实际上，哈勒（Halle）周围地区以前是呼吸系统疾病的灾难性发作区，现在被怀疑即将成为欧盟失业率最高的地区。

虽然来自西部的游客还在抱怨他们在哈勒、洛伊纳（Leuna）和比特菲尔德（Bitterfeld）这样的地方仍然不能自由地呼吸，人们还是普遍认为即使是在以前那些环境极差不能前往的地方，情况也已经有了显著的改善。

柏林——东西部交会处

不难理解，柏林是统一这一痛苦历程进行得最迅速和最深入的地方（尽管莱比锡的经济发展在某些方面更为突出）。这个城市以前分为东西两部分，如今其东部很多地方已经有了西部的特征（大多数分界线本来就是人为的，有时就把一条街道一分为二）。没错，最富丽堂皇的部分仍然在西部，但大量的投资正注入东部，以改善其经济水平。而且由于东柏林曾是皇权德国和纳粹德国的政府所在地，又是前东德的示范中心，因此已经具有东部其他城市不可比拟的辉煌和光芒。

然而，即使在柏林人们也有很深的心理界限。最近的广播及电视报道称柏林的年轻人仍然习惯于把他们自己归属于东德或西德——尽管从表面看他们合在一起已经20多年了。东柏林人抱怨不能再成群结队地去市中心他们喜欢的那些地方，因为那些地方已经被富丽堂皇的俱乐部、咖啡馆和迪斯科舞厅所占据，随之而来的还有常去光顾的西德佬。无论是在西柏林年轻人聚会的场所，还是在东柏林新近被西化的那些年轻人逗留的地方，他们都感觉不自在。

东柏林的年轻人说他们只好去家乡更远一点的郊外（《再见，列宁！》这部荣获多项大奖的电影以一种幽默而略显晦涩的方式反映了这种归属错位感）。而西德人则说虽然他们喜欢光顾市中心那些新近流行的地方和时尚的普伦茨劳贝格区（Prenzlauer Berg），但他们绝不会冒险去周边地区，因为那儿的设施根本不符合他们“舒适”的标准。

因此，即使在柏林，“心中的柏林墙”仍然非常根深蒂固。

东德情结

近年来出现的一个显著现象是东德情结（显然在柏林这种情结最为强烈）。“ostalgie”这个词本身就是德语“东方”和“怀旧”的结合体，指尽可能重拾以前东德生活方式的愿望——当然，不包括独裁、秘密警察、整齐划一的灰色色调和愚蠢的政治宣传。

因此，前东德（以前称为德意志民主共和国）很多受欢迎的消费品，像“Rondo”牌梅兰锡咖啡、“Spreewald”罐装咸菜等在20世纪90年代早期被它们的西部竞争者挤出市场后现在又重新出现了。（这些复兴的产品现在很多都由西部的公司生产，可是当你能再次咬一口脆脆的“Spreewald”咸菜，然后喝一大口东部特有的“Vita”可乐而不是百事可乐时，谁还会在意它是哪儿生产的呢！）

目前，在柏林著名的亚历山大广场（Alexanderplatz）有名为“99%东德产品”这样的商店，专门满足那些怀念过去计划经济种种好处的人。在柏林郊区的科佩尼克（Koepenick）建一个以东德为主题的公园的计划甚至也浮出了水面（主意不错，因为很多旅行社已经在提供东德特色游了）。

这股怀念东德的浪潮显然促成了电影《再见，列宁！》的拍摄。这是一部德国历史上票房收入最高的电影。令人印象深刻的是，这些曾经一度消失的东德产品及其相关情结的狂热消费者却是那些住在西德的东德年青一代。

柏林夜景

东德人成为西德人

相当数量的前西德各州的居民最早都来自前东德。为数不多的人是在前东德看上去似乎不会很快消亡时一批批来到西德的；大批的人是在前东德濒临解体时或东西德统一的早期来到西部的。

1990 年以来，几乎 1/7 的东德人迁居到西部或迁出了德国。东部 5 个新州的人口下降了 10%，只剩 1370 万人。在某些城市，人口的下降更为剧烈，比如以前的重工业基地豪耶斯沃达（Hoyerswerda），其人口在统一后的 13 年中由 7.5 万人跌至 4.5 万人。

人口转移的影响在某些方面比数字本身显示的要严重得多。迁往西部的人大多是年轻男女，尤其是受过更高教育或良好训练的人。这就意味着东部 5 州的人口不仅在数量上大幅下降了，而且与前民主德国末期相比整体素质也下降了。

前东德人仍然清晰地感受着他们"心中的柏林墙"。他们满足于西部较高的生活水平，却因为这儿缺少他们曾经在家乡感受到的人性的温暖而感到遗憾。在他们看来，西部人太关心自己。用他们的话来说，东部的人更有集体感，更乐于互相帮助，过去是，现在也是。他们不像西部的人喜欢乱下定论，对行为、衣着、收入、举止，对很多事情都这样。

很多西部人则对这些指责感到困惑，而有些人则承认其中有些是正确的。但是很多前联邦各州的人争论说，是他们的东德兄弟们在守护着"心中的柏林墙"，这才是柏林墙难以消除的原因所在。

西德的考验

那为什么东部的人还源源不断地来到西部呢？巨大的人口迁移到 1997 年时已有

埃尔朗根城市建筑

德国莱比锡风光

所下降，却在过去几年再次回升。答案很简单，就是东部难以解决的经济问题。除了像东柏林、莱比锡和德累斯顿这些令人鼓舞的成功事例，东部大部分地区仍然处境艰辛，失业率与大萧条时的水平不相上下。由于东部有能力和进取心的年轻人在家乡无法找到与他们的技能相匹配的高薪职位，便来到能提供这种职位的西部，留在东部的都是收入较低、技能过时的人。

国内新近的移民和他们20多年前的先辈们有着同样的遗憾：他们怀念过去那种友情和同志之情，以及依据自己的意愿接受他人的欣然之态。可是他们仍然不断地迁居到西部，而且正是这种不太情愿的国内移居最终可以淡化德国东西部的差异，并将最终拆除建立在人们心中的那堵墙。

历史

德国哲学家奥斯瓦尔德·斯宾格勒（Oswald Spengler）曾在19世纪20年代指出，多数人都以两种模式看待历史——平稳的进步，像一条坚固的直线；或是同样事件的重复，像密集的圆圈。

如果斯宾格勒今天在世，他或许会为自己的同胞们加上一个特殊的第三种模式——过山车模式：有刺激的上冲下跌、疾速旋转，以及带你到未知地带飞快的摇摆。似乎没有其他模式能如此贴切地诠释德国戏剧般的历史。

几乎没有哪个民族像德国这个民族这样，它的所有希望、恐惧、梦想、忠诚、爱好、

命运和热忱都深深刻有德国近代史的烙印。因此，在这本书的开始纵览一下德国现代史是多么必要。

早期历史

首先，还是来快速浏览一下现代之前的历史。德国早期历史并无太多泰勒所说的极端，却有很多各自为政的“黑洞”。在公元前的几个世纪里，凯尔特人、斯拉夫人、法兰西人和条顿人等各种部落曾经涉足德国今日所在的这片土地，在这儿定居，为之争斗，然后又离去。传统上认为德国历史的起源为公元9年。那一年，日耳曼舍鲁斯克部落的首领赫尔曼（Hermann）打退了三个罗马军团。在后来的几个世纪里，赫尔曼，又名阿尔米尼乌斯（Auminius），成了德国的民族英雄，尽管人们实际上除了知道他战胜了罗马人外对他一无所知。

德国历史上第一个真正的英雄——而不只是个模糊的形象——是查理曼（Charlemagne）。德国人把他当做自己的英雄，称之为卡尔大帝（Karl der Grosse）。卡尔使法兰克斯王国的领土和权力都达到了巅峰状态，并发展出中世纪早期最鼎盛的欧洲文化。由于法国人也把他作为自己的民族英雄之一，卡尔作为德国英雄的地位也并不牢靠。

卡尔的王国在他死后不久便土崩瓦解，主要分裂为西部的法语区和东部的德语区。公元911年，东部王国推选了他们自己的统治者，第一个真正的德国皇帝。在其后的几个世纪里，后来被称为“神圣罗马帝国”的皇帝们都由那个地区的王公贵族们推选。那个时期充斥着教会与皇帝之间、皇帝与诸侯之间的冲突。

宗教改革

皇帝与诸侯之间以及教会与皇帝之间的矛盾不断升温，于 16 世纪早期达到沸点。德国的修道士马丁·路德 (Martin Luther) 大胆挑战神学、教会及教会中心罗马梵蒂冈的权威。教会企图使路德闭口的种种努力反而使路德更加勇敢，直至他对教义、教会权力的质疑使得争论超出了教会内部的范畴，结果导致了新教的诞生。

"国家拼布艺术"

这块土地将对欧洲和世界历史的形成起着重要作用，而在 18 世纪末，却布满了大大小小超过 200 个领土虽小、权力无比大的王国、公爵领地、侯国和其他小邦国，像是一块巨大的拼布，令人费解。它们之间关系松散，潜伏着各种危机。很多小国都有自己的统治者，他们荒淫无能，其统治只为保护自己摇摇欲坠的特权。

这个未来大国的人民有着同样的语言；共同享有灿烂的文学、音乐和艺术；具有同一厚重的神话体系，承载着无数让兰博汗颜的有超人智慧和才能的英雄；甚至可能抱有同样的人生观——却不能拥有统一的国家。

马丁·路德

德国理想

在这一时期，"德国"只是存在于德国人的希望和梦想中。它被无数的书籍、论文，尤其是浪漫主义歌曲及诗歌塑造着。影响巨大、思想进步的作家和思想家们构思着"一个德国"的梦想，认为只有德国统一才是打破无数小小统治者们的权力、释放德意志民族巨大创造力的唯一途径。

这些作家和思想家们的巨大热忱在 19 世纪上半叶为整个德语世界提供了主要的文化基础，饱含着他们期望能最终成为现实的理想。甚至后来的德

普鲁士王国首相、德意志帝国第一位首相俾斯麦雕像

国国歌《德意志之歌》(Deutschland ber Alles)也是在德意志统一之前 30 年写的。

德国第一次统一

这个时期爆发了数个政治运动以实现那些进步、民主的理想主义者的梦想，最著名的是 1848 年的民主革命。

在这场革命中，普鲁士人以其著名的勤奋精神、严格的纪律规范、非凡的文化成就和强大的军事力量统一了德国；之前，于 1866 年战胜了奥地利和德国南部各邦国，并在 1870—1871 年的普法战争中大败法国。

带着强烈的爱国热忱，德国各邦国在法国的凡尔赛宣布成立德意志帝国。他们还在那里迫使战败的法国签署了和平条约。巴伐利亚、萨克森和符腾堡的国王们被允许保留他们的王位和某些特权（主要是邮票印刷和货币制造），而真正的权力则交给了普鲁士国王——由教会加冕的德国“恺撒”和他的得力助手奥托·冯·俾斯麦。俾斯麦计谋高深，是几个主要事件的指挥者。他被任命为德国第一任首相——政府的首脑。

新的德意志帝国的确选举出了议会、制定了宪法。但是俾斯麦并不光是第一任首相那么简单，“恺撒”所行使的政治权力也比今天欧洲洲立宪君主们大得多。

现代时期

由于普鲁士人的勤奋和自律等传统美德在帝国其他地方的传播，新成立的德意志帝国很快成为世界强国之一。

上升发展中的德国

到 1900 年，德国已是居美国之后的第二大工业生产国。它在科学技术、艺术和社会政策方面的成就都非常夺目：威廉·伦琴 (Wilhelm Rntgen) 发明了 X 射线；罗伯特·科赫（Bobert Koch）奠定了现代细菌学的基础；保罗·厄勒克（Paul Ehrlich）研究出能治疗一系列致死性疾病的“魔弹”并创立了化学治疗法；霍普特曼（Gerhardt Hauptmann）的戏剧获得了诺贝尔文学奖；更不用提奥托·李林塔尔（Otto Lilienthal）在航空技术上飞跃性的突破、卡尔·奔驰（Carl Benz）和葛丽柏·戴姆勒 (Gottfried Daimler) 分别发明了汽车（后来他们的公司合并开始生产梅赛德斯－奔驰轿车）。

军事至上

德国军事力量的增长也同样令人眩目，当然对它的邻国和潜在的敌对国的威胁也更大了。并不是每个人都崇尚军国主义；实际上，有时在整个帝国有一种强烈的反军国主义情绪。但是新德国的军事沿袭了旧普鲁士的风格，受到广泛的尊重，其影响即使用 19 世纪末欧洲的标准来看也过大了。德国的军事领导们和他们普鲁士的先辈们一样，当他们的利益受到影响时会毫不犹豫动用军事力量去干预政治。

实际上，统治德国前 38 年的政治领袖们虽然保守封建，却不需要将军们的怂恿就能推行军事建设和权力扩张的政策。虽然德国加入殖民战争较晚，但这个新的国家却以典型普鲁士的狂热在 19 世纪初使一系列亚洲和非洲的颇有价值的土地变成了它的殖民地或保护地。

法兰克福交易所

第一次世界大战

由于德国帝国主义丝毫没有衰落的迹象，这个年轻的帝国不可避免会和那些老的、更稳固的殖民帝国发生冲突。德国和英国、法国及比利时之间因为利益冲突而产生的摩擦日趋增加。1914年，当德国开始再次表现出重构欧洲地图的兴趣时，这种紧张局势达到了一触即发的地步。整个欧洲大陆已经变成了一个巨大的火药筒，只要一不小心丢入一根火柴便可燃起熊熊大火，而欧洲却不乏纵火犯。

魏玛共和国盾徽

把参战国拖入这场大火的那些凌乱的事件、纠缠不清的联盟、陷阱般的战略计划和糟糕的运气太复杂，无法在此细说。这么说就够了：虽然像某些人一样把这次战争完全归咎于德国显然不公平，但确实是德国和它的盟国奥地利、土耳其帝国率先挑起了这场战争，而且行动迅速。

由于在前方三线作战，德国本来有限的资源严重吃紧。美国于1917年初参战，使战争最终转入对德国和所谓中央盟国的反攻。尽管1918年初从战势上看德国会赢——或至少是令人满意的平局——但随着时间的推移，战局越来越明显地表明德国正走向惨败。由于战争的程度及不可估量的巨大人力耗费，这次战争被称为“伟大战争”，但悲惨的是20年后它不得不被重新命名为第一次世界大战。

在1918年的最后几个月里，德国的主要盟国们不仅是苟延残喘，简直就是溃不成军。而对战争下了最大赌注的德国很快也不得不步其后尘。11月初，进步力量在议会大厦宣布成立第一个德意志共和国。德皇和所有邦国的国王们都被废除，德国无条件投降。

魏玛共和国

第一个德意志共和国被称为魏玛共和国，因其宪法在魏玛起草而得名。魏玛共和国从一诞生就遭受各种痛楚。不仅是战败，而且还有一次极左翼分子的起义，都使共和国在诞生的最初几个月里蒙受阴影。

温和的左翼社会民主党在德意志帝国垮台后掌握了政权，却发现需要借助右翼反民主的军事力量以平息企图革命的火焰，境遇难堪。被称为自由军团的民间军事团队在镇压叛乱时非常有效而残酷。在镇压政变的过程中，自由军团凶残地暗杀了左翼激进主义的两位领袖——广受欢迎和尊重的罗莎·卢森堡（Rosa Luxemburg）和卡尔·李卜克内西（Karl Liebknecht）。社会民主党对自由军团的依赖和由此带来的对两位领袖的暗杀极大地破坏了社会民主党在魏玛共和国时期与左翼的关系。

没出一年，政府不得不面对另一次叛乱。这次是来自由充满仇恨的反民主军事力量所领导的右翼。这次政变被称为卡普政变，得名于政变的领导人卡普·吕特维兹（Kapp Putsch）。这次政变更难平定，虽然魏玛政权最终渡过了这次危机。

通货膨胀

动摇德国第一次民主实践的下一个主要危机不是来自武装军队，而是来自恶性通货膨胀。物价螺旋般迅猛上涨，根源在于德意志帝国在第一次世界大战中的财政投入和战败后签订的残酷而不平等的凡尔赛和约。怀有复仇心理的协约国向德国征讨惩罚性的赔款。许多著名的经济学家，包括英国享有盛名的约翰·梅纳德·凯恩斯（John Maynard Keynes）都宣称，即使不公平也一定要挫败德国战后的迅速复兴。实际上，此和约的一些策划者就是想达到这个目的。

政府面临财政困境时的无能对恶化通货膨胀起了关键作用。把德国 1923 年遭受的通货膨胀称为混乱就太轻描淡写了。到 1923 年底德国马克的价值已贬为战前的万亿分之一。

奥斯威辛集中营

当时买一个面包，装纸币的袋子比把面包装回家的袋子还要大。不久，政府的印刷厂日夜工作，开始在已经印制好的纸币上印制更多的“0”。工人们的妻子或孩子们在工厂和办公室外等着他们的亲人从窗户抛给他们是以前两倍的日薪，然后冲向商店，因为等到工人们下班回家这些薪水的购买力就会大大降低。

政府无能

这场天文数字般的通货膨胀最终由于聘任了新的财政部长并发行了新货币而结束。但重树对政府的信心却并不容易。

恶性通货膨胀只是让更多的德国人相信民主政府没有能力解决现代社会的问题。而一开始就有的那些反民主力量则加剧了这种情绪——其中有些人在各类教育部门工作，负责审核学校教科书的使用。

建立个政党吧

魏玛共和国确实有个内在的自我摧毁的机制——代表性表决规则。根据宪法，任何一个获得选票的政党，即使票数很少，也能在议会赢得席位。这种民主代表的规定在共和国早期运作良好，那时少数几个较大的政党拥有大多数选票，因此能够建立以多数选票获胜的政府或稳定的联盟。但是各种利益集团的大量出现和公众意见的严重分歧导致了很多政党的产生，达到了滑稽可笑的程度。一则老笑话说："把三个德国人放在一个屋里，他们会组成四个政党。"议会有时像万花筒般的组成表明这则笑话的确包含着比令人不安更糟糕的事实。

到 20 世纪 20 年代末 30 年代初，德国政府成了由最不可能成为搭档的人组成的联盟，他们争吵不休，懊恼不已。不难预见，多数议会都一事无成，而且在一番短暂的两败俱伤的争斗之后，又让位于同样没有效率的继任者。

挫败感与独裁者

魏玛政府的一再失败加强了右翼知识分子和其他反共和力量的信念，一个从魏玛共和国诞生开始就有的信念——德国真正需要的是一个能够洞察一切、卓有远见的强硬派领袖——他们将其称为独裁者。魏玛政府一届一届走马灯似的变换着，却一如既往地争论不休、效率低下，要求有一个独裁者来拯救德国的呼声越来越高。

德国军队在"二战"中

20 世纪 30 年代世界范

围的经济大萧条，又给争吵不休的魏玛政府带来了堆积如山的新问题，而这些问题并没有简单的解决方法。越来越多的德国人厌倦了民主的弊端，开始转向左翼或右翼激进党以寻求摆脱悲惨境遇的慰藉。而且社会各界更多的权威人士也开始回应需要独裁者的呼声。

第三帝国

阿道夫·希特勒（Adolf Hitler），这个最终担当独裁者重任的人原本在某种程度上并不可能是候选人。希特勒是奥地利人，到1932年才成为德国公民，没多久他就开始竞选德国总统。希特勒在这次选举中落选，但是不到一年，在选举中击败他的保罗·冯·兴登堡（Paul Von Hindenburg）却委任希特勒组成又一个联盟政府。

1933年初，人们自作聪明地认为希特勒和其声名狼藉的业余政客们很快就会被联盟中那些更有经验的来自保守主流派的搭档所吞并。

但是希特勒和他的同党们彻底击败了他们的政治对手——不是最后一次。纳粹迅速开始巩固政权，竭尽用于国家安全的各种手段消除反对的声音和镇压可能的敌人。不到一年，曾经一度众多政党纷乱嘈杂的不和谐音变成了一个政党的独裁之声，而魏玛共和国则被归入了历史的黄页。

阿道夫·希特勒与他的同僚

神之政治的没落

毫无疑问，在这之后12年的德国历史你非常熟悉，除非你从不看电影和电视，也从不读书。纳粹很快就履行了主要诺言中的两个——工作和面包，而且在成功解决这些国内经济问题之后，开始了扩张主义的对外政策。

在国内，纳粹恶毒地发动了对犹太人、吉普赛人、同性恋人及政敌的仇恨运动。所有这些群体都一点一点地被剥夺了公民权，不久第二次世界大战爆发，死亡集中营也建立了，这些人很快沦为大屠杀的受害者。

第二次世界大战

起初，由于怯于对抗复苏的德国，西方的民主国家咬牙切齿地注视着德国的侵略行为。不过英国和法国在波兰边界的沙土中画了一条线，而当德国军队在1939年9月1日通过那条线时，世界上有史以来最糟糕的战争终于爆发了。

战争初期，纳粹在每条战线上都迅速取得了一系列令人震惊的军事胜利，让它所有的敌人感到惊讶。但德国战线拉得太长，他们的敌人重整旗鼓后，便以钳形攻势推进，最终击溃德国。1933年，希特勒曾经宣称："给我十年，你不会再认出德国。"这个诺言后来当然是实现了，虽然并非如希特勒所愿。

德国纳粹陆军元帅布隆贝格在检阅德军

德国国会大厦

占领与重生

德国发动的战争带来了苦果，而且事实证明苦不堪言。战败的“千年帝国”（Thousand Year Reich）基本成为碎石瓦砾，而且整个德国被击败它的四个主要盟国（美国、英国、苏联和法国）所占领。现在的问题是怎么处理这个被征服的大国。

战胜国制订了数个计划以保证德国再也不会成为能够击垮其邻国的军事大国。美国财政部长亨利·摩根索（Henry Morgenthau）甚至提议了一项更为过激的计划，设想把德国分成若干领土微小的小国，使其没有能力威胁任何国家，也没有工业资源威胁任何国家。

可是三个西方盟国和苏联之间的争论越来越激烈，致使他们无法就如何处置德国达成任何协调一致的计划。显然，英国支持的美国和苏联都想让德国成为自己的同类。结果在占领区形成了两个截然不同的德国。

极度饥饿的年代

对德国人来说，占领初期那些年在某些方面比战时更为糟糕，因为随着第三帝国的倒台，食品生产和分配几乎处于停滞状态。占领国制定的日卡路里的消费量远谈不上丰盛。1946 年 5 月，英国占领区配给一个正常消费者的食品基本上和德国集中营配给被关押者的差不多。

德国人把这段时间称作零时（Stunde Null），因为他们被迫一切从零开始。民族存亡以及这个国家在世界中的位置都悬而未决。然而德国文化中传统而悠久的勤奋、心灵手巧和自律的品德再度迸发。

两个德国，一个民族

三个西方占领国和东方占领国之间仍然存在严重分歧，而且分歧随着占领的持续日渐严重。在各自占领国的控制下，德国的两部分逐渐发展为两个分裂的、不平等的社会。东部是共产党控制的委员会，西部则逐渐由一个组成更加多样的政党所管理。双方的诡计和故作姿态的行为使紧张关系加剧，差异加大，但共产党的顽固对树立政治和心理之墙起了主要作用。这堵墙在几年后由虚拟变为了实物。

1948 年 6 月，西德未来的总理路德维希 · 艾哈德（Ludwig Erhard）实施了一项新计划：使用新货币德国马克替代几乎毫无价值的帝国马克。每个德国公民都得到 40 新马克，随着商店货架的充实，物资短缺现象几乎立刻奇迹般消失。

政治分裂

在被占领的 4 年中，东西部的德国人都承担了越来越多的管理任务和职能，并不断培养不受过去纳粹影响的坚固的领导层。下一步会发生什么很明显，而且可能不可避免。1949 年 5 月 23 日，由三个西方国家占领的地区成立了一个新的独立国家——德意志联邦共和国。不久，由共产党占领的东部地区也宣布成立自己的国家——命名为德意志民主共和国。

在西德联邦议会的首轮选举中，基督教民主联盟（Christian Democratic Union）领袖康拉德 · 阿登纳（Konrad Adenauer）以微弱的一票优势险胜社会民主党（Social Democratic Party）领袖库尔特 · 舒马赫（Kurt Schumacher），成为第一任联邦总理。基督教民主联盟是第二次世界大战后在阿登纳的鼎力协助下成立的。在第一轮东德人民大会的选举中，统一社会党（Socialist Union Party）以绝对优势获胜。

经济奇迹

东西德在 20 世纪 50 年代早期都摆脱了沉重的负担，却都不满足于自己国家地位的弱小。带着曾经使他们成为强国的所有能源和资源，东西德都开始致力于恢复自己在世界主要大国中的地位，虽然这一次他们不得不大大缩减用于军事建设的能源和资源。

阿登纳的经济部长是路德维希 · 艾哈德（他于 1948 年启用了德国马克）。得益于他精明而注重发展的政策，再加上工会和管理层之间互惠互利的“社会契约”的稳定作用，西德的经济开始腾飞。那个不久前满目疮痍、工业遭受重创的国家发展成为世界上生产力最强的经济大国之一。实际上，到 20 世纪 70 年代，只有 6000 万人口的西德已成为世界第三经济强国，而且在 20 世纪 80 年代其出口量曾经几次位居世界第一。

经济恢复时期的德国工人

更重要的是，新联邦共和国的经济、外

德国柏林墙一侧

交和战略政策历史上第一次在西部扎扎实实地生根。它没有把自己隔离在西欧之外寻求特殊的道路，而是作为西欧联盟中的重要伙伴在发展壮大。

西德在西方国家发挥主要作用的同时，东德（即使是现在，德意志民主共和国这个名称在这些地区也更为人熟知）也成为共产主义阵营生产力最强的国家。

近在咫尺，远在天涯

东西德都在它们各自的阵营里领先，却并不互相爱戴。矛盾之一是西德拒绝正式承认它这个东德兄弟邻国。西德宪法一直认为德国的分裂是暂时的，东德地区和人民最终会和他们同属于一个统一的德国。所有东德人，只要他们一到西德定居，就会被当做是联邦共和国的公民，立即获得享有西德公民所有权利的护照。这项优惠政策很多年来被许多东德人所利用。

使“出东德”加速的一个事件是1953年发生在东德的暴乱。德意志民主共和国的工人和知识分子要求自由平等的选举，要求停止对他们生活诸多方面的控制。他们举行罢工，随意破坏公物，借以强调他们的上述要求。

由于这是共产主义阵营里第一次大规模的暴乱，东柏林和莫斯科的统治者们在这些事件中看到了不祥的预兆，决定竭尽全力平息暴乱。

这时，东德当局终于相信为数众多的东德公民深怀不满，于是在东德和西德的分界线上修筑了一个蜿蜒而行的由篱笆和城墙组成的大网，接着还增设了高度武装的士兵和隐蔽的机枪，如有人攀越机枪会自动扫射。种种措施都为扼杀任何东德人逃往西德的企图，也止防西德任何逃犯逃往东德。然而在东西分裂的几十年间，逃犯都是由东到西单向行动的。

巨墙

东德的官员们总是说柏林墙只是保护性壁垒，为防止驻扎在西德的联军小分队侵入。

柏林墙

虽然这道修筑的边界在某种程度上有效地阻止了东德人在任何地段翻越，可这个挡板却有一个巨大的漏洞——柏林城。德国正式分裂的十几年来，幻想破灭的东德人仍可步行到西方三国的占领区——或乘地铁去，如果他们愿意随身带几包他们的个人财产——并且立刻成为西德公民。

随着冷战的恶化，越来越多的人通过这种方式前往西德，尤其是那些受过良好训练的专业人员，他们意识到自己的技能在西德所获得的报酬比在东德要丰厚得多。东德不断大量流失那些最优秀、最聪明的人才，达到一天流失 8000 多人的地步。终于，东德的领导者们决定不能再继续容忍这个通往西德的出口了。1961 年 8 月 13 日刚过午夜，他们宣布取消来往于这个城市东西两部分的所有交通，然后开始围着西部地区安装铁丝网。

计划如此精心，行动如此迅速，西德的柏林人一觉醒来震惊地发现自己的城市已经被铁丝网围住，还有东德的重兵把守。一有可能，高达 4.1 米的厚重水泥墙便替代了铁丝网。

现在保留的一段柏林墙已成为游览点

异常中的正常

东西德继续在它们各自截然不同的轨道上发展，取得了很多成就，赢得了威望和羡慕。让东德格外骄傲的是在 1988 年夏季奥运会取得了奖牌总数第二的佳绩，排在美国前面（尽管很多愤世嫉俗的人指出这次获胜不仅是东德体育史上的骄傲，也是东德化学领域的骄傲）。1989 年初，德意志民主共和国领导、柏林墙思想的设计师埃里希·昂纳克（Erich Honecker）在他引以为豪和喜悦的柏林墙前发表演说，自信地宣布这座墙还将存在 100 年。那时，墙两边都不会有什么人对此提出异议。可后来的事件表明昂纳克和他的信仰者们几乎多说了 99 年。

用车和脚投票

就在这一年的晚些时候，匈牙利撕下了它的铁幕，成百上千的东德人涌过奥地利边境，从那儿前往西德。而当开明的匈牙利共产党拒绝做东德的边防卫士时，东德采取了史无前例、令人惊愕的举措——他们禁止自己的公民前往另一个共产主义国家。

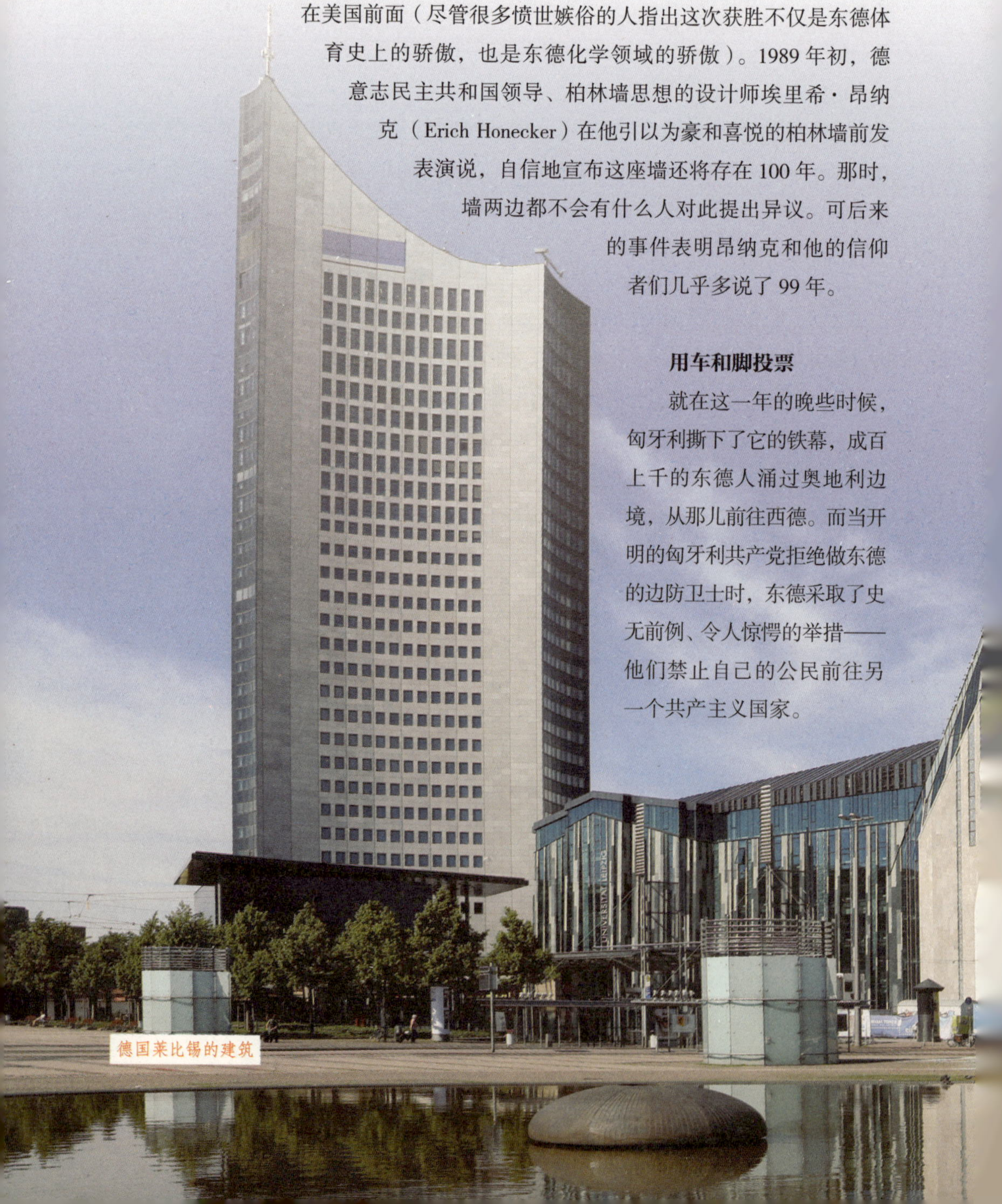

德国莱比锡的建筑

然而涌动的潮流一旦开始便无法止住。东德人无法从匈牙利前往西德，便通过捷克斯洛伐克寻找出口。在那儿上千的人攀越篱笆墙进入到布拉格的西德大使馆。电视中东德人绝望地想尽办法把受惊吓的孩子交给那些已经踏入西德使馆的人的画面让全世界的人感到震惊，更触动了西德人脆弱而易受伤的心灵。

使馆大院很快变成了仓促搭建的帐篷城，而且日趋扩大。终于有一天笑容灿烂的西德外交部长汉斯·迪特里希·根舍（Hans-Dietrich Genscher）来到使馆的阳台向喜悦的人群宣布，东西德已经达成协议，所有在场的东德人已经获得通往联邦德国的出境护照。

这些幸运的人刚刚抵达西德，另一些人又来到了布拉格西德使馆。那时一则颇带嘲讽意味的笑话说，西德的官员们总在谈论两德的最后统一，从未意识到两德都会被统一到西德的领土上。另一则笑话画于柏林墙西面很多的地方，提醒共产党领导埃里希·昂纳克打开德意志民主共和国所有的灯，因为他很快就会成为最后一个离开的人。

我们是人民

笑话归笑话，很多东德人还是决意留在东德，敦促政府和社会作出实质性的改变。无以计数的示威游行显示了人们在寻求变革方面出人预料的强大决心，而且游行的次数和规模随着夏去秋来不断扩大。

其中最大、最著名的游行发生在莱比锡，称作“周一夜晚游行”。由于游行次数急剧增加，要求愈来愈强烈，民主德国的高层领导认

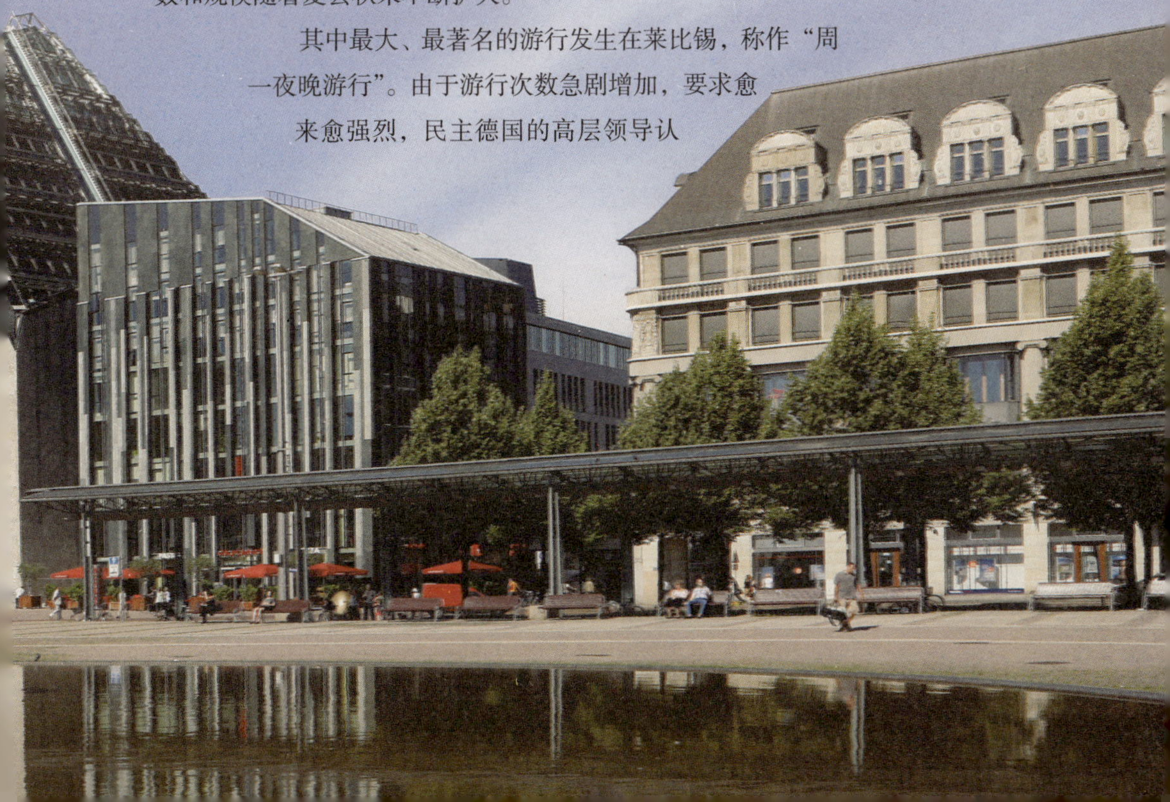

为民众已走得太远，该采取行动了。根据一些内部人士透露（他们承认因传播这个消息个人获得很多好处），在10月份某个“周一夜晚游行”发生后不久，昂纳克下令派军队到莱比锡制止游行。如果示威者不听劝阻，军队可以开枪射击，需要射杀多少人就射杀多少人，只要能阻止游行。

再见，埃里希

这时，其他德意志民主共和国的主要官员认为昂纳克已经脱离了改革时代的现实，于是迫使这个“老斗士”提早退休。他的接替者埃根·克伦兹（Egon Krenz）当时在人们眼里还只是个傀儡，后来事实证明他懂得如何把握时代的脉搏。克伦兹并不阻止示威游行，几个星期以来只是到处走走，微笑着谈论开放和改革方面的话题。

1989年11月9日傍晚，克伦兹作出了一个令人惊讶的改革开放的姿态——他命令柏林墙的卫兵打开门允许东柏林人参观柏林城西部。几个小时内，成千上万的人利用了这个机会，接下来的几天德国举行了以柏林为中心的全民即时欢庆活动。

那些门仍然开着，而且在接近年末时越来越多的门被打开。成千上万的东德人参观了联邦德国的各个地方，几乎没有人不愿留下来。埃根·克伦兹自己也被德累斯顿市长汉斯·莫德罗（Hans Modrow）取而代之，他很久以来都被看做是党内的主要改革者之一。

在莫德罗的领导下，德意志民主共和国在1990年3月举行了历史上第一次自由公正的大选。大选中，东德基督教民主联盟（西德基督教民主联盟1982年以来一直

柏林城市风光

柏林市政厅

领导西德）出人意料大获全胜，成为最大的唯一政党。由基督教民主联盟领导的德意志民主共和国联盟政府继而着手结束德意志民主共和国。两德以某些观察家所说的风驰电掣般的速度走向统一。1990 年 10 月 3 日，德国长达 41 年的分裂终于结束。德意志联邦共和国在东部拥有了 5 个新州——和堆积如山的新问题。

统一之后的问题

在重新统一的准备阶段及两个月后第一次德国全民大选中，德国总理科尔（Helmut Kohl）向东西部的德国人承诺：5 年之内东部就会出现“繁荣景象”；人们会看到一个“对任何人来说情况不会更糟，对很多人来说情况会更好”的统一的德国。

事实远比想象的棘手。东部许多超员或破旧的工厂被迫痛苦地转变或停业。两德重新统一恰逢西部面临经济衰退，这进一步加剧了东部的混乱程度。如今 5 个新州的失业率和就业不足率仍然居高不下，甚至在那些官方认为 40 年来都没有失业率的地区也是如此。

由于反对党的总理候选人不够强大，科尔所在政党及其联盟得以在 4 年后的全民选举中再度获胜。但是 1998 年，作为主要反对党的社会民主党推出了一个强有力的总理候选人——格哈德·施罗德（Gerhard Schr der）。很多德国人，包括很多科尔政党的人，都感觉这个“元老”在舞台上已太久，应该让位于年轻的候选人。但是仍然大权在握的科尔坚持要自己的政党和它的联盟与反对党一争高低。

可这一次，科尔面临了太多的负面因素。东部新州严重的经济状况以及全国持续不降的失业率，加上滑坡的生活质量，使很多人开始反对这个“永远的总理”和他的政府。执政联盟遭受重创，社会民主党掌握了政权，承诺让德国经济缓慢稳定地复苏并实施更有效的环保政策。而且，绿党第一次进入德国政府，成为两党联合政府中的第二大党。

然而，即便“媒体通”施罗德掌权的新政府已着手工作，全国各地很多心怀同情的观察者仍对新政府是否能成功解决国家的经济问题和改变东部的悲惨境遇心存疑问。太多的德国人认为这些问题已顽如磐石，难以解决。

很久以来，多数德国人都以为他们不会亲眼看见柏林墙的倒塌；现在多数德国人则相信他们不会活着看见结束为资助东德重建而增加的税收。

尽管人们普遍不满，社会民主党领导的联盟政府还是在 2002 年的全民选举中以微弱的优势再次获胜。下次大选本来计划在 2006 年年底进行，但由于社会民主党在州议会和地方选举中遭受重挫，被迫提前一年举行。尽管善于利用媒体的施罗德在大选中不遗余力宣传造势，但发展迟缓的经济和社会保障措施的重大变革（由于人口和全球化的需求）未能让他扭转乾坤赢得大选。（而不少社会保障措施的变革很久以来一直是社会民主党的主要议题。）施罗德领导的社会民主党以微弱的差距败给了联盟党，促成了由德国最大的两个政党组成的大联合政府的诞生。新任总理，基民盟的默克尔，成为来自前东德担任德国政府最高要职的第一位政治家，也是第一位女性。自当选以来，虽然默克尔的受欢迎程度时有下降，但总的来说她还是颇受爱戴的。德国的很多社会问题仍未解决，但很多人认为新的大联合政府至少努力过，而且，政府中有一位来自前东德的领导人也有利于进一步愈合东西之间的裂痕。

这就是 21 世纪的最初这 10 年的德国，仍然以其他国家罕见的方式背负着自己近代历史的包袱。任何一个希望在德国生活并取得成功的人都需要对德国复杂、时运不济的历史有一定的了解和体谅，才能真正理解和读懂德国人。

涂鸦柏林墙

第三章

民族特点

“我们就像在树林中迷失的孩子，惧怕黑暗，从未感到快乐和幸福。”

——WH. 奥登（WH Auden）

奥登阴郁的诗句本来是控诉让这个世界陷入第二次世界大战泥潭的所有国家，却可以轻易转变成对战后典型的德国人的尖刻描述。很多有同情心的观察家们都对这种典型的德国式的矛盾感到困惑：德国人塑造了世界第四或第五大经济强国；他们建立了社会制度的典范；他们的基础设施可谓楷模；他们以能力和成就著称——可他们为何如此缺乏安全感？

历史遗留

答案主要存在于德国反反复复、起伏跌宕的历史中。虽然在所有国家的发展中历史都起着重要作用，历史却给德国投下了更为长而厚重的阴影。人们能感受到多变的历史对德国的政治机构、工业，以及日常生活各个方面有着挥之不去的影响。正是这种历史遗留的影响塑造了我们所称的德国人性格的关键。

历史为何如此重要

德国人自己经常抱怨德国的历史给他们带来的负担，并把这种负担看做是多方面的。显然，这种负担很大程度上和德国现代历史的创伤有关，那就是纳粹及其遗留的影响。

纳粹统治对当今德国人的性格影响广泛。今天的德国人不像他们的前辈那样信任权威、尊重军队。实际上，德国社会各界都对军队持有怀疑态度，德国公众大多具有反战观念。

德意志联邦共和国战争与暴政牺牲者纪念馆

还不清的债

几乎所有的德国人都意识到人们对他们整个国家的看法仍然受纳粹统治的影响。我刚到这儿不久，在美国和英国就有好些人问我为什么要“到那儿跟所有纳粹生活在一起”。20 世纪 80 年代初我的回答是，在美国和英国至少有同样多的新纳粹分子。这个回答很难让这些怀有疑问的人认同我的决定。第三帝国所犯的罪行对很多人来说仍然是无法抹去、不可洗刷的耻辱，这个耻辱总是会立即跟德国人联系在一起，而不管他们年龄多大、背景如何。

我的一些德国朋友或熟人也谈到为什么他们访问荷兰和比利时要尽量说英文，他们也感到同样愤怒。他们认为很多荷兰人和比利时人仍然对德国人心存敌意，对待说德语的人比对待说英语的人要差得多。乔伊斯（James Joyce）作品中的主人公斯蒂芬·迪达勒斯（Stephen Dedalus）曾说：“历史是一场我试图从中醒来的噩梦。”对多数德国人来说，历史是一场巨大的噩梦，他们不只是要从中醒来，还必须奋力战胜它。

价值观

直到近来，主宰德国价值观体系的特性仍然是那些以某种方式把这个民族和它变幻莫测的历史及其负面影响隔离开来的东西。这些价值观曾经坚如磐石，其中一些在过去 10 年里有所动摇，但多数仍未改变。即使是那些被淡化的价值观目前在社会的不少团体中仍然被坚守。这些价值观体现了德国人如何看待自己和他人、如何在商业领域和社交场合行事，以及如何偏离他们的梦想和希望的方式。任何有关德国人主要价值观的内涵都会包括以下各项。

德国的警察

渴望安全感

我认为这是了解德国人性格的关键。经历了贯穿 20 世纪 50 年代的那些典型的恐慌不安和大起大落，今天的德国人渴望安全感。德国人不愿冒险，喜欢让事情处在合理掌控之中——而德国人所谓的合理在他人看来很可能不合理。

这大概就是德国人为什么喜欢每件东西都各归其位、为什么常常反对改变、或者为什么在一个新的、不适的环境里显得傲慢的原因。那种让人难以接受的傲慢的虚假外表很多时候只是一种对缺乏安全感的过度反应，一种为掌控局势所做的努力。

多数德国人对将来任何不确定的因素都深恶痛绝，他们的生活安排处处都在避免这种灾难。当我谈到自己自谋生路的工作时，很多德国人问我的第一个问题是，"是嘛！那你的养老金怎么办？"（我希望这问题离我还有段距离）。在德国你会发现 20 岁的人热衷于谈论退休计划，流行杂志上也有整版的广告敦促年轻人要有个人计划以补充政府的养老金计划。在多少别的国家你能看到这种现象？

你很快也会遭遇这些为掌控局面所采取的政策，而且非常严格：所有德国居民都得到相关部门注册。从他们开始取得居留权，到后来每次居住地的变更，以及在银行开设账户或得到图书馆的图书证、变换工作等，需要注册几十次。此外，要想得到任何薪水高、技能型的职业，你还得在参加专门的课程学习后通过考试、取得证书。

请出示专长

后一个要求造就了一个人才济济的社会。在德国你可以相当确信能工巧匠们的手艺都非常出色（德国人之间常开的一个玩笑就是传说中英国人和法国人的臭手艺）。即使是从事一些低风险的社会活动，比如购买面包、椒盐脆饼干或蛋糕等，你也知道购买的商品是某个有资质的大师所烘烤的，或者至少是那个大师的某个态度认真的徒弟所烘烤的。

不过即便是对这项措施最支持的人偶尔也会因为它的斤斤计较而摇头。举个例子：几年前，我们买了一个带镜子的卫生间储物柜，镜子还带灯。有一大堆说明文字写给欧洲各国的使用者。给其中 10 个国家的说明文字告诉顾客应该在哪儿放置镜子和如

德国的烹饪培训

德国小镇风光

何安装电器设备——而给奥地利和德国的说明文字却告诉顾客只有有资质的专业人士遵照具体的电工守则才能做这项工作。

未雨绸缪

也许更为显著的特征是德国人计划生活、未雨绸缪的方式。我记得曾和一个 19 岁的姑娘讨论她在大公司的学徒计划。她很爽朗地告诉我，这个工作她会干大约一个月，然后换一个，然后再学一个，然后再换一个——那时她的学徒期就满了，她就会选择其中某一个工作稳定下来，一直干到老。就她来说，事情就是这样。

这并不是年轻人积极为他们的养老计划作打算的唯一例子。当然，国外经济因素造成的重大变化也使很多这儿的人越来越意识到需要在一生中为多种职业做好准备，即使对德国本地人也如此。不论对老年人还是年轻人，安全感仍然是使德国社会这艘大船保持平衡的压载物。

不轻易借进借出

德国人对自己的物品有种很深的眷恋，因此在德国借东西不像在其他国家那么随便。在朋友和亲戚之间，你可以轻松地借东西或主动借给别人，但在邻居、泛泛认识的人和同事之间就比较困难了。德国人不情愿把任何有点价值的东西借给他们不太亲近的人，也不愿向这样的人借东西。而且非常重要的是不管你跟谁借的东西也不管借的什么，归还的时候至少要保证该物品和借的时候一样完好。

家庭的温暖

所有财产中像皮肤一样最受珍藏和保护的恐怕就是家和心爱的汽车了。当然，家对世界各地的人来说都是一个特殊而神圣的地方，一个可以让你暂时躲避外面的寒冷与险恶的住所，但对一个经历过黑暗时代的国家它意味着更多。在这个国家，人们或其邻居曾经在深更半夜被秘密警察拖出家门；很多住宅曾经在毁灭性的战争中被严重破坏或摧毁。

德国大多数人因此以一种很特殊的方式把家和附属于家的所有财产完全看做是个人的。这就是德国人为什么对上门的不速之客——不管是兜售产品或杂志订阅的陌生人，还是宗教信仰的说客，或者是问路的游客——非常警惕、有时甚至很不客气的原因之一（确实，上门犯罪的急剧增加也使德国人与生俱来的迟疑感更加严重）。即使是拜访朋友或熟人，不事先打招呼也被认为是不礼貌或至少是不周到的。记住，德国人的家更像一个保险库而不是城堡。在德国人的住房周围你会看到显眼的门、墙、栅栏和篱笆。它们会告诉你哪儿是公共领域，哪儿是私人空间。

拜访别人家时你一定要尊重这个特点，而且对自己的家也要同样看待，否则别人

德国东部小镇商业区

会认为你不循常规。事实上，德国人对很多外国人的评论是，我们缺乏对家的依恋和关爱，这说明我们没打算在德国常住。

对环境的关心

过去几十年来，对相当多的德国人来说，对家的关爱已经扩大成明确的对环境的关心。你在这儿遇到的强烈的环境意识是缺乏安全感的一个正面的体现。德国人喜爱他们所生长的环境，不愿看到它因为人类的鲁莽而遭受破坏。

对自然环境的毁坏和其他由环境污染所导致的危险的恐惧给德国人的生活方式带来了一系列变化。这对一个从根本上拒绝变化的社会来说着实令人惊奇。实际上，德国的第三大政党，就是绿党。

小镇风光

远离轿车

轿车在德国人心中的重要性可以说明为什么大多数轿车都得到了精心的保养。德国的轿车通常都光彩耀眼，仿佛刚从展厅里开出来。谁要是对这样的车没有足够的尊重，谁就会倒霉。在德国你不能对车掉以轻心——坐或倚靠在车上就如同坐在车主的孩子、配偶或爱犬身上一样后果严重。

轿车的荣耀

关于私家车稍后会有更详细的讨论。但是如果不谈到“自家的四轮”是德国人尤为珍视的财产，我们就无法结束这个话题。尽管公共交通非常便利，自行车也数量众多，拥有一辆轿车仍赋予体面的德国市民一种特殊的声望，标志着他（她）达到了受人尊重的必要的水准。

如果你觉得这有些矛盾，那就对了。人们对环境强烈关心，公共交通非常便利，可私家车仍然过量。这表明轿车所代表的远不止是代步工具这么简单了。

当然，不同的轿车代表着不同的成功与个人形象。因此，即使已经有轿车，德国人也会努力得到另一辆更好的、更能传达（或增加）他们个人价值的轿车。能表现终极成就的通常是宝马或奔驰，放荡不羁的则选择保时捷。要知道这三款车都是德国制造，因此售价比在其他大多数国家便宜很多。

界限分明

两个坐在车上的孩子和狗

正如德国人自己所承认的，让生活的不同部分相互掺和影响会很容易滋生不安全感。这种掺和当然会制造混乱，进而很快变成不安全感。

为尽量避免这种不安全感，德国人会谨慎地把他们生活的重要领域分成彼此远离、互不干扰的各个部分。工作只在工作间进行，家庭生活有自己独特的空间。和某些朋友的活动在这儿，和其他朋友的活动在那儿，俱乐部的活动自然也有它自己特殊的空间。即使当这些活动有些重合时，德国人也会以某种方式竭力使其保持分割。例如，很多下班后关系友好的人，在办公场所他们相互之间仍然称呼“您”，只有下班后才会更随意地称呼“你”。

西方对时间观念的主要哲学都来自德国

放在它应该放的地方

德国人的家是近距离观察界限分明这种现象的最佳场所。多数房间都有自己的功能，不得作为它用，除非极度迫不得已。很多住宅的结构就能体现这种态度。比如，德国厨房大多较小，除了做饭几乎不能做别的，当然它也不能像北美或地中海地区那样用作家庭会议中心。

不同的物品通常在家中也有它们固定的位置，所以东西都放在它们该放的地方，因为主人决定了它们应该放在那儿，而不是其他地方。当然，有些物品有多种功能，这些物品可以按需要挪动，之后马上放回原位。如果你拜访德国朋友，或者你恰巧和德国人一起搬进新居，不要随意挪动东西，除非你的确不想再和平相处。

任何事都有自己的时间

为保障这种界限分明的生活有效运转，德国人为大多数活动都安排了合适的时间，如果某种活动占用了另一个活动的时间他们会觉得非常不安。在德国居住一段时间后，你就会明白为什么西方对时间观念的主要哲学都来自德国，德国人的确对守时十分固执。

德国人非常虔诚地按钟点行事，尤其在工厂、商店和办公室。如果你在临近关门时间（或神圣的午休时间）到办公室或商店，你就会受到冷冰冰的服务，或者干脆被支走，因为你会让那个美妙的时间被迫推迟。

这种僵硬的态度也被带到了家庭或休闲活动中。做任何一件事都有固定的时间，尤其是用餐。如果是午饭、晚饭或咖啡时间，说你不太饿是没用的，你也得吃，就这样。但是我们也别过于囿于这些固定的模式：多数德国人在这方面还是可以变通的，但是这种变通是以分钟而不是以小时计算的。其他文化中代替规律用餐的“放牧式用餐”（grazing，即想吃就吃，无固定餐次，每次进食的数量也大致不多——译者注）对多数德国人来说是万万不可接受的。

散步、开窗通风（必须的仪式，不受季节和任何东西约束，除非天气极为恶劣）、看电视都有固定的时间。违反任何时间都跟杀了他们一样，更糟的是他们还需要用计划外的时间来弥补。举一个例子，千万别在晚上 8 点到 8 点 15 分之间给别人打电话，那正是播放晚间新闻的时间。

德国人对于多晚是太晚甚至还有早已固定的概念——15 分钟（老师迟到 15 分钟，学生可以离开）。如果赴约迟到了 15 分钟，你最好准备好一个十分充足的理由。

计划的重要性

和这种固执的守时观念密切相连的是雷打不动的对计划的热衷。由于计划是防止不确定性的最好保障，多数德国人的生活都包含很多计划。你很快会发现在最后一刻向德国人发出邀请是不明智的，他们那天肯定已有了别的计划，即使那个计划只是在家度过一个安静的夜晚。

这正表明，随心所欲对多数德国人来说都不是一种美德。20 世纪 70 年代和 80 年代一个极端的政治组织称自己为“随心所欲”（spontis），这个词是“spontaneous”（意为自发的，随心所欲的——译者注）的简写。实际没有什么比处心积虑的随心所欲对德国的社会制度更具有颠覆性了。（当然，这个组织的很多活动确实包含很多处心积虑的随心所欲。）

现在就开始计划

要不了多久你也会加入制订计划的大军，因为德国的生活方式不仅支持你有计划，而且强迫你有计划。俱乐部会员、剧季和音乐季订票及报纸杂志的订阅都是自动续订

德国小镇商业街

业务合作真诚但一丝不苟

的，顾客需要自己取消续订，而且必须在到期三到六个月之前。如果你未能在指定的日期取消，你就被迫再续订一年，然后记得在下一年的到期日前取消。我认识一个不善计划的女士，她的车虽然报废了，但却依然连续两三年给德国最大的汽车俱乐部交费，就是因为她总是忘记取消她的会员身份。而且没有法院或消费者利益组织会站出来帮你摆脱这个麻烦。规则和同情都站在计划那一边。

一丝不苟

另一个战胜安全感缺乏的方法是做任何事都要一丝不苟。德国人也因此以一丝不苟著称，而且名副其实。这种品德非常盛行，而且你会发现它有时令人宽慰，有时却令人恼怒。外国人在这儿经常发现在他们看来已经完成良好的工作，德国人会再来收收尾，或者德国人会告诉他们说，这个工作到目前为止做得很好，现在我们来把它做完。

另一个有关德国人做事一丝不苟的例子发生在几年前，我们的房东要把我们公寓的窗户换成节能型的。来了三个工人花了几天时间安装新窗户。一两个星期后，我们的房东通知我们那几个工人的老板，一个木匠大师，要来检查工作。一星期后他又来了，再次检查了工作。这就是你会在德国人身上看到的一丝不苟。不用说，经过这样的程序，我们的窗户从未出过问题。

坦陈错误

很多到这儿的人都会为德国人有时表现出的略带残忍的坦率感到惊讶。别的国家的人会小心地斟词酌句，会十分留意说话技巧，会小心不伤害别人的感情，而德国人则喜欢实话实说。德国人的信条是：“实话伤人——但对你有好处。”

因此，如果你去德国，要准备好聆听批评或让你感到陌生的不太善意的评论。不太熟悉的人或同事会跟你说一些也许在你的国家就连你最好的朋友也不会对你说的话。他们还可能对你性格中的弱点提出批评，而性格中的弱点却是难以补救的，因此在很多其他国家都忌讳提起。

曾经有几个德国熟人、同事和学生告诉我跟美国人和亚洲人打交道他们并不感到舒服。为什么？他们说因为美国人和亚洲人不可信。这么说就是因为美国人和亚洲人在批评他人时非常小心谨慎，他们会善意地隐瞒事实以保护他人的情感。如果这也是你做事的方式，要知道德国人并不把它看做是一种美德。你最好在表达时更直接，去掉那些装饰的辞藻，直率地说出你的想法和感受——即使这样做会触碰到别人的敏感区。

诚信

德国人如此坦率的原因之一也许是他们希望别人认知他们的方式不同。来自北美文化的人需要被别人喜欢，而德国人需要诚信，需要被他人信任。造成这种需求的原因有很多，但主要有这样一个事实：德国人不愿犯错误，更不愿承认他们犯了错误。

法兰克福火车站

傲慢

这是不是在说德国人很傲慢？当然，傲慢在某种程度上只有受轻视的人才能感知到。但德国人确实比其他民族的人更经常地流露出傲慢（尽管很多人会说他们在这方面远不如法国人）。当一个人不能屈身，他就会挺直腰杆做出强硬傲慢的姿态。这是在德国大部分地方可以感受到的不那么讨人喜欢的品质。即使他们不能屈身的根源是因为缺乏安全感，由此而生的傲慢也着实令人恼怒。

咄咄逼人

一个在德国居住了几十年的南非人经常说，他每次从国外回到德国几小时之后就开始觉得脖子和肩膀拧在一起发紧。他给自己的症

电话串线

在其他国家我从未碰到过这种情况：我接到一个打错的电话，告诉对方他拨错了号，对方却毫不客气地反驳说："我没打错，我要和X通话。"这种事真的在德国发生过吗？真的——比如我在写这一章的第一稿时！

状下了这样的诊断："这个国家太咄咄逼人了，你立刻就受到影响。"

跟傲慢类似，这种到处可见的咄咄逼人是一个更不讨人喜欢的条顿人的个性。遗憾的是很多德国人在需要某个东西时都表现得过于强硬。这种时候他们如果不是盛气凌人，也是固执己见、极不耐烦。

法兰克福罗马广场街景

理性主义

德国的绝大多数人都非常理智——或者他们都抱着他们是理性主义者的不理性的想法。他们喜欢以事实为依据，在下结论之前先收集可靠的事实。所以他们相信自己所作的任何决定都基于不可辩驳的事实。因此，和德国人争论他们经过深思熟虑所作的决定，或质疑德国社会早已形成的习惯做法是毫无益处的。你遇到的多数德国人会确信你的争论没有道理或不可行。

这种理性主义的附属产物是德国人对情调陈腐的态度。德国人大都声称讨厌情调，他们对歌曲、电影、故事或诗歌的反应通常是鄙视的一哼或紧张轻蔑的大笑。所以不要试图让德国人接受有情调的东西，否则你一定会得到一个令人不悦的反应。不过当他们喝了点酒，而且情绪不错的时候，在适当的场合跟德国人谈论情调，你会发现他们中的很多人简直充满了情调。怎么这么自相矛盾呢？继续读吧。

内心分裂

德国伟大的诗人歌德让他笔下著名的浮士德博士宣告："在我的内心有两个灵魂在争斗。"这个老博士可能说出了自己很多同胞的悲叹。 德国人确实感到自己被互相争斗的情感所撕扯，他们紧紧抱着看似矛盾的观点。比如，20世纪80及90年代进行的

山丘中的小镇

几次民意调查都显示，德国绝大多数人对自己的国家和自己的将来都持乐观态度，但你很可能会遇到一些你在这儿见到的最悲观的人。虽然更多的人相信人性本善，对他人的不信任也十分普遍而且令人生厌。

一些外国人因此很困惑，认为德国人很虚伪。仔细分析便会发现他们的情感是在头脑与内心之间一分为二的。典型的德国人既有“理智情感”也有“感性情感”，因此他们经常会同时具有两种完全相反的观点或情感，一个紧锁于内心，另一个则深植于头脑中。

这种分裂的本质赋予整个民族一种强烈的紧张感，人们不知道应该听从哪种感觉。比如，和人们通常想象的相反，德国人也会容易动感情，或非常容易动感情，但他们多数时候都会控制这些情感，所以人们会认为他们冷淡、机械或过于理智。再加上汹涌的情感经常在负面场合迸发（你可能在足球流氓或右翼极端主义分子身上见到过），难得的几次情感暴发强化了德国人在世人眼中的另一些不良形象。但是如果你和德国人建立了亲密的关系，你会发现这些情感也会在正面的场合释放。

忧心忡忡

再回到悲观主义的话题。易于忧虑是德国黑暗的历史赋予德国人的又一个品质。他们都非常清楚事情可能会变得很糟，因此常常忧虑。如果他们没在为什么问题忧虑，他们便会为没有忧虑而忧虑。

短期游客或新迁入的居民没有意识到德国人寻求乐趣的能力，常以此证明有关德国人的另一个老印象——德国人是一个忧虑的民族。事实是，忧虑是德国人生活的主食，反映了多数德国人的生活态度。很抱歉，德国人天生不是快乐向上的民族，你得向他们证明有快乐和值得庆贺的理由，或公开宣布这个理由再辅以假期。这么做，你会为他们在庆祝中的狂热表现而感到惊讶的。

价值观的改变（Wertewandel）

我刚到德国时，向一位德国女士夸赞德国的公共交通是多么准时，她不为所动。当一辆火车准点进站时我说，“至少火车很准时。”“没错，”她闷闷不乐地回答，“在德国，问题就是所有的东西都准时。”

20世纪80年代初那会儿，我和她都没意识到我们正在步入一个德国人经常提到的全方位的“转变”（wertewandel）阶段，即价值取向的改变。“转变”开始于20世纪60年代著名的学生运动及其他激烈的政治运动，在这之后的20年影响到德国社会的各个方面，极大地改变了德国人的行为方式。如今，有不少东西已经“不准时”了。

考虑到德国社会的发展，这种价值取向的转变大多是可以预测的。毕竟，一旦这个国家达到了第二次世界大战那代人无法梦想的富足水平，那些第二次世界大战后重建被摧毁的国家所需的品质便不是必需的了。没有经过艰苦年代的年轻人开始发出疑问：“我们这么富有，为什么不快乐？”

于是他们开始抵制那些曾经帮助德国人走向繁荣的价值观，而正是繁荣使这种抵制成为可能。德国今天的社会显然和40或30年前完全不同，和20年前我刚到时也有所不同。很多价值取向会持续到可预见的将来；另一些则成为对价值取向反反复复评定的牺牲品。然而不可否认的是，德国今天仍然在持续改变，越来越远离那个陈旧的老形象。（这个趋势由于两德统一带来的混乱而更加明显。）

裸露

和战后那十几年到处可见的拘谨相反，今天在德国到处可见公开的人体展示——在报纸杂志上，在不分男女的公共桑拿浴室、沙滩和散步场所，在某些受保护的卖淫“公差带”（tolerance zones）。卖淫在德国大部分城市是合法的，虽然有所控制而且限定在某些区域，比如汉堡的列帕邦（Reeperbahn）。不幸的是在有些城市像法兰克福，红灯区就坐落在最大的火车站外面，让红灯区成为很多游客在法兰克福观赏到的第一道风景线。

法兰克福市政厅

无数的报摊和商店都把印有裸体

封面的杂志摆放在显要的位置，经常摆得一排一排。而且不仅是性杂志把裸体（多为女性）展现在封面上，一些半严肃的杂志比如《明星画报》也发现偶尔用裸体封面，这可以大大增加销售量。问题是，如果你靠近报摊或杂志架，你就根本无法完全回避那些露骨的图片，所以如果你来自那些更为保守的国家，最好站稳了免得被吓倒。

公共沙滩、浴室、公园或河边更是如此，在这些地方会经常见到活生生的裸体。就在几十年前，这在德国还被认为是丢脸的，如今却司空见惯。不司空见惯，或令人不悦的反而是盯着那些裸体看。还要注意的是，那些日光浴者一丝不挂并不意味着他们在招揽性伴侣或寻求某种方式的陪伴。走近一个独自享受日光浴的人被认为是冒犯的行为，会招致周围人的谴责。

冬天，男女混裸的景象转到桑拿浴室，在这儿脱到只剩内衣不仅是自愿，而且是必须。如果裸露着和异性坐在一起发汗让你很不舒服，就不要去男女共用的桑拿浴室。很多亚洲人和美国人喜欢那种穿着泳衣去桑拿的保守做法，这在德国不仅让人生厌，而且还有更多的不妥。我曾见过穿泳装的人被责令脱去这个对他人有所冒犯的东西，否则必须离开。这也并不完全是为了不拘谨，还因为在桑拿浴室穿衣服被认为是不利

科隆大教堂

健康的（另一方面，你每次去桑拿都应该带一个大浴巾，可以坐在上面接汗）。

遗憾的是有很多粗鄙的人总是急于在公共浴室展示他们露骨的幽默感，所以很多浴室都开始专设“女士之夜”，男士禁止入内。那些害羞的男士们就比较悲惨了，就我所知还没有浴室开始专设“男士之夜”。

毒品

让很多新来的人感到惊讶的另一件事是毒品的使用在德国比较公开。德国最高法院 1994 年 4 月裁定拥有个人使用的所谓软毒品是合法的，而且几个司法机构甚至渐渐开始对硬毒品采取包容的政策。不过这些包容的政策主要限制在“公差带”，而且只在某些城市。柏林、汉堡和法兰克福是臭名昭著的毒品中心，而巴伐利亚和下萨克森州对所有毒品都比较强硬。20 世纪 90 年代中期北莱茵－威斯特法伦州的司法部长则重新诠释了最高法院的裁定，甚至允许携带少量海洛因和可卡因。

各个城市会时不时地打击毒品的公开使用，尤其在重要的市政选举前，瘾君子们会突然减少。这些表面的措施并不解决问题，毒品在某些城市泛滥成灾，警察只能耸耸肩，然后去对付其他问题。因此，在柏林、法兰克福和汉堡这样的城市，当你步行经过大的火车站或周边地区时，很可能会遇见瘾君子们正不太避讳地注射毒品。

宗教

鉴于德国两个最大最有影响力的政党其名称中都有“基督”二字，你禁不住会认为德国正在走向神权统治。事实正好相反，宗教在今天的德国生活中所起的作用微乎其微。虽然宗教信仰可以成为个人生活中最重要的

路标

部分，德国人大多选择把它隐藏在个人生活中。多数人不喜欢公开讨论宗教，而且会明确地表明他们不喜欢。

当然，大的教会会对社会及经济事务发表公开言论，但是选举出的人民代表会无视他们那些不太受欢迎的言论。（20 世纪 90 年代一些强烈支持放开堕胎政策的政客们表面上都是虔诚的天主教徒。）

自相矛盾的是，德国人并不像很多其他民主国家那样坚持政教分开。实际上，德国 15 个法定假日中有 12 个是宗教节日（参看第七章：享受德国文化“公共假日”部分）。此外，大的教会都有自己教会正式成员的税收资助，多数德国人都是两大宗教（路德教和天主教）的正式纳税成员。即便如此，顶着每周做一次弥撒以消除弥天大罪的压力，也只有 16% 的天主教徒是教堂的常客。对新教徒来说，比例就更少了。

更有趣的是，20 世纪 90 年代的一些调查显示：更多的民众只是属于某个教会，而并不信仰上帝，这令人费解。这种明显的差异很可能因为教会会员身份在德国人的社交生活中起着重要作用。很多不太信教或根本不信教的人也很看重这种社交生活。另外，一旦你正式注册成为某个宗教的会员，想取消会员身份会非常麻烦，你得去不同的政府部门，让本来是一件非常个人的事情因官僚制度而人所共知。

虽然如此麻烦，越来越多的人已经通过正式渠道脱离了教会。德国的天主教有 70 万教徒脱离了教会，而据新教官员的估计，照目前的趋势，到 2030 年新教徒还会在现有已经减少的规模上再减少 1/3。

奇怪的是（也许不奇怪），每次当本笃教皇访问他的家乡巴伐利亚时，这个以天主教为主的州都会有更多的人脱离教会。

在大的公共场合宣扬自己信仰的教派只有耶和华见证人（Jehovah’s Witnesses）和统一教（Unification Church）。耶和华见证人还实行认真的宗教信仰宣传计划，经常挨家挨户上门发展信徒（我们都知道这会打扰别人的私生活）。即使是保守淡漠的摩门教 (Mormens) 在德国也被当做是怪异的教派，因为他们也到处积极宣传推销自己的教义，而这在德国是行不通的。所以一定要记住，如果你到处公开地谈论你的宗教信仰，你也会被当做怪异的人，或者是要回避的人。

法律与秩序

由于这些价值取向的转变，比如权威的弱化及宗教的边缘化，过去20年德国的犯罪率有所增加，这的确令人沮丧。过去10年社会安全网的打破以及很多法院的不可思议的宽容裁决，无疑都难辞其咎。虽然德国的犯罪率和其他西方国家相比仍然较低，很多德国人和那些长期居住在德国、记忆中德国是个人人守法的国家的外国人为此深感不安。

其实，绝大多数德国人是令人钦佩的守法公民。但到20世纪90年代初，宣布的犯罪总数在不到20年里翻了不止一番（从那以后，犯罪率基本保持稳定）。就犯罪而言通常都是这样：在街上感觉到的远没有在报纸上（而且在街道印刷品上）看上去的那么糟糕。其实，让人最害怕的暴力犯罪并没有增加，反而在某些类型上有所下降（比如谋杀）。在德国，最严重、最丑恶的犯罪仍然是谋财，而不是害命。

有一种犯罪，罪犯不等你到来，却上门并强行进入，这就是入室抢劫。入室抢劫的犯罪率上升最快，10年内增加了三倍。我们所在的公寓坐落在法兰克福一个安全的中产阶级地段，20世纪90年代初，这幢公寓在两年内遭受了至少三次入室盗窃事件。我们家成为其中之一，尽管笨手笨脚的窃贼在破门而入时弄出很大的声音，被邻居听见报了警，因而不得不在得手之前仓皇逃走。（窃贼没跑几条街就被逮住。）我们很幸运，但不完全是：我们得自己出钱修复那扇被破坏的门。

在这一连串的事件之后，楼里的每个人都积极采取防备窃贼的措施，比如给前门上两道锁，这样来客就不能轻易进入。从那以后，再也没发生过入室盗窃事件。在预

德国施塔恩贝格湖

防入室盗窃和其他犯罪方面，警察局也提供一系列小册子，上面用各种语言写有很有帮助的注意事项。简而言之，你一定要多加小心，做到防微杜渐。

犯罪与惩罚

虽然犯罪率的增加很少能归咎于某一个原因，德国的很多人还是认为刑事法庭的纵容难逃其责。不可否认，很多引人注目的裁决都让人质疑。比如，对那些攻击或谋杀外国人或德国犹太人的新纳粹分子量刑过轻，对从背后刺杀莫妮卡·莎莉丝（Monica Seles）并因此结束她正在腾飞的职业生涯的斯得菲·格拉芬（Steffi Graffan）只判缓刑两年，对臭名昭著的“网络食人狂”只判过失杀人因而刑期不长等。但这些事件由于被高调宣传，所以被人们过多关注。许多其他判决还是量刑适度、足够严厉的。[请注意，2005 年 4 月控诉方不满对食人狂阿明·迈韦斯（Armin Miewes）的判决，认为他应该在监狱里待得更久，成功上诉使其获得重判。可另一方面，迈韦斯和他的代理人通过出售故事版权大笔赚钱，一个公共基金组织还出了两万欧元拍摄一部以这个恐怖故事为背景的电影。]

很多裁决的主旨本身就是德国受历史影响的另一个例子。深受纳粹时代法庭恶毒专横之害，近年来的法官力图反其道而行之（有些批评家说也许矫枉过正）以保护被告人的权利，搞清罪犯的动机，确保所有的量刑都公正适度。死刑也因此在 1949 年起草的《西德基本法》（West German Basic Law）中被废除。

有些过度宽容的司法行为在国外也引起愤怒。德国人也只能摇摇头，追忆逝去的年代。那个年代人人都懂什么是对什么是错，明白善有善报恶有恶报的道理，共同努力创建安全社会。现在这个所谓价值取向的转变，不管它叫什么，让我们又一次像在树林中迷失的孩子，惧怕所有不确定因素可能带来的黑暗。感谢上帝我们是德国人，懂得如何正确地为这些事忧虑，对吗？

教堂一瞥

第四章

融入德国

“几乎在任何地方，任何人都是外国人。”

——德国反仇视外国人运动中的标语

“不禁止便是允许。”

——弗里德理西·席勒,《华伦斯坦的营地》(Friedrich S chiller, Wallens tein’ s Camp)

外国人问题

我们再回顾一下 1945 年：整个德国被摧毁，工业生产能力遭受重创，农业基础严重受损，主要城镇只剩大片大片的残砖碎瓦。12 年来这个民族一直被告知会注定成为主宰世界的“高等民族”，却突然发现自己的领土被其他民族占领——一些和他们肤色不同的民族以及另一些十几年来自己被教诲和鄙视的民族。

纳粹德国倒台 4 年之后，3 个西部被占领区联合成立民主选举的共和政府。共和国新宪法中的一条法律规定，政治避难在德国享有绝对的权利。这条法律的制定是对纳粹罪行的补救，是因为意识到很多德国犹太人和政见不同者之所以死去是因为 20 世纪 30 年代晚期其他国家拒绝把他们当做难民接收。这条法律在 1949 年通过时，德国人都认为它只是象征性的，并不可行。说到底，有多少受迫害者会真的在这样一个满目疮痍、甚至没有能力为自己的人民提供衣食住行的国家寻求庇护呢？

现在再往后看几年：德国人，带着重建家园的强大决心，创造了世界经济奇迹，令所有最为乐观的预测黯然失色。20 世纪 50 年代中期，德国的经济复苏如此神奇，致使这个国家开始缺少劳动力，于是大量从国外——开始从欧洲，后来从小亚细亚和北美——招募无技能或稍有技能的工人。到 20 世纪 70 年代早期，当德国的经济上升受到世界瞩目和羡慕时，这些“外来工人”和他们的亲属已达到 410 万。就像一个在

在体育场支持德国的观众

伦敦的土耳其朋友所说：“那些德国人太精于殖民之道了，走出来就给自己进口了一些殖民地。”

再回到现在：外国居民的数量已增长到近800万人，总人口为8220万（这包括在外国出生和持有外国护照的人）。在短短的三四十年间，一个本来明显的单一民族发现自己生活在一个多元文化的社会里，有些文化甚至和德国主流文化大相径庭。

这些外国人也不再是“外来工人”。随着经济的繁荣，德国吸引了很多想利用这个国家宽松的避难政策的政治难民，包括不少避难请求颇为可疑的人。寻求避难的人数从1980年到1992年增加了三倍多，创下438 191人的记录。由于执法严格和指导性政策的收缩，从那以后每年人数都有明显下降。

此外，随着欧洲的进一步融合，德国人突然被告知他们必须开始把自己放在一个没有国界的、统一的欧洲大环境里，以欧洲人的身份看待自己。把所有这些因素放在一个锅里，再随便搅搅，你就会得到一个大杂烩，也就是很多德国人——不论年龄、阶层和宗教——所说的“外国人问题”。

这个词听上去不太悦耳，或许还会让人联想到德国近代历史一些黑暗的篇章，可是你得记住德国人总会在某种情势中寻找这些问题，因为解决问题是这个民族的爱好。这样，提供的解决办法便各不相同，有人建议给予在德国生活了一定年限的人双重国籍，有人建议遣送大量的外国人回国，包括在德国出生并成长的外国人。

德国波恩的公交车站

德国雕塑

更为普遍的反应则是不知所措。今天经常听到德国人说的一句话是："我对外国人没有任何恶意，但他们确实不应该待在德国。"你应该发现，这句话并不含有刻意的嘲讽意味。如果进一步询问，你会发现他们指的不是所有的外国人，只是某些定义模糊、应该被拒绝待在德国的人。但在今天这样一个收入减少、恐怖主义猖獗、关系紧张的年代，即便是有着好客传统的美国、英国和澳大利亚都产生了反移民情绪，甚至制定了限制性的法律，又有多少国家可以声称能向所有的新来者表示欢迎呢？

不幸的是，数量众多的人都试图滥用德国人性而开明的庇护法律，致使很多德国公民对整个庇护受迫害难民的概念颇为反感。而且不可否认，"铁幕"垮台不久，主要来自东欧的非法工人便涌入德国，通常在建筑行业从事很多薪水低于合法水平的工作。这股人流在过去几年已变成涓涓细流。

什么是德国人

也许摆脱这个两难境地的最佳出路就是先搞清楚"什么是德国人"。这个问题其实有两个答案：一个合法的和一个普通意义上的答案。基于这和喜好法规的德国有关，我们就从合法的答案开始吧。

德国是世界上少有的以"血统"确认公民身份的国家。没错，"血统"。这种法律上认定有德国血统的人为"德国人"的定义可以追溯到1913年德皇时期通过的一条法律。虽然联邦共和国大多数法律的制定都小心谨慎地尽力弥补纳粹时期滥用的后果，这条带有清晰的种族意识的法律却设法得以保留——尽管不像以前那样直截了当，底气十足。

这条法律的实行造成了很多异常现象。比如，来自罗马尼亚、波兰或苏联某个地区的移民，虽然从未见过德国，不会说一句德语，对德国的生活方式也毫不了解，可以来到德国并自动取得公民身份，就因为他们的祖先几个世纪前是从德国某个地区迁徙出去的。然而出生并生长在德国的，从未见过其父母的家乡的土耳其人、意大利人、克罗地亚人、西班牙人或摩洛哥人虽然说着流利完美的德语，到任何另一个国家就会如鱼离开水无法生活，却没有资格成为一个完全合格的德国公民。他们只被允许在一定期限内有双重公民身份。在 18 至 23 周岁之间，他们必须选择一个放弃另一个。

按常理说，第二类人才是真正的德国人，而第一类不是，这也是本书很多时候所用的分类方法。虽然这些双重身份有期限的人有着黑头发黑眼睛和黝黑的肤色，可是和任何一个符合雅利安标准的人一样，但他们的举止从头到脚都表明他们是德国人。那些挣脱了和家乡之间纽带的“移民儿童”更是如此。其实，在德国任何一个大城市，你都会遇到数不清的外国人，他们试图要比德国人更像德国人——不论这是好是坏。

而且，过去几年政府已经把对外国人在德国居住时间的要求缩短了一半，减至 8 年，这使外国人成为德国公民变得更加容易。不过，他们必须证明对德国有足够的了解，无犯罪记录并承诺遵守《德国基本法》（宪法），而且证明有能力维系自己的生活。

移民？什么移民

让整件事情混淆不清的是德国没有正式的移民政策：德国法律没有承认移民这个事实。大多数没有德国血统的外国人来到德国都被定为“外籍劳工”。这不可避免地导致混乱、尴尬和伤害。

近年来，关于德国到底是不是移民国家的争论在整个德国包括各州议会和国家议会都变得越来越激烈。一项试图促进外国人才引进的

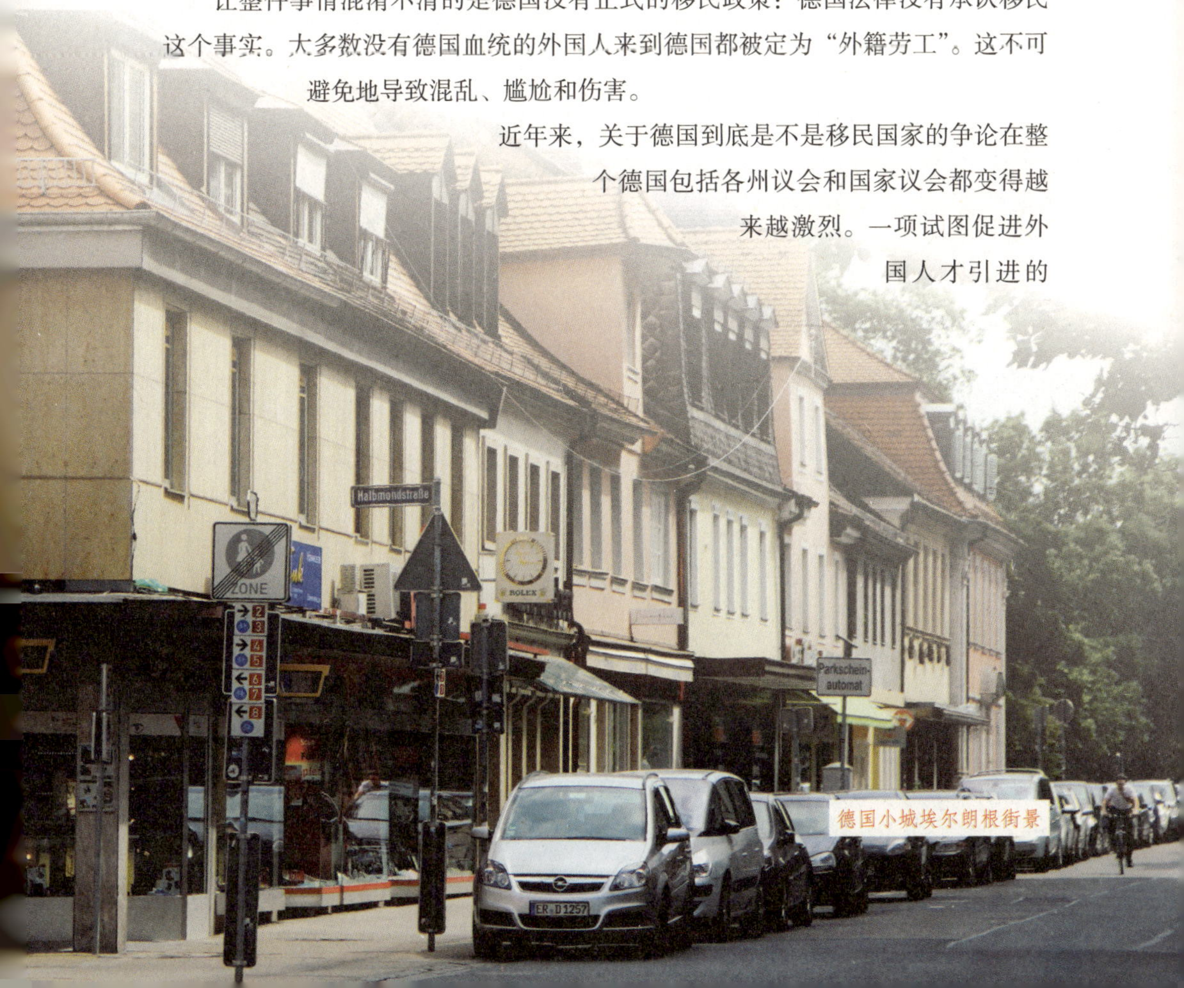

德国小城埃尔朗根街景

立法在2002年下半年因保守的反对党提起上诉被德国最高法院阻止。联邦政府继而开始重新修改法案，使移民意图与德国宪法的原则一致。到2004年6月，在联邦政府对控制国会下议院的保守的反对党作出重大让步后，德国的第一部移民法案才被通过。

这些争论离问题的解决还很遥远，看上去至少会持续到这10年的结束。其中一个原因是很多德国人拒绝承认那些在德国生活了一辈子的人是德国人——除了在表面上承认。

“外籍劳工”症结

很多外国居民即使在德国生活了10年、20年（有的甚至一生），仍被他们的邻居称作“外籍劳工”。这表明德国人有一种永远把他们看做是临时居民的令人不快的倾向（尽管德国2002年正式注册的外籍人口有1/3在德国已居住长达30年或更长，至少50%的人在这居住了至少20年）。而所有这些都不可避免地在遭受拒绝的外籍人口中引起强烈不满。

德国外籍劳工不断增多

虽然如我们在上面所提到的，非法居住和滥用身份的事很多，但绝大多数外国居民按时纳税，和大多数德国人一样遵纪守法。他们还支持政府资助的卫生和养老计划，虽然永远不可能完全参与这些计划。可是他们仍然没有资格成为完整意义上的德国社会的一员，而且他们越来越想知道这是为什么。

所有这些因素合在一起就像是一个制造麻烦的配方，有时确实是造成了麻烦。你可能对电视或报纸中这些“有时发生的麻烦”很熟悉：外国青少年和吵闹的德国青少年或警察进行街道对阵战；随意破坏公共财产；攻击外国居民或他们的商店。这些极端的恶性事件通常都会成为不可错过的大标题，但通常这些因素只会引起小的反感、误解和摩擦。而其他时候，这些因素会带来相反的结果——一些真正温暖和人性化的东西。

不同国籍的工作人员在讨论

外国人的重要性

一个简单而不可争辩的事实是，如果德国所有的外国人明天离开德国，德国人所夸耀的德国经济就会面临崩溃。一些重要的工作会流失很多关键人物，银行会失去重要的外国专家，德国公司和政府部门会失去很多与国外的合作伙伴沟通的渠道。同时，工厂和矿井很快会停产，上千的商店和餐馆会消失，剩下的会发现他们急需销售人才和服务员，而街道则堆满了垃圾。更不用说德国娱乐业会失去让这个国家可以在工作结束时享受娱乐的数以千计的外国人。

任何诚实通达的德国人都不得不承认外国人在德国现代生活中扮演着重要角色这个事实，而且绝大多数人可能是承认的。遗憾的是，不是所有的德国公民都感谢无以计数的外国人对现代德国社会所作的贡献，因此滋生出微弱而不稳定的仇视外国人的情绪（或德国人所说的 Auslanderfeindlichkeit）。幸运的是，这种情绪如今还不强烈，可让你担心在德国生活的不是这些微弱的情绪，而是那些更恶意的——比如光头党和新纳粹现象。

光头党现象

当你告诉家乡的朋友和熟人你打算迁居德国，他们很可能会急切地给你一堆警告，比如外国人受攻击了，新纳粹分子又在全国游行了，外国人的住宅、商店和做礼拜的地方被炸了等。我不想故意缩小这些危险和恶意的因素，但我向你保证问题根本不像世界各地的电视上报道的那样似乎已遍及全国。

你可能认为或者希望纳粹时代不可言表的恐怖会永远洗刷干净德国人灵魂深处对外国人的仇视，可并不是每个人都能吸取痛苦的教训。不久前的民意调查显示德国人口中 15% 的人有强烈的反外国人倾向，15% 的人被认为“有明显的反犹太人情绪”。

很多德国人仍对生活在他们中间的外国人怀有恐惧、怀疑和误解，有些人几十年一直如此。比如，我认识的一个受过良好教育的德国人（他曾经是研究法律的）有一次很肯定地对我说，这儿 80% 的犯罪是外国人干的，但没有任何统计数据能和这种结论沾边。

这一切所造成的恶果对很多人来说都太熟悉不过了——有大量有关光头党和新纳粹的画面或报道。而他们对任何有关外国人和事的仇恨其实和意识形态无关，而和社会及心理的病态有关。

不幸的是，除了比例极小的这部分德国人，还有相当数量的德国人虽然一边还在反对纳粹的最后结论、他们的方法，或者他们的举止品位，但他们在很大程度上赞成新纳粹分子对外国人的看法。很难说德国人中有多少人属于后者，但其数量足以使任何人，尤其是我们外国人深感不安。

光明的一面

当然也有光明的一面，而这一面也必须要展示出来，尤其在这样一本写给正在考虑迁往德国的外国人的书里。

也有数以百万计的德国人欢迎外国人的到来，他们真诚地认为自己的国家由于外国同胞的贡献已经变成一个更富足、更丰富多彩的地方。当我告诉其他国家的人我从未在法兰克福——这个我生活了 15 年、外国人比例最高的城市——真正见过光头党，他们都怀疑地看着我。但这是事实。我常去柏林，在去那儿的途中看见过几十个，在

马格德堡圣诞市场

啤酒酒吧的聚会

去别的大城市途中看见过零散的几个。和你们一样，我见过的最多的德国新纳粹分子是在电视上。是的，他们的确存在，也会成群聚集进行理论上非法的游行示威。（任何纳粹思想和观点的传播都是德国法律严厉禁止的）。但是他们对居住在这儿的外国人并不造成日常威胁。

现在有很多德国人，他们非常清楚新纳粹和其他种族主义会导致什么样的负面形象，因此他们竭其所能让外国人有“宾至如归”的感觉，努力帮助他们顺利地融入德国文化。

给外国人划分的等级

另一个复杂的因素是德国人给外国人划分的明显的等级。比如，我是北欧血统，我的外貌立刻会告诉别人我的祖父母出生在爱尔兰西部。这使我在德国人中享有较高水平的尊重。而如果我肤色较深，情况就会不同。

我在抵达德国后不久去房地产经纪人那儿找房时，对这种偏见有了彻底的了解。我告诉他对什么样的价格感兴趣，他给我看了一个长长的清单，上面列着我感兴趣的价格范围可供选择的房屋。可是几乎每个后面都附着令人不悦的“不接受外国人”的提示。当我抱怨说看来我被禁止和他的任何客户做生意时，他赶紧宽慰我说，“噢，别担心。他们说的外国人并不是像你这样的。”

然后我被告知在这种情况下，“外国人”专指来自非北欧的外国人。这就是我第一次通过后门了解到的、很多德国人所持有的有害等级观念。

正如这件小事所表明的，德国缺少反歧视的法律。但是部分由于欧盟的促进，反不公平待遇的条例已遍及全国。现在房主仍有可能因为租房人属于某个民族或种族而拒绝出租，餐饮店仍有可能也因同样的原因拒绝提供服务。但后者很少发生，除了在迪斯科舞厅有时某些类型的外国人被禁止入内。在餐饮店常见的冒犯是服务态度冷淡粗暴。

但是正如你会在“第七章：享受德国文化”读到的，这会发生在所有外国人身上，

反美主义

反美主义是德国人恐惧症中一个奇异的类型。这种情绪虽没有其他外国人恐惧症那么严重，但在“左派”政党中却最为强烈。

这种反美情绪很大程度是源于美国的世界地位及政策，而且在乔治·布什任总统期间，其人数和程度都有所增加。[佩尤研究中心（Pew Research Center）的民意调查显示德国人对美国的支持率由2002年夏的61%跌至2004年3月的38%。2005年5月稍有反弹，升至41%，但这个趋势并未改变。]让很多人不满的不仅是美国的军事行动，比如伊拉克战争，还包括美国的废除武器和地雷条约、对国际法庭的态度，尤其是它拒绝签署降低温室效应的《京都议定书》(Kyoto Protocols)。（还记得德国人对环境的强烈关心吗？）美国国防部有关“老欧洲”（主要指法国和德国）的轻蔑言语也未能给溃烂的伤口带来任何疗效。

对很多德国人，尤其是那些较为传统保守的德国人而言，反美情绪源自对美国的失望和一种被欺骗感。这个他们一直尊崇为自己救世主和保护者的国家现在居然披上了傲慢的恃强凌弱的外衣。

对在德国生活和旅行的美国人来说，好消息是这种反美情绪大多针对美国政府及其政策，只有一小部分左翼或右翼激进分子会采取不假思索的反美主义行动。不过，如果你直言不讳地支持现行的美国政策及政府态度，你一定会让很多德国人不高兴。（相反，仍然有很少一部分德国人几乎盲目地亲美。）

德国警察街道巡逻

不管是外国的还是本国的。

当然还有其他一些因素让你处于较高或较低的等级。比如，由于英语始终很流行，和讲其他那些德国人瞧不起或听不懂的语言的人相比，母语是说英语的人享有巨大的优势。尽管法语和意大利语从经济价值来说不能跟英语相比，但由于这两种语言很时髦，说这两种语言的人在这个等级之中仅次于说英语的人。

你所从事的工作也能让你获得更多的尊重，尤其是当这个工作听上去可以发展德国在国外的经济利益。如果你从事的是无技能或技能不高的工作，你的地位会马上像石头一样落地。德国人有时在私下交谈时会向那些在各方面都可以打高分的外国人吐露这些偏见。

但是让自己坚强起来去应对这方面的偏见也很重要。别忘了德国人总的来说对陌生人不会太友善，所以令人不悦的一瞥、冰冷的注视、冷淡的回答或无视你的存在可能都和你的肤色、口音或祖籍无关。

德国的多元文化主义

德国国土上到处是金发碧眼的大个子——人们心中的这个德国形象从未接近事实。今天一拨儿又一拨儿的非正式移民使现代德国社会拥有了一个富足而五彩斑斓的外貌，这个形象离事实越来越远。没错，

多元文化的交汇

柏林的德国国会大厦

你还是可以在这儿见到足够多的金发碧眼的大个子，但是在德国大多数城市，你都可能见到地中海沿岸、东南亚、非洲或德国南部肤色较深的人的“代表”。更重要的是，这些群体对德国社会的文化贡献在过去几十年间飞速增长，彻底丰富了德国的整体文化。

具有讽刺意味的是，德国社会拒绝外国群体完全融入德国文化，反而在很多方面有益于这个过程。它没有敦促外国群体融入德国主流文化，却在某些方面拓宽了这个主流，使很多不同的文化支流与这个主流平行共存。事实上，如果居住在德国某个大城市，不接触德国传统文化你照样能充实地生活。

促进多元文化主义

一段时间以来，德国政府和非政府组织意识到允许和鼓励不同的外来文化在德国蓬勃发展的重要性。这种情感越来越强烈，并发展成对开始于 20 世纪 90 年代早期一系列针对外国人的恶性攻击事件的普遍回应。结果，政府的资金和非政府组织的基金便源源不断地用于促进其他文化的发展和增进对生活在德国的外国群体的理解。今天，很多德国城市，无论大小，都效仿外国人口居住最集中的法兰克福正式开设了多元文化事务厅，旨在促进、协调和资助当地的非德国文化社团举行的活动。这些活动包括讲座、社会活动、音乐或影剧公司及以其他文化的音乐、舞蹈或其他艺术形式为特征的文化节等。活动中还有一排排小吃摊提供有民族特色的食品。

除此之外，政府机构近年来还帮助并协调了各种活动、教育课程和项目以克服复苏的外国人恐惧症。几乎在所有这些活动和项目中，德国和外国居民团体都能紧密团结、共同努力，以促进德国不同文化之间的相互理解。

多元文化事务厅还提供范围很广的咨询服务，这对很多外国居民非常有帮助，尤其是在迁入德国的开始阶段。这些服务指导那些德语有限的人如何顺利通过“政府机构丛林”（参看这一章的“政府机构丛林”部分）。不论是在去某个政府机构之前寻求建议，还是在那儿遇到什么问题，这些服务都会让人受益匪浅。无论你处于其中任何一种情况，都可以给你当地的外国人援助办公室打电话。

在德国人中寻找自己的位置

如前几段所说，没有人强迫或期望你融入德国的生活方式，把你独特的品质和见解带来，以增进德国文化更好的发展。这一章的以下内容会告诉你如何利用这些品质和见解以使自己获得最大收益。现在先来看看你如何能更好地适应德国体制。

成为另一个成员

相信我，德国不是一个散漫的国度，它管理完善，不负其名，但这种声誉是通过对德国公民和其他外国居民的良好管理得来的。所以，要在德国定居，法律要求你必须到好几个政府机构注册。如果方法得当而且行动及时，这个过程会非常顺利，反之，就会只有麻烦没有收获。

政府机构丛林

Behorde 和 Amt 在德语中指各种政府机构，这些机构对德国的良好管理和运转起着重要作用。像所有比你早去的人一样，你很快会知道在德国有三件事是不可回避的——死亡、税收和政府机构丛林。在德国居住的整个期间，你必须要和一些政府机构打交道，而最令你头疼的事情恐怕在你刚到的时候就会遇到。

实际上，很多新来者永远也不能从那种苦难经历中缓过劲来。我认识好几个人决定离开德国就是因为一开始和德国政府机构之间一连串不愉快的磨合。这很遗憾，因为那些得以通过开始阶段的人普遍认为经过了开始的不愉快之后，整个过程就变得容易很多。那些政府机构的官员并不以友善著称，他们有工作要做，而对你友善并不是他们工作责任的一部分，所以他们会跳过这些细节。横眉冷对就像是这些负责接待公众，尤其是负责接

柏林市政厅一角

待外国人的工作人员着装要求的一部分，因此如果可能，你要微笑并试着包容。

前三个月你仍然能够以旅游者身份居住，三个月之后你就不得不开始经历如走迷宫一般艰辛的注册过程。所以，为什么要等呢？还有很多事全靠你开始的这几步，拖延就太不明智了。

你首先要去的地方是令人生畏的公共秩序部（Ordnungsamt），在那儿你会被告知去移民处（Ausl nderbeh rde，大概这么叫，德国没有任何正式的移民政策）。这是你申请居住许可的地方。如果你来自欧盟的某个国家，申请居民许可几乎只是个手续问题。如果你来自欧盟以外的国家，你就要经过好几关才能得到那个奇妙的印戳。你要知道开始申请时这些关卡都比较难过，但最后会降低要求以适合大多数外国申请者。

比如，你会被告知在真正拿到工作许可之前不能得到居住许可证明，可是当你一路小跑到公共秩序部的官僚们让你去的就业处 (Arbeitsamt) 时，那儿的好心人会告诉你没有居住许可证明是不可能得到工作许可的。气人！听上去就像是恶毒的第 22 条军规，故意让你只能在德国短暂停留，难道不是吗？

别着急，其实没这么糟。你需要的是一个工作或工作承诺。答应雇用你的人给就业处写封信，申明他们需要你独特的专长来做这个工作，而且这个工作其他德国人或欧盟国家的人做不了。你带着这封信回到就业处时，上面所写的是否完全属实并不重要，通常你会因此得到一个初步的工作许可证明，拿着它再到公共秩序部注册。

德国联邦议院

经过背景询查等一系列繁复的手续，你就会获得居住许可证明，就是在你的护照上盖个章。拿着这个，你再回到就业处，如果你的其他手续都没问题就会给你工作许可。你可能觉得我在说笑。如果你来德国是因为有人提供工作给你，你的雇主就可以帮你办开始的手续，不需要跑两次就业处，一次就能迅速办妥。

成功经过最初几道关卡后，你还得面对别的。其中之一就是要到公共秩序部登记，让他们知道你住哪儿。这比第一次去那儿容易得多，你只需要带着护照并填写一个很长的表格。然后他们给你一个证明你已登记的单子，并要求你随身携带。

这后一种登记是所有居民都要做的，不管

是德国人还是外国人。每变换一次住所，你都要重复相同的手续，除非你是从同一栋楼的一个公寓搬到另一个公寓。如果在搬迁后的一定时间内没有去登记，被有关当局发现后会罚款 10 到 38 欧元——而且他们有很多机会可以发现。所以，帮自己也帮那些官员们一个忙，搬迁之后赶紧去重新登记。

再来一次吧

经过所有这些关卡并不意味着一切结束。头几年你需要每年为居住许可证明办理延期手续。不过第一次之后只是例行公事，所以你可以跳过工作许可和健康证明的环节，只要带着护照去公共秩序部申请延期。大概到第四次时，你就可以拿到一个两年的居住许可证明。当你在这居住到第六年，已经开始喜欢这儿的很多东西而且已经习惯这种拉磨般的程序时，你就会得到一个无限期的居住许可证明，再也不用来了。

避开周一、周二、周四和公共假日

如果你属于那种超顽强的人，觉得这一切都太容易的话，还要记住：多数政府机构一星期只有三天对外办公（周一、周三和周五），而且只在上午。上午大概是指早晨 7 点或 8 点到中午。有些机构——主要在大城镇——把办公时间延长到周四下午 6 点或 6 点半。在准备好所有的手续后，去之前一定要打个电话确认对外办公的时间，否则大老远到那儿只能看见铁锁或把门的门卫。

存款

每次存款 1 万欧元或以上（我们应该都如此幸运），银行都要求查看你的主要证明。不过也有银行不管你什么时候开什么账户都要求你出示所有证明，我自己就有这种不愉快的亲身经历。这也是你要很快适应的事，外国人和德国人的待遇不同，给外国人设的规则更多，执行也更严格。这也许可以看做是歧视，但我们先不要急于在这方面诋毁德国人——不少外国人突然离开德国，留下租约、税单甚至透支的信用卡找不到着落。银行和其他商业部门知道德国的制度完善，他们能够找到那些不守信用的德国顾客，但很遗憾，对外国人他们只能更加小心谨慎。

驾照

对很多外国人来说，融入德国非常重要的一步是当他们能够坐在自家车的方向盘前，加入高速公路上的飙车大军。关于高速公路在第五章“定居”有更多的介绍，但在读到那儿之前，我们先来确认一下你已经拿到了有效的驾照。

对来自欧盟国家的人来说，这根本不是问题：如果你有另一个欧盟国家的驾照，你不需要有德国驾照，你可以一直用你在自己国家的驾照，除非你是公交车这一类型的司机，你才需要为你的工作获得一个特别的德国驾照。

对其他国家的司机来说，你在自己国家取得的驾照从你抵达德国那天算起有效期为一年。然后，你有两种选择：放弃驾驶或取得德国驾照。这需要通过驾驶考试。但这并不简单，考试包括路考和笔试，二者都要求你熟知德国的交通法规。

你需要在驾校参加专门为测试所开设的课程来学习这些法规。但是注意，很多驾校会告诉你他们开设的不是简单的应付考试的课程，你得参加全部课程的学习，而这很费力而且很贵（最少 1500 欧元）。但你并不需要参加这个课程，你要做的是找一个开设的课程适合你的情况的驾校。不过如果你在德国的时间超过一年，你就必须参加全部课程的学习——所以别耽搁！

抱歉，我让事情听上去太简单了。即使在第一年，只有你自己国家的驾照还不够，你还得在驾照上附上译文。这个译文不能是朋友或配偶随便翻译的，必须由取得官方资质的翻译来做。如果你不知道在哪儿能找到这样的翻译，你可以去当地的德国汽车协会（ADAC）分部。（德国汽车协会是德国最大的汽车协会，在全国各地设有分部。）在那儿你可以花 36 至 42 欧元得到驾照的译文，花费取决于你驾照的语言（英语最便宜）。顺便提一句，德国汽车协会还提供各种各样的服务，包括信息提

学开车

德国拥有慷慨的社会福利制度

供、道路救援和保险“套餐”。如果你打算在德国开车，你还应该询问如何可以成为会员。

不要以为持有国际驾照就可以了。如果你读读驾照上那排小字，就会发现这个驾照在两个国家是无效的——发照国和任何你居住的外国国家。德国属于第二种，所以你的国际驾照在这儿是毫无用处的。

慷慨的社会制度

先别认为生活在德国就像是生活在法规和注册的迷宫里，我向你保证，所有这一切都是为了维护一个将让你受益匪浅的制度。德国拥有一个慷慨的社会福利制度，每个积极努力工作的外国人都能从中获益。

比如说，就业处提供各种各样的求职和技能培训，政府资助的医疗保险计划，除支付医疗和牙科费用外,还包括其他一系列补助。安好家后,你就应该了解这些实惠。毕竟，这些实惠很多都需要你的纳税来作贡献——如果你的条件符合为什么不享受呢?

体验德国文化

你在德国人中的位置

这一章的开始部分已明确指出，无论你在这居住多久，你可能永远也不能完全融入德国文化，所以不要做这种尝试。你可以成为真正的美国人、澳大利亚人、阿根廷人或其他国籍的人，但永远也不可能成为真正的德国人。但正如我们讨论多元文化主义时所说，你没有必要这么做，带来你独特的品质和见解以充实德国文化反而更好。

著名的法兰克福市政厅

很遗憾，除了要排除我们谈到的那些法律障碍外，你还必须排除心理障碍才能让你在德国的生活收获最大。

开始研究那些障碍之前，我得提醒你以下几页恐怕是这本书最让人气馁的部分了。所以打起精神，在你被现实中的真实情况搞得晕头转向之前，最好让我先跟你说说。

如果你想寻找一个多数人都热情友好、乐于助人、开明周到的地方，你就选错了国家。很遗憾，这些品质不是让德国运转的动力。我们已经谈到很多在德国居住的益处，而且还有很多会在以后的章节谈到。但是现在让我们仔细看看那些你不愿经历却可能无法避免的负面因素。

礼貌友善，可有可无

如果你来自一个礼节规范、对陌生人友好、礼貌风行的国家，你就要在德国体味好梦惊醒的滋味了。在这里，礼节是例外而不是常规。令人伤感的事实是，普通的礼貌可以是这里最不普通的事。

冷淡、怀疑或更经常的视而不见是德国人对陌生人根深蒂固的态度。在大街上甚至自己的住宅区行走，你会轻易发现微笑在这些地方是限量商品。德国人在公共大道上大步行走，目不斜视，仿佛对周围的任何东西都毫无察觉。要么他们会用怀疑的眼光盯着你，让你感觉受到排斥。

服务？什么是服务

当然，像很多国家一样，城市里的街道都有一种固有的相似性。但在商店和其他商业场所，这些在其他国家因为商业目的不乏友善和礼貌的地方，你会感到震惊。在很多德国商店、银行和服务台，作为新顾客你碰到的微笑和怒视一样多，而更常遇到的是一种被迫为你服务的表情。不管是哪种，都会让你觉得他们为你服务像是帮了你天大的忙。

这个问题有多普遍？20 世纪 90 年代德国最大的私人银行德意志银行的总裁希尔

马·库珀（Hilmar Kopper）曾评论说，如果他的职员们能对每一位顾客态度友好，银行的生意会增加至少25%。但是去其他银行看看，就会发现其实库珀大可不必为在这方面争取顾客而焦虑。

但是我们往回看看，如果以上是我15年前所写，就不用做进一步的说明。但是过去15年来，这个方面已经有了积极的转变。很多商业部门开始意识到要不了多久敌意和粗鲁就无法吸引和留住顾客了，因此他们开始对职员进行全新的培训，学习怎么让顾客在进门时感到备受欢迎。这样一种接纳的氛围让许多人，包括我，在过去几年里多次感到惊喜。但是直到今天这种惊喜也不多见。有趣的是，一些更换过的销售人员甚至有些顾客并不喜欢这种新的风格，说太像"美国式的表面友好"。当然，你不可能让每个人满意——尤其无法让每个顾客满意。

有求必有傲慢

无礼和冷淡已经让人恼怒，傲慢和那种无所不知的态度更让你感到雪上加霜。除非你学会如何应对，否则会非常愤怒。这种冒犯的举止经常会在工作场合见到，尤其在办公室里。那种傲慢常让顾客觉得自己不仅是在承蒙恩惠，而且还要有十足的勇气请求那个大人物的帮助或建议。一个经验老到的移居德国的人愤怒地说："我给这些（删去一个骂人的词）人带来生意，他们应该感谢我，而不是当我是要饭的！"

在这点上，让我们充当一下业余心理学家。这种傲慢可能源于德国人安全感的缺乏，实际上，就是缺乏安全感的一面镜子，是应对或掩饰安全感缺乏的方法。

慕尼黑圣母教堂

请小心行走

一个迁居到德国的纽约人，几个月以来因为在街上行走经常被碰撞而十分恼火，终于有一天他大叫道："应该把这些

科隆街道上川流不息的行人

人送到纽约拥挤的大街上走走，接受生存训练。回来后他们就知道怎么走路了。也会让我们觉得舒服多了！”对任何在德国大城市熙熙攘攘的大街上闲逛过的人来说，这种恼火都不难理解。德国的行人经常会相互擦碰，虽然没有相关的统计数据，我想德国人在这方面领先于西方国家。

罪魁祸首？就是德国人的目不斜视、眼中无物。而这是德国行人接受的态度。这种人容易对自己和别人的距离作出错误的判断。其他国家的人用简单的眼神交流来判断对面行人的行走方向，而多数德国人认为眼神交流是一种比较亲密的举动，不能用于陌生人之间。大概这种眼神交流会被当做是不加选择的调情，这是德国人厌恶的（问题在于不加选择，而不在于调情）。

那怎么才能适应这种经常被擦碰的行为呢？为擦碰做好准备，每次上街都戴上护肩护肘而且也给别人发放护肩护肘？当然不是。记住，这种擦碰不是故意的，任何蓄意的碰撞都会被认为是非常鲁莽的行为并受到谴责。在德国的城市，你要小心留意其他的行人，尽量避免擦碰。

而且也别指望碰到你的人会向你道歉，这太少见了。在德国，对擦碰更典型的反应是不予理睬，假装它从未发生。当然，擦碰这种事太常见了，人们已经习以为常了。我甚至听到几个德国人颇为同情地开玩笑，说那些可怜的彬彬有礼的英国人是怎么因为在街上擦碰了别人而道歉的。在这儿，为擦碰道歉根本不是应该有的礼貌，反而被认为是件可笑的事。

不用排队，我们是德国人

如果有人仍然认为德国人对任何事都讲究秩序，那他肯定没有尝试在德国排过队。德国人不喜欢排队，不得不排队时也会排得很不愉快，一眼就看出德国人对排队的厌恶。

其他地方日常生活中很多时候需要排队，而在德国是不需要的。比如，在公共汽车站排队上车是闻所未闻的。在一些拥挤的车站，等车的乘客们会一群群涌向车门，

德国的购物商场

各尽所能挤上车。

德国人不会自然地排成队，也不会有意识地跟着排队。即使已经站成队列，比如在长长的信息问讯处，急急忙忙赶来的人又会自己另外站成一队。

恼人的队列

不过这并不是说排队在德国是根本没有的事。作为现代生活不可缺少的部分，排队也几经曲折进入了德国生活。但即使排队，也通常令人不快。

在最经常需要排队的地方，比如超市的收银台、邮局和银行，也只是现在才采取了一些措施让可怜的顾客在排队时能愉快些。

德国是我知道的不采用叫号系统的极少数国家之一。那样，顾客可以通过叫号被叫到有空缺的窗口。抱歉，在德国，多数时候你还得选个队去排，站进去，然后希望排在你前面的人不会有什么复杂的事要办，不会让你这个队列进行得最慢。[而根据墨菲法则（Murphys law），排在你前面的人总是有最复杂的手续要办。]

另一件让其他国家的购物者困惑的事是德国基本上没有小数量购物的专门队列。多数超市或其他大商店都采取所有购物者一个队列的办法，因此那些只拿着两三件东西的倒霉虫也只能可怜地排在一长队推着装得满满的购物车的人后面，没法指望快点排到。（虽然那些推着装得满满的购物车的人中也有富有同情心的会让那些只拿着两三样东西的人插在他们前面。）我曾经问过好几次为什么“X 件物品或更少”这样的队列没在这流行，超市工作人员告诉我他们试过，但是很快就放弃了，因为很多购物数量大的顾客抱怨他们受到了歧视。就是这样。

日常交往规则

当然，文化规范是一把双刃剑。正如其他国家的人一开始会觉得某些时候德国人

请问您是谁

我的一个美国朋友叙述了一件几年前发生的事。他给一个喜欢的年轻德国女士打电话，她的母亲接的电话，而我的朋友只说要找她女儿没说自己是谁。那位母亲严厉地指责了他，好像他被抓住在打下流电话。她几乎拒绝把电话给她女儿。唉，打电话的人是个无赖，怎能怪这个母亲呢？

在德国打电话要告知对方自己是谁

过分无礼，当外国人违反德国文化固有的交往规则时，德国人也会觉得他们举止粗鲁。

我们谈到在很多商店可能遭到的冷淡，但另一方面，德国人也遵循一些机械的礼节，比如进商店时应该大声说早上好、下午好或晚上好，接受服务时说谢谢。

电话礼节

德国人接电话时会习惯性地报自己的姓名，但更重要的是打电话的人应该一开始就告知对方自己是谁。这对私人电话和商务电话都很重要，快速掌握这个原则对你很有好处。

说到电话，还记得我们在“民族特点”那部分所说的德国人做任何事都有固定的时间吗？给德国人打电话最糟糕的时间是晚上 10 点以后。我刚到这不久就犯了好几次这样的错误，而且受到下不为例的警告。过去这是戒律，但现在有所改变。很多 40 岁以下的德国人现在睡觉更晚一些，容许晚点打电话，可以晚到 11 点或 12 点。但是事先要问问朋友、熟人或生意伙伴你多晚可以给他们打电话，否则别这么做。（你会发现，德国人经常为能早到办公室而起得很早。）

你还会在本章“公共自我，私人自我”这部分读到一系列有关家的方便有用的“禁止”忠告。

德国式幽默

你可能听过一个老笑话，说地狱是法国人指挥交通、英国人烹饪、德国人说笑话的地方。不过，正如英国人的烹饪手艺在过去 20 年大有提高一样，德国人的幽默也在向良好的方向发展。（事实上有人争论说比英国人的烹饪手艺进步大多了。）

人们心中典型的德国人面容古板，迫不得已时机械地背诵个毫无趣味的笑话，然

那些有趣的英国人

说英语的人在幽默这方面备受德国人的尊重，但是注意：超强的幽默感被认为是英国人先天的特征，所以需要轻松快乐时朋友和同事们都指望你。因此一定要准备一大堆笑话，还要准备好能熟练地讲述，因为你很可能被邀请去保持说英语的人在这方面的荣誉。

后发出生硬的笑声。现在正相反，你会经常发现德国人会讲一些惹火的笑话或发出开心的大笑——当然，是在合适的时间和地点。德国人生活中界限分明的原则会加重人们对古板的德国人老一套的印象，因为德国的生意伙伴或顾客在处理手中事务时通常都带有一种让人感到无礼的严肃，但工作之余，快乐放松就会替代工作时的严肃。

德国国产的幽默可以分为打闹剧和具有讽刺意味的幽默。后者运用刺激的文字游戏而且充满讽刺意味。前者经常会在电视、晚会或节日里遇到，而后者则是著名的卡巴莱俱乐部（Kabarett clubs）的拿手好戏。（可惜因为语言障碍你很久以后才能欣赏这些幽默。）在狂欢节（参见第七章：享受德国文化），你会见到这两种幽默地道纯粹的表现。

免提 1933—1945 年

你生活在德国，咱们来面对这个事实。你会在个人生活中认识很多德国人，有个问题会很长时间纠缠你，而且通常分为两种情况。对 70 岁以上的人你想问：“纳粹时代你在做什么？”对 70 岁以下的人你想知道：“那段时间你的父母或祖父母在做什么？”除非你和他们关系很好，或者是他们自己开始谈论这个话题，否则最好让这个问题在

圣诞节前的德国街头

朋友聚会免提1933-1945年

保守秘密

我岳父给我讲了一件令人痛心的事，反映了那个年代人们的普遍心态。“二战”后期一个夏天的晚上，我岳父在柏林拜访亲戚。一家人正秘密收听英国BBC，听到广播说他们所在的柏林地区会成为当晚突袭轰炸的目标，马上决定当晚住在附近的树丛中，这样可能更安全。

收拾睡觉所需的物品之前，他们想把轰炸的事告诉楼里的邻居，因为他们都是老朋友了。但最终他们还是决定不告诉那些邻居——因为告诉他们就等于泄露自己收听BBC广播，而这是绝对不允许的。虽然这些邻居都是老朋友，这家人还是不能相信他们不会把这条“罪行”报告给当局。这就是那个年代整个民族共有的心态。

你心里烂掉。

除了少数恐怖的人，纳粹时代让所有的德国人感到羞耻。你可能带着满脑子电影电视灌输给你的概念来到这里，认为每个德国人都是棕衣纳粹，只会说一句英语——“Ve haff vays of making you talk”。在这安顿一段时间之后，你又会有这种印象，认为除了希特勒身边的一小撮人外，每个德国人都是一个秘密的反纳粹的斗士。

不过，哪种想法都不对，而且遗憾的是第一种想法更接近事实。不错，当时很多德国人都对纳粹不满，甚至深表怀疑，但任何一个政见不同者都会被关进监狱或集中营。当然，这些人当中也有一些幸免于难。但是大多数人与纳粹同行——有些很不情愿，有些积极主动，而有些则介于二者之间。

为对那个时期的德国人公平起见，我们必须明白那时的政府在很多事上对他们恶意误导，灌输给他们的如果不是明目张胆的恶意谎言，也是扭曲事实的政治宣传。知道真相的人从未透露多数集中营其实是大规模的屠杀中心。此外也有威胁和恐惧的因素使公开反对纳粹成为一件极为危险的事。

在最初的“震撼”中生存

我知道以上描述可能听上去过于黯淡了，但是还是会有很多阳光藏在阴影的边缘。不过要有勇气：德国人可以很包容，甚至在某些时候对外国人也能袒露心声，但你必须掌握让他们袒露心声的艺术。这样，在德国的生活就会变得愉快很多。

从何而入

主要的问题是你怎么才能融入德国文化而不做被迫的改变。一个有趣的现象是很多德国的外国居民都会说他们已经无意识地在改变。他们一直认为自己和德国人十分不同，但回家乡探望，家乡的人却会问他们现在怎么这么咄咄逼人、这么没耐心或这么孤僻？他们发现需要几天到一周的时间才会完全变回自己。这很正常，不用担心，很快就会过去。重要的是你要从德国的生活经历中吸取有价值的东西，同时保存你的文化和个性中最优秀的品质。

记住，在这个社会里，有针对性地咄咄逼人经常受到嘉许，而礼让和避免冲突有时会被当做软弱和放弃的表现。一个很明显的方法是入乡随俗（do as the Romans do）——要回击，要表现出自信。我经常发现面对德国人的傲慢时，要以其人之道还治其人之身，就能达到目的。我也许不能赢得那些销售人员或生意伙伴的喜爱，但如果我很快判断出这种喜爱根本不存在时，我发现更现实的做法就是回击，得到我所要的，然后离开。

温柔的方式

有些时候，傲慢的表露只是因为缺乏安全感、缺少专业知识或压力过大。这个时候，最好的方式是宽慰对方，表现出耐心和同情，如果可能甚至可以帮他解决手中的问题。这个方法证明对我和很多其他人都非常有效，经常会让售货员和生意伙伴的态度彻底转变。

商业伙伴之间的握手

表现自信

要想成功，更关键的是要记住，德国文化尊重和奖励那些表现自信、善于自控和具有专业知识的人。这些都可以通过举止体现。一些亚洲文化中常见的低眉顺眼在这儿是消极无益的。事实上，如果你这么做，你的生意伙伴就会看出你的弱点而试图踩你（当然是比喻，但这个比喻的含义在德文里也是很痛苦的）。想在德国进展顺利，就要学会直视别人的眼睛。和别人见面，握手要坚定有力——握手无力被看做是内心虚弱的表现，越无力越虚弱。

让德国人变得活跃的另一个有效方法是表现出你的友好和魅力，解除他们的戒备心理。我常发现在商务往来结束时一句热情的“祝你今天愉快”会换来一个惊讶的微笑和一个同样热情的回应。德国人的内心和其他国家的人并没有什么不同，而且有时他们像是在等待别人给他们一个机会让他们在那个社交场合表现出友好。你就可以是给他们这个机会的人。但别过度使用你的魅力，否则德国人会以为你想从他们那儿得到什么，反而增加了他们对你的不信任感。

波恩市政厅

公共自我，私人自我

年轻的女人和狗

希望前面几段让你之前的不快有所缓解。现在你应该知道情况比你想的更好——前面那一堆负面因素其实只有一半是真实的。多数德国人身上其实存在两种清晰可辨的行为。这是德国人性格中的两面性，在这儿，神圣的界限分明原则触及德国人内心自我的深处——而且是两种自我。

这一章开始时描述的那种不太亲密的举止属于公共自我。这个自我展现在街道上、在生意或工作场合，或者在大多数情况下有陌生人的场合。另一个自我，私人自我，则保留给家庭、朋友或特别亲密的同事。只有在这些场合才会展现出一个完全不同的性格，一个更坦诚、更友好、更乐于助人的性格——一句话，一个在各方面都更加迷人的性格。

当然，在任何错综复杂的现代社会中都存在这种公共和私人领域的分别，但在德国更为明显。在这儿，社会规范和规则使私人自我的角色更加重要。这种在两种自我之间的转换实际上起着安全阀门的作用，使人们既忠实于社会约束，也忠实于自己。

“您”和“你”

德国人性格中的这种明显差异在德语中也有所体现，甚至有所增强。德语的第二人称有三种形式：正式的“您”，单数“你”，和复数“你们”。什么时候用哪种形式其规则很严格，而且这些规则迫使说德语的人把这个世界分成两种人：一种是他们必须要以正式的方式交往的人，另一种是他们可以在其面前更随意、更放松的人。

虽然德国人在很多日常场合中显得有些冷淡和傲慢，他们对那些被允许进入“你”这个圈子的人也会非常友善和热情，乐于帮你，毫无芥蒂。从一些朋友和家人（通过联姻）身上我发现，即使是察觉到问题的一点点细微迹象，他们也会询问原因，而且赶紧替你想补救的方法，不怕这样做会给他们造成很多麻烦。

另外一个有趣的德国现象是我们所说的“热情缺乏综合征”(charm debt syndrome)。由于德国文化不赞成做作的热情和迷人表现，因此一旦这些情感迸发，通常都非常真诚而浓厚。另一方面，如果德国人假装迷人、友好或善良，他们也显得笨拙滑稽，一眼就能看出来。

朋友和熟人

实际上，“你”这个圈子本身还有一个更深更紧密的核心，这种进一步的区分在德语里也有体现。对德国人来说，“朋友”这个词象征一种深厚特别的关系。女士用这个词，表示她和这个“朋友”之间有一种浪漫的关系，而男士所说的朋友，可以译成英文的“亲密的朋友”（close friend）。

德国人经常搞不明白英语国家的人怎么随便使用“朋友”这个称呼。大多数我称为“朋友”的人，德国人只会称作“关系较好的熟人”。而如果在英文里我称这些人为“熟人”，他们会感到严重受辱。

听上去有点复杂？我可提醒过你德国人是个复杂的民族。我想说的是，在德国，“朋友”是一个需要花费时间和情感才能获得的一个特殊地位，是让你看到一个人真正内心的开始，而获得这个地位就需要先走进“你”这个圈子。

家——重要的港湾

由于生活界限分明，德国人非常注重家庭和所有围绕家庭的活动。在家里，他们可以充分展现私人自我，可以把为见人准备的那张生硬的脸放在一边。对很多德国人来说，家是真正的自我溜出来做所有那些他们在外边想做而不能做的事情的地方。因为家对德国人有这么特殊的作用，所以他们对在这儿的行为举止也有明确的规则，合在一起可称其为“居住规则”（Hausordnung），外国人如果无视这些规则就会自寻麻烦。

波恩传统狂欢节上的马车夫

问候

虽然德国人经常无视住宅周围的人（包括住在隔壁的人），但根据规则，和同一栋楼里的每个人碰面时你都要和他们打招呼——从搬进去那天开始。这要求你很快记住每个人的姓，因为这样的问候最合适：“早上好，施米德夫人；晚上好，穆勒先生。”（GutenTag, Frau Schmidt; Guten Abend, Herr Muller）只要你记住了他们的姓，就不再需要记住名，因为用姓氏问候的方式会持续很久。我

德国的乡村小镇

们楼里的一对夫妇在这住了 30 年，另一对住了 20 多年，还有一对住了 15 年，他们仍然用姓氏互相问候，而且他们在所有的谈话中还是用“您”这个称呼。

还有一点很重要——把是否换成“你”或是否用名来称呼对方的权利留给对方。强加的亲昵会让德国人感觉很不自在，突然使用非正式称呼会让他们感到社交范围被极大地缩小。在错误的场合称呼“你”，比如称呼商店里的服务员“你”会被认为是种侮辱，即使你天天见他们而且知道他们的姓名，因为“你”是用来称呼孩子的。有些轻率的德国人甚至用“你”称呼多数外国人，表明他们把对方等同于孩子。

整洁几乎等同于法律

Hausordnung 字面的意思是“居住秩序”(house order)，而居住秩序是与同屋或邻居保持和谐关系的重要因素。比如，保持公共区域的清洁非常重要，而且你的租约上会明确规定你必须一星期对你的楼梯做一次清洗。即使租约里没有规定，这也是德国的一条不可打破的不成文规定，你必须遵守。每周并不一定真的指每周——其实德国人也并不都是有洁癖的人——如果楼梯看上去很干净，不会惹邻居生气，你就可以跳过一周。但是明显的脏乱会被邻居们认为是不道德的。

对噪声也有明确的规则。不论何时你都不能制造足以扰邻的噪声。每个人对噪声的忍耐程度不同，但如果你的电视或音响的声音开得总是很大，也是要遭到反对的。晚会或其他恶名远扬的制造噪声的娱乐方式如果不是太经常或太喧闹也是允许的（一般认为一年一到两次晚会是可以接受的）。每次计划开晚会之前，一定要提前几天通知你的邻居，好让他们的神经做好准备。这也是德国不成文的居住规则之一。这并不是说你得邀请他们，他们不希望也不愿意你这样做。

请保持安静

说到安静这个话题，德国人传统上有自己的正式休息时段（Ruhezeit），一般在下午2点至3点。尽管这种习惯由于现代忙碌的生活已经大打折扣，你还是要在这段时间保持相对安静，比如孩子不能在这个时候太活跃，德国法院甚至下令在这段时间禁止犬吠。

周日没有这个休息时段，它是休息日（Ruhetag）。这一天人们要遵守所有关于保持安静的规则。所以不要做噪声大的手工活，钻孔、锤打等活动在周日是被官方严厉禁止的。而在小城镇或乡村，你还不能擦洗窗户或把衣服晾在外面，这么做肯定会让你成为不受邻居欢迎的人。

这又带出另一个问题：在德国，衣服不能晾在前窗之外，这通常会写在租约里。如果你影响了这片地方的外观，邻居们会很生气。我 20 年前到这儿时曾在一个剧院工作。那个剧院的老板很认真地说，有一次警察居然上门命令他们把衣服从窗户上取下来，因为邻居们打电话投诉他们（偏偏在星期天）。后院或者不太显眼的阳台可以晾衣服，但如果你的住处既没后院也没有这样的阳台，那就在卫生间找个角落吧。

德国人也会变通

现在是给你介绍这条德国谚语的最佳时间：“Es wird nicht so heiss gegessen, wie es gekocht wird.” 意思是事情没有想的那么糟糕。有些居住规则也不是那么严格，尤其在城区或跟年轻人住在一起。如果不那么刺耳，聚会当然可以一年不止一次或两次；你可以偶尔偷懒不刷楼梯；你可以 10 点以后淋浴；有时你还可以在周日用电钻。不过能否违反这些规则取决于你是否和邻居保持良好的关系，而这又取决于你是否遵守“居住规则”的主要规则。

在德国居住可要遵守“居住规则”

不管在外面你如何遵从德国风俗，记住家是你居住的地方，所以要让那儿的气氛尽可能愉悦。我的两个美国朋友几年前迁进法兰克福一个优质住宅区，一开始礼貌谦让相安无事，后来违反了那栋楼里一个老住户的不成文规则，摩擦便开始了。那位女士开始变得非常挑剔，要求遵守“居住规则”的每个细节。我的两个朋友稍有疏忽，她就会警告他们下不为例。从此，他们在德国的生活就不那么愉快了，不管居住环境多么幽雅。还要记住“居住规则”里的有些规则是受法律保护的，你会因多次违反那些规则而被终止租约。

待客

通常德国人会尽力善待住在他们周围的人，所以一般来说和他们友好相处比得罪他们容易多了。邀请客人到你家也是一样的道理。当然，做个周到好客的主人有很多惯常的原则，而你在做客时会注意到这些原则。更重要的是，你应该尽快学习其中最重要的原则并在招待客人时运用它们。

我们在前文已提到过德国人赋予家的重要意义，因此被邀请去别人家做客在这个国家被看做是一种荣耀，那么做客就有一系列的责任和仪式要严格恪守。

待客使德国人有机会真正展示在办公室、工厂、商店和街道上部分受抑制的自我，所以他们待客时会表现出典型的条顿人的热忱。因为是在自己家，他们通常会比在商务会议上放松得多。

做一个称职的主人，第一条原则就是要让你的客人感觉舒适。这在世界各地都一样，但德国人有自己一整套让客人舒适的好主意。一定要记住的是德国人的时间观念非常固执，每件事都有固定的时间。邀请客人到达的时间可以传达特别的含义，会告诉客人到达时会有什么在等待他。

邀请客人周六或周日下午 3 点或 4 点左右去做客，就需要上咖啡（或者给不喝咖啡的人上茶，给孩子上饮料）和蛋糕，或者至少上一盘点心。邀请客人晚上 7 点或 8 点做客，自然要请客人吃晚饭——而且饭菜在那之后不久就应该摆上，因为晚饭时间在德国是非常固定的。如果你想先聊聊天，就邀请客人下午 5 点或 6 点到，但要准备好餐前饮料和一些用手拿着吃的零食。

生日快乐

香肠、啤酒、芥末酱

饮食

像多数饮食丰富的国家一样，德国人会准备很丰盛的饭菜，通常客人们都吃不完——而且德国人很能吃。准备的饭菜不够吃是很令人尴尬的，所以多数德国人都准备得比客人需要的多一些。

正式的用餐都会上含酒精的饮料（红酒和/或啤酒，取决于饭菜），矿泉水也要备好，以备给不喝酒的客人。虽然主人通常会不止一次地邀请你喝酒，但你可以谢绝，这毫无疑问。另一方面，如果出于宗教原因，你不能请客人喝酒，你在邀请时要说清楚，否则客人会觉得受到了怠慢。

吸烟是另一回事，而且没有长久的适用于整个社会的标准。德国对二手烟的危害也有些关注（但远不能和美国、加拿大、英国等国家所表现出的关注程度相比）。德国政府仍然不太情愿在餐馆或其他公共场所禁止吸烟，但家里就不同了，能否吸烟取决于主人。

我们家不允许吸烟，没有客人对此表示过反对。要被带到阳台上去过烟瘾时，他们也只是开几句玩笑。也有朋友说有些客人坚持要在饭桌旁或客厅享受吸烟的权利，我的朋友只好让步，不愿引起不快。（但朋友告诉我以后再没邀请过那些人，所以还是以此为戒吧。）

受欢迎的客人

另一方面，还有很多规则告诉我们如何做个受欢迎的客人。想想家对德国人的重要性，这些规则和那些如何做个周到好客的主人的规则一样有意义。

首先是到达。男主人和/或女主人会到门口欢迎你，所以首先要做的是回敬他们的问候，然后如果有孩子的话再招呼招呼孩子。如果你带了礼物，这也是呈上礼物的时刻。不过你要知道德国礼仪和其他国家一些文化的礼仪不同，不要求客人带礼物。如果你觉得应该带，一束花，一瓶红酒，或一本有关男主人或女主人感兴趣的话题的书都可以是合适的礼物。

卫生间（toilet）或洗手间（WC）在德国通常是一个独立的小房间，需要时可以用其中一个名称询问。如果你用了 bathroom 这个词，你会被带到一个大一些的只有一个大脸池和浴缸的房间。用完卫生间不关门是很粗野无礼的，使用时不关也一样。

除了记住这些规则外，做一个好客人最重要的是感到快乐。除非你违反了上述某个规则冒犯了主人，否则德国主人会因为知道你过得很愉快以及他们是很棒的主人而感到非常振奋。如果你碰巧在某一方面和主人或其他客人有共同爱好，你会发现德国人坦诚风趣、知识渊博、兴趣广泛、经历丰富。他们的私人自我比你在街道上遇到的面无表情的公共自我丰富、迷人，因此充分利用每个机会去接触他们内心的自我吧。

学习当地习俗

稍后在这本书中我们会谈到在德国学习语言对成功是多么重要，学习当地的习俗也同样重要。实际上，在德国，习俗方面的错误比语言错误更不容易被原谅。

行为得体可以让你成为德国朋友和同事中很受欢迎的人，因为这些社交规则并不是太多，也不复杂，做到行为得体并不难。

作为一个日常生活非常讲究礼仪的民族，有趣的是德国人用于庆贺的仪式并不多，但其中不少仪式仍然对一生的顺利和幸福起着重要作用。你或许也会被邀请参加下面某个或某些仪式。

出生与洗礼

毫不惊讶，对一个出生率极低的国家，新添人口无疑是一个给家庭带来巨大快乐并值得小小庆贺的事。而你经常会

在德国，新添人口无疑是巨大的快乐

被邀请参加这种庆贺活动。

如果同事或熟人家里有小生命诞生，你可以寄张卡表示祝贺。送个小礼物也行，这得看你跟这对夫妇的关系如何。任何对宝宝有用的小东西都可以是恰当的礼物。在办公室，秘书或跟新为人父（母）的爸爸（妈妈）最亲近的同事通常会负责筹钱，然后代表办公室所有的同事合买一个礼物。

同事有小生命诞生可送贺卡或小礼物

这个欣喜的爸爸或妈妈还会有一些欢庆的表示，尤其是在办公室。不吸烟的人会很高兴听到骄傲的德国爸爸们几乎从不递雪茄来庆贺这个减税者的诞生——通常他们会请你喝一两杯德国香槟（Sekt）。

洗礼在德国并不像在其他很多西方国家那样重要，而且父母通常会等到孩子好几岁才进行这个仪式——换句话说，要等到他们懂得对洗礼时所发生的一切感到畏惧时。只有家人或最亲密的朋友才能参加洗礼仪式和随后的一个小聚会。

第一天上学

在今天这个宗教色彩淡化的德国，上学的第一天已经代替洗礼成为广为接受的儿童成长过程中的一个重要仪式。开学那天，每个孩子都会得到一个超大号的色彩鲜艳的圆锥形纸筒（Schultute），里面装满了糖果（据称这可以让他们刚开始的学业幸福甜蜜）。当然还要拍照留念。参加这个仪式的成人们，通常是父母和爷爷奶奶，会对整个过程十分在意。

生日

每个人只出生一次，但多数人会在以后的日子里纪念那一天。在德国，大家都期望你以一种非常公开的方式纪念生日。来自盎格鲁-美洲的人马上就会感到有点惊讶了：在德国，是过生日的男孩（birthday boy）或过生日的女孩（birthday girl）招待其他人。现在你明白为什么那么多人不停地问你生日是哪天了吧。

人们都期望——非常期望——你在工作的地方摆放一些生日小吃，比如有助于吞咽的蛋糕，夹着奶酪和肉片的圆面包，以及咖啡、果汁或德国香槟（尽管有些经理们发现这个庆祝使工作效率有所降低会建议下属们少喝点香槟）。还有一个常见的做法是当晚邀请你的亲密好友去餐馆或酒馆——当然，由你买单。因为所有这些好意，朋友们会送给你一些小礼物，同事们会和你热情地握手或在你背上友好地拍一下。

如果你很幸运，被“生日男孩”或“生日女孩”邀请吃晚饭，别忘了带个小礼物。最好的礼物当然是你的朋友喜欢的有个人特色的东西。如果你对他/她不够了解，不知道他（她）喜欢什么，送一瓶好的红酒、白兰地或利口酒就很得体了。不要在生日之前送礼物，这被认为是不吉利的。如果你不能到场庆祝，就晚点再送。

婚礼

对很多人来说另一个重要的仪式就是和你的另一半永久的结合，或叫暂时永久的结合，因为德国拥有令人感到可悲的高离婚率（大概 40%）。在这个仪式上，你会清晰地见到我们之前谈过很多次的德国生活的“界限分明”(compartmentalisation)。

德国所有的婚礼都要在婚姻登记处（Standesamt）进行。对信仰宗教的人，在登记仪式之后可能还有一个宗教仪式。不过要想举行宗教仪式，必须先完成登记仪式。宗教仪式通常会安排在登记仪式之后的那个周末，不过这完全取决于新人的意愿。

被邀请去参加哪个仪式可以表明关系的亲密程度。由于结婚登记处一般都比你常去的教堂小，参加登记仪式的通常只有

“生日女孩”邀请吃晚饭，别忘了带小礼物

祝贺新娘

幸福的新人、两个公证人（按法律要求）、直系亲属和非常亲密的几个朋友。朋友们甚至不参加实际的仪式，只是在市政厅外等新人出来后祝福他们。之后到附近的小餐馆美美吃一顿，仪式就算结束了。

参加宗教仪式的人比较多，朋友、熟人和远亲都会受到邀请。根据不同宗教、新人的意愿和不同牧区，仪式本身可以很简单也可以很繁复。接到邀请的人可能还会应邀出席在餐馆、饭店或教堂大厅举行的婚宴，通常由新娘的父亲出资。贺礼通常在婚宴上送给新人，如果没有婚宴，就在宗教仪式结束后送给新人。

还有第三种和婚礼有关的仪式——“喧闹之夜”（the Polterabend）。这个仪式在登记当晚或两天之前举行。准新人会邀请很多朋友、熟人或久无联系的亲戚以及很多同事。“喧闹之夜”的喧闹都由宾客们制造，他们来时会带着旧盘子、杯子和任何瓷器做的东西（我的一个有创意的朋友带了个旧坐便器），然后用力摔成一堆碎片。“喧闹之夜”结束后，准新人有幸扫干净所有的碎片，然后把它们扔了。这个习俗可以追溯到异教徒时代，那时认为这样做可以帮助新人驱除厄运常保幸福。而现在，这种习俗的主要作用是保障了德国瓷器业的销售量。

喧闹之后，来宾们给准新人送上贺礼，然后开始晚会。根据传统，晚会在一个帐篷里举行，不过随着庆典的规模越来越大，已经很少在帐篷里举行了。欢宴上你会品尝到地道的德国饭菜，气氛也会和你想的一样热烈。

结婚

如果在德国居住期间你决定结婚，你需要经历几个步骤。首先，你必须亲自去婚姻登记处，通常都在市政厅，不过你最好还是在电话簿里查一下。最好双方都到场，而且一定要准备充足的时间。

你还应该知道德国的婚姻法被认为是世界上最复杂的。婚姻登记处对你需要出示什么证明并没有固定的要求，因为他们对不同国籍的人要求不同，以保证你的国家也承认这个婚姻的合法性。婚姻登记处的公务人员会仔细告诉你需要什么证明(简单举例：护照、出生证明、父母的结婚证，如果以前结过婚还需要离婚证或死亡证明，以及法院对孩子监护权的判决证明)。所有或几乎所有这些证明都需要官方机构译成德文。

除了告诉你需要什么证明之外，他们还会告诉你需要等待的时间。最后，在登记仪式之前，必须进行8天公示(posting of the banns)。这种对所有结婚申请人的公示是为了阻止未成年人婚姻或重婚现象的出现。

很多外国人，也有德国人，为了避免繁复的手续和等待，都飞往被称作欧洲的拉斯维加斯的丹麦。在那儿手续便捷简单，你只要带着护照和出生证明，几天之内就能登记结婚。甚至德国还有旅行代理为你提供为期三天的非常特别的丹麦结婚和蜜月套餐。

婚姻登记处的结婚仪式以前都比较平淡而形式化，对那些不打算在教堂举行宗教仪式的新人来说，登记仪式结束后就会感到缺少点什么。为此，登记处开始在办公室摆放鲜花，主持婚礼的公务人员也会让整个过程更像个典礼。即便如此，很多人仍然觉得对婚礼这个一生中最重要的庆典来说，登记仪式有点平淡无味。

教堂婚礼

葬礼

没有人愿意为这个仪式做准备，但是如果你认识的人或他们的亲人去世，也有一整套礼节需要你遵守。

如果你和去世的人或其亲属关系一般，你只需要寄张卡表示哀悼。而如果你和去世的人或其亲属关系不错，你就要参加葬礼。

守夜自第二次世界大战后在德国已经非常少见了，现在只有在小的虔诚的天主教城镇才会有。葬礼通常在教堂、清真寺或犹太教会堂举行，然后吊唁的人会陪送死者到墓地。通常，所有参加葬礼的人会排队依次向死者表示最后的哀悼，然后向棺木撒一把尘土。比较亲近的家人会把殡仪馆提供的鲜花投向棺木。葬礼之后，死者家属会邀请吊唁者去餐馆喝咖啡和吃蛋糕，不过你可以不去。

另外，如果你不是某个正规宗教的正式纳税会员，没有教堂会为你举行婚礼、葬礼或为你的孩子洗礼。这都是纳税会员可以享受的服务。不过教会在这方面也不会太苛刻，通常他们在你结婚或生子之前会允许你加入，让你能够经历这些在教堂举行的仪式。当然，之后教会就会希望你开始按时给教会纳税。这也是德国业已成规的习俗的一部分。

为何一切都值得

希望你已经明白了这一章的主旨，即：德国人不是世界上最容易相处的民族，但当你学会如何与他们交往，就会收获颇丰。

将来，经历德国文化的过程会变得更容易。别忘了，我们处于一个变革的时代。在这里居住了几十年的当地人和外国人都说他们已经明显察觉到德国人在态度和举止上的转变。一些变化是积极的，而有些则是消极的，后者显然是因为近年经济的毫无起色造成的。你必须学会应付这一切。很多在德国事业成功、生活幸福的人开始也认为他们不会再忍下去了。他们成功的事实表明你也能做到。

乡村小教堂

第五章

定居

“……这儿经常缺乏常识，尤其是就官僚制度和挣钱机会而言。”

——Barbara Burris Van Voors t《国际先驱论坛报》（International Herald Tribune）“其间”（Meanwhile）专栏房屋出租

德国科隆夜景

抵达前的准备工作并不能帮你太多忙，因为德国人非常信任他们自己官僚制度的智慧和效率。那些既重要又磨人的官僚手续大都在这里办理。在这之前你所能做的就是确认所有需要的证明你都已经办妥：护照、大学成绩单、前雇主的推荐信（如果你要找工作）、你从事行业的资质证明、结婚证、驾照。此外，如果在家乡有机会，最好上一个德语预科班。

事实上，如果你是来这里就职，你的雇主能为你做更多的准备，比你自己能做的要多。很明显，最重要的任务是通过就业处为得到工作许可证明做艰苦的准备工作。我们已经对“政府机构丛林”做了一个概括的介绍，现在我们越过这一段，直接进入寻找住处的旅程。

住房——出租市场

我们已经知道，德国是欧洲人口密度最大的国家之一（详见第二章：国土与历史概览），从实用的角度来说就意味着找到合适的住房不太容易，令人气馁。我们来看看能做些什么让这件事不那么令人灰心吧。

如果是你的公司或附属公司派你去的，公司会为你安排最初的住房。这会让你避免开始阶段常有的那些情感上的不适。但对更多的人来说，他们必须在住房市场自找住房。你有三种选择，每种选择各有所长，成功的几率也各不相同。

和公司为你安排住房比较相近的选择是：你认识某个人，他要么有现成的住房，要么就要搬出去了，要么他知道谁有现成的住房可以提供。我们就是通过后一种方式找到我们的公寓的，房间比较宽敞而且布局合理，公寓位于一个非常好的地段，而且价格相当合理。

这种情况也会经常出现，所以还算是一种选择。但如果你来到德国没有任何合同或关系，就别指望会有这种选择了。所以我们还是来看看第二种选择吧。

通过报纸找房

这是剩下两种选择中比较便宜的一种，而且毫不奇怪，这种选择成功的可能性也比较小。德国各城镇至少有一种主要的报纸每周都有一天专门留出一部分版面刊登价格不等、舒适程度也各异的房屋租赁信息。你需要做的就是拿起报纸，找出你感兴趣的房子，然后打个电话，约好时间去看房并会见房主。

当然，“你需要做的”在这里的意思就好比爬马特洪峰（Matterhorn）时你把一只手和一只脚分别放在另一只手和一只脚上直到爬上山顶。我得承认，在报纸上找住房比爬马特洪峰要容易，不过也只是相对而言。

实际上，你成功与否取决于你能接受多高的房租。房租高的住房竞争要小得多，所以在那个范围寻找住房就会少很多辛苦，而在租金居中或较低的范围内寻找住房就困难重重了。

租赁信息刊登那天，一些大报社里最常见的景象是，一起来的两个人迅速分开，一个跑到附近的电话旁等着，另一个到报社大楼门前买一份人人渴求的刚刚印刷好的报纸，然后以最快的速度去找在电话亭旁等候的同伴。下一场景值得拍成喜剧电影，虽然对那两个当事人来说是很严肃的。一个人疯狂地在报纸上的租房广告中寻找合适的信息，另一个人则同样疯狂地把可能用到的电话号码敲在手机上。手机已经减少了这项竞争的很多运动因素，甚至把寻找住房时所需的人数也减为一人，可租房者那头的忙乱却丝毫未减。

德国待租的房屋

即使你是奥林匹克短跑健将，

“蛇头”经纪人

在德国很多地方房地产经纪人的声誉都很差，其中有些经纪人不择手段，臭名昭著。比如，在不太老实的经纪人中一个普遍的做法是向急于找房的人收取“服务费”或收取超过三个月的房租，这两种做法在德国多数城市都是违法的。他们还会坚持让你签名声明他们没有强行向你收费。如果你拒绝签名或拒绝经纪人的任何要求，你就别想再看房或得到你渴望已久的房子了。

在德国，租房挺麻烦

或是世界上最快的“拇指一族”，你仍然不能顺利地美梦成真，就是因为你不是德国人。很多房屋出租单上都很直白地写着：外国人不得租住。这个讨厌的“路障”在德国是合法的。即使单子上没有这样具体注明，当你接通了电话，一些礼貌的房东会告诉你他们原则上不租给外国人，而有些不礼貌的房东一听你说话有外国口音就把电话挂了。

代理商的秘密

要避免所有这些烦恼，你可以做第三种选择——不过你得花钱。但很多人还是选择了这条险阻最少的途径。那就是去找房地产经纪人（Makler）。实际上，报纸这个途径经常会带你走入经纪人的途径，因为很多广告不是房主登的，而是这些经纪人登的。（在德语里，Makler 这个词的单复数相同。）

房地产经纪人涉及的房地产范围很广，但多数经纪人都不愿涉及租金较低的房屋，因为他们认为租金低获益少，不值得麻烦。你的经纪人可以帮你省去很多冤枉路，因为他们通常比较了解房主愿意接受什么样的房客，跟他们商谈过，甚至曾经帮他们出租过房屋。有经验的经纪人还能在带你约见房主之前先跟房主说几句你的好话，帮你渡过“外国人不得租住”这个难关。

有些经纪人只是提供给你电话号码和地址，然后让你独自上路，而有些经纪人为了让事情进展顺利会在你想租住的房屋那儿等你，或开车带你去。

关于经纪人途径的一个有用提示：很多朋友的经验表明，即使你已在经纪人那儿登记成为客户，通常他们会忙得顾不上给你打电话，你必须每周给他们打电话询问有没有新的适合你的房屋。我的两个朋友说有一次他们给经纪人打电话询问他在报纸上登载的一套公寓的信息，经纪人告诉他们那套公寓已经租出去了，但他另有一套还没登在报纸上。结果那套公寓非常棒，那两个朋友立即租下。有什么寓意？那就是即使是通过经纪人找房，一个好的策略就是在房地产信息上报纸的前一两天给经纪人打电话，因为很多好的房屋在上报纸时已经租出去了。

这些服务比和 20 个人抢着进电话亭令人愉快多了，但是别以为经纪人做这些是出于对人性的热爱。他们从这些交易中挣到的钱数量不菲，而且大部分来自你的租金。如果你决定租住经纪人给你介绍的住房，你必须付给经纪人费用，其数目通常相当于三个月的租金。此外，你还要给房东交押金，数目通常也相当于三个月的租金。押金由房东代为保管，在你搬走之后的那段意义含糊、恶名远扬的“合理时间”之内，扣除损坏或维修造成的费用，会连利息一起还给你。因此，对昂贵的房产来说，你还没进家门就要考虑大笔付费了。

不管怎样，在签订租约之前不要付一分钱。在你确实获得房屋之前法律严格禁止经纪人向你收费，任何这种不光彩的行为都应该被举报。

家，苦中有甜

假如你已排除重重困难并得到了适合你的房屋，那租约及租约中规定的你的责任和权利又是什么呢？

我们已经提到过押金，如果你独立租房而不只是暂时搬进公司安排的住房，你可以起草一个租期对双方都满意的租约。如果你在租赁期满之前搬走，你必须提前很长时间通知房东，至少提前三个月或一年，这取决于你的租期的长短。你还必须向房东

德国的居室

德国小镇建筑

介绍续租客（Nachmieter），人数由你和房东协商。房东没有法律义务必须接受你介绍的续租客，如果他拒绝接受你介绍的续租客而自己又没找到，他可能会要求你交付下三个月的租金（当然，这只要从你的押金里扣除就可以了）。

如果对你是否履行了作为房客的责任有争议，你随时可以求助法律索回部分或全部押金。除了个别恶劣的情况，很难预测裁决最终会向着哪一方。有些州据说更向着房客，而有些州则向着房东。

带不带家具

租住的房屋分为带家具和不带家具两种，带家具的房屋当然租金更高。在德国，所谓不带家具，基本指一无所有——你能见到的就是四面墙、一个屋顶和地板。所有灯具、外部用线，几乎所有的设施都由你自己负责（房东通常会奉送马桶、浴缸、淋浴和盥洗池，不过后者在极少数情况下也会让房客自己负责）。

然后你就可以让这个房屋变成自己的家了。你可以安装任何电线，悬挂你喜欢的油画或巨幅装饰画，等等。但是，当你搬走时，你必须让这套房屋变回你接手时的样子。也就是说，你得填补你居住期间钻的或钉的所有的洞，去除你安装的所有电线，修复门窗上的任何损坏，包括碰撞留下的小缺口。然后在彻底搬出之前把整个房屋粉刷一新。如果你未能完成其中任何一项，房东都有权自己做，然后从你的押金里扣除所需费用——而且总比你想的要多。

给予房客的帮助

市场上有一些书和电脑软件非常详细地告诉你房客的权利和责任，比我在这本有限的书里介绍的要详细。对那些德语还很有限的人来说，很遗憾，所有这些都没有英文的，不过情况会有所转变。去你那个城镇的大书店试试，看看能买到什么。

还有一个组织，叫租住者保护协会（Der Mieterschutzverein），它用英文和德文给所有会员提供法律建议或其他有价值的服务。每年交付 6~50 欧元，你就能成为会员，会费因地点和服务内容有所不同（有些收费低的协会经常会为额外的服务收费）。很多外国人都发现这些组织让他们受益匪浅，为他们在刚来时站稳脚跟帮了大忙。

公用事业

过了第一道难关，你还得清除其他几个障碍才能让你的住处成为可住之处。除了家具和墙面装饰，主要指的是要有水有电有天然气。以下告诉你该怎么做。

电和气

过去几年，德国放开了对公用事业的管制，也就是说现在你可以货比三家，挑选你中意的电或天然气的供应商。最简便的方法是继续使用前房客的供应商提供的服务（刚住进来你有太多其他的事要料理）。但如果你的确想换个供应商，你可以给为你这个地区提供服务的电力公司打电话，询问价格和服务。（环保电和水电是其中的两种选择。有些公司甚至让你混合使用。）

要开通电和气，你必须填表，提供一些最基本的信息，比如你的姓名、地址和银行活期存款账户（GIRO）（详见下文的“活期存款账户”），然后电和天然气会自动开通。如果你正好在前房客离开时继续租用这套房屋，你可以和电力或天然气公司达成协议，从某月某日之后承担所有责任。不过如果你这样做，搬进去那天一定要查一下天然气表或电表，确认上个房客最后一次查完后就停止走动了。否则，你会为他们用的天然气或电付费。

电话

经过几十年政府专营和五年半专营状态，电话服务在1999年初放开，私人公司有了对电话网络的完全使用权。然而，德国电信公司（Deutsche Telekom），这个前政府垄断商，仍然掌控电话安装权。一些提供价格更低、更灵活的本地、国内和国际长途电

打电话

手机在国旗的前面

话服务的小公司也比比皆是，你可以订购其中一个公司的服务——这些公司被称做转卖商。但你仍需要在德国电信公司购买最基本的服务。有些私人公司单独收取通过他们公司拨打的本地或国际电话的费用，有些则由德国电信公司代收。

要买电话，你得到离你最近的德国电信公司的营业中心（TPunkt）或拨打 01-114。德国电信公司出租或出售电话，你还可以在大多数电器商店购买电话。（但是货物售出拒不退换：所有外用设备都得经过德国电信公司准许，所以购买时留心电话上是否贴有这样的标签）。

填完一大堆表，很快就会有人为你安装电话。实际上，为了避免等待，如果可能你可以继续使用前房客的电话。（很多时候，你看房时前房客就已经搬走了。）即使你有这个好运，你也需要在电信公司填表。现在的电话初装费是 52 欧元，如果你继续使用前房客的电话，你只需交 26 欧元。

你需要知道的很重要的一点是：把一些服务转到小公司并不需要改变电话号码或基本设备。这些电信竞争者们都提供一些和德国电信公司同样的基本服务，但价格要优惠一些。不过，走德国电信公司的线路要容易得多，很多顾客宁愿多付点钱选择德国电信公司。

在德国，电话费包括月租费和拨打费。拨打费根据距离不同按预先设定的秒数为单位计算。你还需要为特殊服务付费，比如来电等待或来电显示。要想做到最划算，你就要考虑每个单位设定的秒数，秒数越少越划算，因为这样你只需要为实际拨打电话的时间付费。

固定电话的月租费因线路不同而不同，简单的仿真交换式电话（vanilla analogue）只要 13 欧元，而数字网络式电话（DSL 或 ISDN）则要 30 欧元。数字网络式电话可以一线多号，比如你可以有一个家庭用号码，另一个号码，一个工作用号码或传真。DSL 比 ISDN 要快 12 倍，因此经常用于上网。（不过要想享受 DSL 的快捷，你还需要一个 DSL 调制解调器，大概 150 欧元。）

关于付费的另一要点：电话单通常没有明细，大概是因为德国严格的隐私法。不过如果你向电信公司提出要求，你还是可以得到一份明细账单，列有你拨打过的每个电话及每笔费用。要得到这项服务，你就得说你需要一份“Einzelverbindungsnachweis”（意为明细账单——译者注）——如果你能一口气把这个词说出来的话。

德国博帕德风光

电击般的灾难

大约12年前，我的一个去度假的朋友忘了交水电费。他回来后不久的一天晚上就发现完全没电了。第二天他不得不去Stadtwerke公司缴纳欠费——一共400马克（停电200马克，再次开通200马克）!

你也可以委托销账公司（Einz iehungs ermachtigung 或 Abbuchungs verfahre）代你支付其他有规律的款项，比如医疗保险、车险或其他保险费、会费、月租费，甚至每月或每个季度的税费。

水

供水由房东安排，但房东拿到总账单之后，你要分摊你的用水费用。几个房客之间如何分摊水费也由房东决定。有些根据房客房屋的大小来分摊，更公平的方法就是房东请供水公司来查看每个房屋的水表，然后按实际用水收费。

这项服务叫做“读表服务”（Ablesedienst），提供这项服务的公司会提前几天把要来读表的日期和时间贴在楼的正门。那个时间你必须在家，如果不行（读表的时间总是在工作日），你得把钥匙留给邻居以方便读表。如果你既不在家也没留下钥匙，读表公司会来第二次。听上去不错，只是你得为公司的二次来访付费，而且会很贵。

更悲惨的是电力公司会在你欠交一个月的费用之后停你的电。第二个月开始，你会收到电力公司一系列警告，命令你必须缴费，否则停电。

要避免这样的难堪，你可以通过到销账公司（Einz iehungs ermachtigung）登记让

德意志银行双塔

他们代你缴费。这个拗口的机构听上去像是要大动干戈，其实只是动了你的钱。你签署一份允许供电或供水公司从你的活期存款账户上每月自动扣除水电费的表格，这样不但免除了你所有的责任，也避免了因欠费而付出的代价。

和银行打交道

既然我们说到了大家第二感兴趣的话题——钱，现在也许该谈谈应该把钱放在哪儿。一开始，你可能有这样的印象，觉得德国银行的目的就是阻止你用自己的钱，但是德国的金融制度实际上管理非常完善有序，以保障经济的稳定和有序。当然，它的规章制度对大小客户都非常严格，如果你取款太频繁或数目太大，银行会对你采取处罚或其他遏制措施。

这又一次归咎于德国历史的影响。正如英国经济学家凯恩斯（JM Keynes）所说，每个民族都有自己的经济噩梦，德国的经济噩梦就是通货膨胀。（还记得 1923 年的恶性通货膨胀吗？）因此，作为政府中央银行的德意志联邦银行几乎不惜任何代价持续采取严格的货币稳定政策。（这甚至写进了联邦银行法。）这项政策渗透到下面办理客户业务的银行，就意味着要保持货币流通不那么顺畅。

具体点说，就是你可以从存款中取多少钱要受到限制。大多数银行都规定每个公历月你最多只能取 1500 欧元。（到 20 世纪 90 年代中期，这个数额一直是法律规定的，现在大多数银行仍然实行这个做法——多半为维护银行自身的利益。）取款超过这个数额，你就得支付罚金，也就是根据超出数额的百分比扣除你的利息。如果是标准账户，你必须提前三个月通知银行才能取走全部存款。[这段时间在银行告示中通常称为“允许的通知期限”（vereinbarte kundigungsfrist]

活期存款账户（GIRO Accounts）

如果你打算在德国作为“金融个体”（financial entity）生存，你需要一个活期存款账户（GIRO 或 current account）和定期存款账户。活期存款账户的数额任何时候都由你自己决定。目前很少有银行为活期存款账户提供利息，但有这个趋势。实际上，

支票？什么是支票

用支票付款在德国非常罕见。几年前我妻子收到退款支票时甚至认为那只是个转账通知，一直没去兑现，直到付款人问她为什么没去。不过我想说的还是如果你没有活期存款账户，你会给自己以及你的收款方和付款方都带来很多不便。

与其说是个趋势，不如说是银行的小把戏，不过也算是有所改善吧。

除了得不到利息，对大多数活期存款账户来说，你还要付费才能保留账户，加上各种附加费，可达每月 10 欧元。尽管如此，你必须要有活期存款账户，因为绝大多数账单，比如薪水、各种费用、退款等都通过活期存款账户支付。

保留一个活期存款账户所需的费用各银行差别很大，你最好到各银行问问，找一个最优惠的。有一条经验不仅适用于活期账户也适用于定期账户，那就是那些有国际分行的大银行对私人客户不太感兴趣，所以你极有可能会在小银行得到最优惠的价格——更不用说最优质的服务了。

家政服务

在德国找家政服务和大多数其他西方国家一样，一句话，比较困难。德国从事这个工作的人非常少，因此价格也不便宜。此外，你还必须按你所付酬劳的一定比例为你雇用的家政人员支付社会福利费用（医疗保险、失业金、养老金等）。

得到家政服务一个低成本的方法是雇用还没有完全被纳入德国社会网络的外国人。这些人，主要是妇女，每小时所收费用比她们的德国同伴要少得多，而且你不用为她们的社会福利买单。但由于这些人还没有完全纳入德国体制，你无法通过就业处或正规的代理机构获得她们的服务，你只能靠听别人说，向朋友、同事或熟人打听，看他们是否能给你推荐一个可靠的人。

如果不会说德语，你寻找家政服务时所遇到的

在德国，家政服务很不便宜

波茨坦广场阿尔丹商场

问题就会成倍出现。如果要求从事这个工作的人会说英语，合格的人就更少了。多数外国清洁女工都说德语，偶尔在旅行时也学点英语，但是复杂的交流或指令你只能用德语才会有效。

购物

购物时间有限制是等待那些定居德国的外国人的另一个震撼。那些来自购物时间灵活的国家的人会发现德国有关商业的法律令人沮丧恼火、毫无道理，甚至狭隘自私。事情正逐渐转变，但还得需要一段时间德国才有可能取消对购物时间的限制。

直到现在，法律规定从事零售业的商店周一至周五下午 6：30 关门，周六下午 2：00 关门（每个月的第一个周六稍微晚些），周日和所有法定假日都不开门。经过激烈争辩和慷慨陈词，法律制定者们在 20 世纪 90 年代后期有所松动，现在从周一至周六商店可以开到晚上 8 点，周日仍然不允许营业。面包店除外，在这个神圣的休息日它们可以营业三小时。

打破限制

德国大多数火车站和不少机场都有超市或大的日用品店，以及水果摊和面包店。这些店通常关门更晚，而且经常每周七天营业。理论上，你应该是一个真实的旅行者，持有有效的火车票或机票，这样才能在这些商店购物，但这个要求很久前就不执行了（如果它真的曾经被执行过）。

很遗憾，对那些住在没有大火车站或机场的小城镇居民来说，就无法享有这样的便利了。即使是住在大城市的人，去一趟火车站或机场也不总是那么方便，但他们还有一个选择。最近，不少加油站都开了旅行者商店，销售生活必需品。有些店甚至 24 小时营业。

但你经常要为这些便利支付额外的费用，尤其在加油站。而住在小城镇的人甚至没有这些选择。要点：听听德国邻居的建议，学会如何计划。

折扣季节

在德国，只有两个特定时期商店会全场打折：一个是冬末换季期间（Winterschlussverkauf），一月的最后一周和二月的第一周；另一个是夏末换季期间（Sommerschlussverkauf），七月的最后一周和八月的第一周。

由于小商店无法在购进大量货物然后减价出售这方面和大商店竞争，所以打折活动仅限于这两个时期进行。不过商店不论大小，任何时候都可以降低某个商品的价格——只要打折范围还能被合理地当做是“个别商品”的打折。另外，尽管官方限制了打折开始的日期，但通常是在这两个限制时段开始的前几天，你会以最优惠的价格买到最好的商品。

划算，不划算

由于实际需要，你必须在德国购买很多东西，但德国的确不是购物者的天堂，有些商品你也许会等到回国再买。那些能经常回国的外国人更是如此。

比如，我以前常选择回英国时购买羊毛衫，不仅因为英国羊毛衫的价格比德国

上莱茵省的堤街

黑森林布谷钟

的明显要便宜，而且款式、颜色和尺码也更多。

另一方面，精明的人也会选择在德国购买某些商品，甚至买了带回国。德国生产的家用电器或其他一些电子产品在这里更便宜，而且在德国购买这些商品非常方便。不过要注意，很多在这里购买的家电在你的国家可能无法使用。

适合在德国购买的东西还有享有盛誉的索林根钢制品（Solingen steelware）和世界闻名的胡美尔小人（Hummel figurines，一种陶瓷制品，形状和小玩偶差不多——译者注）。这些东西在任何大的城区都能找到。胡美尔小人在多数百货商店都有售，索林根钢制品也一样，但在索林根钢制品专卖店，品种更多一些。

当然，我们怎么能忘了举世闻名的黑森林布谷钟（Black Forest cuckoo clock）呢。布谷钟在专卖店（不只在黑森林地区）和一些百货店有售。这儿的布谷钟比在很多其他国家买都要便宜得多，但是要小心——这些钟的质量也良莠不齐。很多商店认为购买者绝大多数都是外国游客，回国之前不会给钟上发条试试，所以他们有很多劣质品，而且价格并不公道。如果不注意，你就会买一个昂贵的墙上饰品。（很不幸，我们有一次给美国的亲戚买礼物时就遇上了这样的事。）

在哪儿购物

制度是造成购物不便的一部分原因，但是如果你能赶上开门还是有很多地方可以购物的。北美、亚洲和澳大利亚那种大规模的购物中心在德国没有那么多，但也在逐渐增多，尤其在汉堡、慕尼黑和柏林这样的城市。

典型的德国风格是在城中心或城区的某个区域有一个主要购物区，购物区主要街道和附属街道两旁商场林立。主要购物大街有柏林的库当大道（Kurfurstendamm）、慕尼黑的马克西米利安大街（Maxlimilianstrasse）、杜塞尔多夫的国王大街（Konigsallee）和法兰克福的采尔街（Zeil）。由于这些购物区既受欢迎又不难到达，周六总是人满为患，所以你应该有心理准备，尽量早点去。

消费者咨询中心（Verbraucherzentrale）

如果你对开设银行账户、购买电器或家用大宗物品、私人或公共保险，甚至牙膏或除臭剂等存有疑问，德国大多数城镇都有专门机构为你免费提供咨询，咨询范围之广令人惊讶。这些消费者咨询中心（Verbraucherzentrale）为你提供丰富的资料，通常还有极富特色的复印机，10 到 20 分一页，你可以复印那儿的任何资料。大部分咨询中心现在收取 1 至 1.5 欧元的资料查阅费。还有训练有素的工作人员回答你的各种问题，或者至少告诉你通过哪些资料或其他咨询中心你能得到需要的答案。这些咨询中心的地址和电话都会列在电话簿里“消费者咨询中心”下面，但他们的电话永远很忙，而且在电话上他们也无法提供详细的咨询，所以你最好亲自去一趟。

购买食品

过去 30 年来，德国在购物方面变化最为突出的是食品的购买，这得归因于外国人的大量流入。现在，食品供应丰富多样，应有尽有，食品店也琳琅满目。

直到 20 世纪 70 年代晚期，水果和蔬菜的供应还受季节限制，而且只限于德国和其他西欧国家种植的水果和蔬菜。我妻子还记得不久以前一个不起眼的椰子对她祖母来说就可以是个特别的礼物，而新鲜菠萝就得算是外国水果，价格昂贵，一般人都买不起。现在，德国市场上的果摊和蔬菜摊上堆满了来自南非、亚洲、中东、澳大利亚和新西兰，以及美国的新鲜农产品。虽然这些水果和蔬菜常见于外国人经营的货摊，现在偶尔在第三或第四代德国摊主经营的铺子里也能见到，而且在大部分城市的超市里也有很多。

德国的超市和北美及英国的超市相比虽然很小，但遍布全国。此外，几乎每个购物区都零散地分布着一些蔬菜水果摊或农产品店。论品种和质量，市中心的大集贸市场是最好的，比如法兰克福的综合市场（Kleinmarkthalle）、汉堡的鱼市（Fischermarkt）和鹅市（Gansemarkt），以及慕尼

奥伯豪森的食品店

柏林郊外的跳蚤市场

公制

如果你对公制不太了解，在德国就需要适应，因为德国的商店都采用公制。其实很简单，销售物品的重量都由“克”为单位计算，从 1 克到 1000 克（或 1 公斤），如此反复。如果你对英国的度量衡制更熟悉，那我告诉你 1 公斤相当于两磅多一点。顺便提一句，德国也有自己的“磅”，叫做“das pfund”，等于半公斤或 500 克，而传统的英国的“磅”相当于 474 克。这是你在货比三家或按跟“磅”有关的食谱烹饪时必须记住的一点。

长度或宽度单位也采用公制，不过最小的单位是厘米，100 厘米等于 1 米。1 米要比英国的“码”长一些。

黑的露天市场（Viktualienmarkt）。但即便是到某个角落的小市场，如今你也可以在任何季节买到菠萝、木瓜、火龙果或者荔枝。这就是德国的神奇，它不仅有着巨额的出口顺差，还有着对外面世界怀有强烈好奇心的人民，而为满足这种好奇心，他们大批出国度假。

跳蚤市场

不管在德国的什么地方，在当地的跳蚤市场上你都能买到最便宜的东西。跳蚤市场通常只在周末才有，而且只局限于城镇的某些地方，在这儿自由商贩们把他们想卖的东西放在小货架上甚至是地上的旧毛毯上出售。

要描述跳蚤市场上各种各样的物品得写本小书。这么说吧，在任何这样一个露天的市场上你都能见到很多衣物、电器、磁带、CD 和老唱片，还有汽车和自行车配件（也有很多完整的自行车，不过我还没见到完整的汽车出售）。很多商贩似乎把他们家所有的传家宝都拿来了。商品的质量也各不相同，有毫无用处的垃圾，也有令人咂舌的很多专家已经不再采用设置门诊时段的做法了，尽管他们办公室外还列着相关时间。但是没有预约就去找皮肤科、神经科或矫形外科的专家，你会一无所获，只能预约下次来的时间。

好东西。即使你不买，周六或周日去逛逛饱饱眼福也是值得的。

了解欧元

了解德国货币和了解其度量衡一样容易。欧元和它在2002年所取代的备受尊敬的马克一样是十进制：100分等于1欧元，然后是10欧元、100欧元、1000欧元，依次递进。欧元的硬币有1分、2分、5分、10分、20分、50分、1元和2元的，纸币有5元、10元、20元、50元、100元、200元和500元的。即使是初次到达你也不用担心会把这些钱搞混，因为每个硬币或纸币上都用阿拉伯数字清楚地印着面值，没有一个德文字。此外，纸币大小不一，还有隆起的可触摸的符号，以方便盲人辨认。

健康

通常有这样一种说法，如果有个德国人觉得自己过于健康了，他一定会认为自己的健康出了严重的问题。该说法背后隐含的事实是德国人非常在意他们的身体状况。德国人虽然也明白问别人“最近怎么样啊”只是个问候语，可是当你这样问他们时，他们会简短地告诉你一些与健康有关的问题。

你很快会熟悉的一个健康问题是血液循环问题。血液循环系统的小毛病似乎在德国很普遍。主要症状包括头晕、虚弱、轻度视力下降和全身乏力。其他常见症状还有头痛，注意力不集中，对工作不满意，迫切渴望放一天假等。

咨询医生

德国快乐的女医生

看医生

由于大家都很关心自己的健康，这就意味着你去看病时会有很多人作陪。绝大多数医生都有公布的门诊时段，此外还有专门时间留给预约的病人。门诊时段等候室总是人满为患，而且如果你敢于在最后一小时去，那等到公布的时段截止你可能还没看到医生呢。

但是预约也并不能让你免去等待之苦，即使是预约了特别的时间，等一个小时或更长时间才能见到医生这样的事也不是没听说过。因此，如果预约看病，你一定要预留很多时间，而且你要知道很多人在门诊时段预约，所以如果比你后进等候室的人先被叫到，你也别觉得委屈。

医疗保险

造成医生办公室拥挤不堪的原因，与其说是大家对自己的健康过于关心，不如说是德国完善的医疗保险制度。这个制度既包括私人医疗保险也包括公共医疗保险。任何一个被正式雇用、每月毛收入低于 3825 欧元（目前是这个数字，但肯定很快就会上涨）的人都必须加入政府资助的医疗保险。通常由雇佣者决定具体投保哪个保险公司，然后公司所有员工都被划进这个保险公司。每月毛收入超过 3825 欧元或自由职业者可以选择自愿加入政府保险，或加入私人保险，或不加入任何保险。多数保险都覆盖投保人没有工作的配偶以及孩子。

保险费用会很高。对于政府资助的保险计划的正式成员，每月会按月收入的一定比例自动扣除保险费，如果是正式员工，其中一半费用由自己出，一半由雇主出。如果是自愿加入，雇主不分担费用，每月需缴费用比前者少，但政府对最低和最高应缴费用有限制。长期失业者、部分退休人员、大学学生和在军队里或其他机构服役的年轻人都全部或部分由政府代缴保险费。这些人大多会被纳入大众地方医疗保险公司（AOK），这是最大的国家保险公司。

在德国，支付医疗费用和迫使你去看医生的病痛一样折磨人。普通的门诊就要花 40 至 60 欧元，而这时医生还没开始实施任何治疗。然后治疗的每个步骤都会产生费用，而德国几乎是世界上医疗费用最高的国家。除非你正滚雪球似的存钱入账，否则没有医疗保险别去看病。

入院程序

如果你的病痛在当地的医生办公室不能得到解决，或者病痛发作于周末或节假日，你就只能去医院了。有两种入院方法。

如果医生确诊你的病痛需要入院治疗，他们会联系医院，安排你入院。取决于你的病痛是否紧急，也许你会当天入院，也许会跟你预约好日期过几天入院。

急诊

很不幸，有很多疾病是我们始料未及的。我们已经提到过德国人大多憎恶事故，讨厌事情出乎意料（详见第三章：民族特点），但即使在德国有时也会有意想不到的事发生——所以他们也有应对方法。

如果你的突发疾病普通医生或牙医可以解决，你就可以寻求他们的帮助——即使是在周末或节假日常给你看病的医生或牙医不出诊的时间。急诊服务中心（Arztliche Notfalldienst Zentrale）会提供急诊医生（Norarzte）的名单，急诊服务中心的电话通常列在电话黄页的开始部分。接电话的人会询问你的病情，然后告诉你哪个急诊医生离你最近。

如果你发生了严重事故或突发其他严重疾病，离你最近的医院会允许你作为急诊患者前去治疗。这样，你就可以被送往或去往——如果你仍然可以行走——这家医院的急诊部。如被确认为紧急情况，医院就会收你入院。

现在，由于德国很多医院容量有限，过于饱和，你去的第一家医院也许只能为你

门诊室外候诊的孩子

德国纽伦堡的医院外景

提供急救治疗，然后他们会安排你转往能够接收你的最近的医院。

如果你的问题不那么严重，只需吃药治疗，也会有类似的药店服务。药店（德文是 Apotheke）属于商业性质，和其他商店一样受到营业时间的限制。实际上，药店通常会在晚上 6 点半关门。

急诊药店可以销售所有处方或非处方药以及其他药品（如果你半夜确实急需防晒霜）。不过你还是要为在非合适时间发病付出一点代价——急诊药店售出的所有药品都比正常营业时间高出 2.5 欧元（这个数额是法律规定的）。

家庭事务

孩子的需求

德国被认为是对儿童不友好的国家，很多政治家、作家以及社会学家对此深表痛心。也有很多人否认这种说法，然而他们的否定恰好说明这方面确实存在问题。令人欣慰的是，德国在过去 35 年为让这个国家成为适合儿童生长的地方已经取得了很多进步——也许是因为惧怕“德国人灭绝”，很多领域的政策提议人或决策人最终相信应该鼓励人们生育后代。

其实，从理论上讲，德国为儿童做了很多事。德国政府每年开支约一亿欧元经营管理联邦青少年计划（Federal Youth Plan），这笔经费虽然较几年前略有减少，但资助了各种青少年政治、社会及文化活动，包括青少年交换项目以及其他越来越多的课外项目。

自 1996 年以来，法律规定每个年满三岁的儿童都有权上幼儿园，此外还有很多其他规划用于满足更年幼儿童的需求。上幼儿园是自愿而不是强迫，而且有两种形式，上半天或全天，以满足不同家庭的需要。美中不足的是幼儿园容量有限，不能保证所有的儿童都有位置，因此每学期都有不少父母争抢空缺，尤其是在地理位置较好的地段。

当然，政府和私人规划本身很好，但还有社会大环境问题，而这正是德国在满足德国的日托中心仍然很少，孩子可以离开父母和同伴交流的日间或过夜夏令营这样的夏季活动也很少。

儿童需求方面做得不够的地方。这也许反映了德国的另一个特征：人们相信如果政府或其他可信赖的机构已经制订计划解决问题，其他人就不必做什么了。

可是很不幸，在照顾儿童需求这方面并非如此。不少来自其他国家的父母说德国没有抚养孩子的最佳环境，因为这个国家普遍缺乏温暖、友善和坦诚。

教育

德国另一个同样著名的特征是它的教育体制。在德国居住的所有 6 至 18 岁的孩子都必须上学。上文理中学（Gymnasium）的孩子通常需要增加一年，也就是 13 年，19 岁时毕业（虽然一些颇具影响力的教育者和政客们一直在认真地谈论把它减至标准的 12 年）。如果你的孩子处于这个年龄段，你必须确定他们在官方认可的学校注册上学，如果孩子没有上学，你会多次受到警告并最终被罚款。

在德国居住的外国父母首先需要考虑的一个问题是把孩子送到公立学校还是私立学校。多数外国孩子就读于公立学校（实际上，法兰克福 40% 的中小学生是正式的“外国人”，而在其他城市这个比例还稍高一些），尽管很多国际商人选择把自己的孩子送到私立学校。德国的教育体制广受称赞，是很多其他国家的楷模，但教育水平在变革时代还是有所下滑，而且有些方面你还得好好适应。下面是对这个体制的简要介绍，以便帮你更好地做出选择。

德国的中学生

公立学校

首先说说公立学校的优点。公立学校都免收学费，一些（虽然不是全部）教学材料和资源，比如课本，也免费。和现今其他国家的公立制度相比，德国公立学校的教学和质量都堪称优秀。在考虑送孩子去哪种学校就读时至少有一点很重要，那就是送孩子去公立学校就读是让

柏林大学

他们融入德国社会的最佳方式之一。

第一至四年级是小学（die Grundschule），所有的学生在一起接受基础教育。第五、六年级，根据你所在的城市或州，是对下一步教育进程的促进和定向阶段，这个阶段能够帮助学生和父母为下一步选择什么学校做出决定。有四个选择：普通中学——提供最基础的教育，为学生从事手工业和工业方面的工作做准备；实科中学——提供扩展的普通教育，为学生从事商业领域中层职位或公共服务方面的工作做准备；文理中学——学习好的学生才能就读的中学，强调传统的文理教育，为学生进入大学和工商业更高职位做准备。在文理中学就读 7 或 9 年后，学生要参加一系列考试，称为毕业考试（Abitur），毕业考试成绩决定学生升入哪所大学，或从事什么样的工作；综合性中学——结合其他三种中学的形式，学生置于更为统一的班级，不过即使在这里也会根据学生的不同能力和兴趣分班。

除了要决定让孩子上哪种类型的学校，还有不少和学校制度有关的后勤问题令人烦恼。比如，小学毕业后，你会发现适合你孩子的学校并不是离你最近的，这样，你就可能让孩子乘公交车从城这头坐到那头去上课。

让很多外国父母更头疼的是学生的在校时间。几乎没有公立学校下午上课，平日标准的上课时间是从早上 8 点到下午 1 点，各学校相差不超过半小时。这种时间安排原本是考虑到学生需要在下午和傍晚应对他们繁重的家庭作业，但随着社会习俗的改变，这种论调越来越苍白无力，主要问题是父母们必须花大半天时间为孩子们安排课外活动。

接着还有更麻烦的。由于学生第一节没课可以不到校，没有课了也不必等到学校放学，你的孩子的上学和放学时间可能每天都不同。此外，如果某个教师因故没来而学校又不能安排代课（这种情况越来越普遍），你的孩子可能上午 10 点左右就放学了，而父母事先并不知道。而如果你有不止一个孩子上学，极有可能他们多数时候时间都

为孩子上学注册

你不用为孩子上学注册操心，学校会自己找到你。如果你和孩子已正式登记为德国居民（孩子上学前你们都应该成为正式德国居民），当地的学校会在开学前一段时间写信给你，让你去为孩子注册班级。然后你可以在学校注册时间去一趟，填一些相关的表格。即使你决定不把孩子送到公立学校，你也必须和他们联系并以书面形式告知他们你为孩子所安排的学校。当然，如果为孩子在其他学校注册，你需要直接去那所学校登记。

不一样，你就得为不同的孩子作不同的安排。

不论哪种情况，你都要在家为孩子安排午餐，或以其他合理的方式替代。由于德国学校制度从不包括提供午餐，所以德国公立学校没有餐厅。小吃通常在上午课间会有，可以在学校附近的小商店里买，也可以在课间来学校叫卖的小商贩那儿买。遗憾的是，这些小吃营养低风险高，所以有营养搭配均衡的午餐是上学日必不可少的。

每天短暂的上学时间反映了德国和盎格鲁－撒克逊传统教育理念的根本不同。美国和英国教育强调通过提供大量课外活动培养完整的人，德国学校则注重学业和职业培训。在德国，像体育、乐队、辩论团体等活动都交给了俱乐部、教会组织和其他非学校组织。

德国老式的教学楼

其他学校

除了公立学校，还有很多其他学校，有些用德语授课，有些用外语授课。用德语授课的有教会学校、华德福（Waldorf）学校和蒙台梭利（Montessori）学校。

教会学校和公立学校非常相似，当然，教会学校更注重宗教和道德的教育。教会学校大多为天主教，虽然路德教在全国也有自己的教会学校，此外还有犹太和穆斯林学校。要让孩子在这些学校上学，你不必是教徒，但孩子们必须对学校提倡的教义表示足够的尊重。

华德福学校的教育理念基于鲁道夫·史代纳（Rudolf Steiner）深奥的人智学理论（Anthroposophy）。这些学校重视孩子创造力的培养，以文科教育为中心。教学方法和科目都深受史代纳思想的影响，虽然他本人的思想并不是教学大纲的一部分。自 1919 年成立第一所华德福学校以来，华德福学校现已遍布全世界，但仍然在德国最为集中，有 191 所。这些学校在德国相当一部分人口中享有极高的评价。

蒙台梭利学校在注重运用不同教学方法培养孩子的创造性和个性方面与华德福学校相似，通常有幼儿园和小学。

不管你决定把孩子送到哪个学校，你都要考虑孩子的德语水平，考虑他们是否能

海德堡大学城桥头堡

成功应对用德语授课的教学大纲。我的两个朋友在德国已经居住了 10 多年并且相当满意，可就在孩子该上学时他们决定回到美国。我猜到个中原因：他们的女儿虽然在德国出生长大，但只零零散散地懂一些德文单词和短语，他们生怕聪明的女儿在学校也会很吃力，而因此受到“外国人待遇”。

外语学校

如果你愿意而且也能够支付价格不菲的学费，你也可以选择外语学校。名气大口碑好的当属国际学校，基本实行美国的体制，有一整套课外活动设置。这些学校从四岁儿童的学前班开始，一直到小学、初中、高中，最后授予美国高中毕业证书和国际学士证书。录取工作一年四季都进行，对于英语较差的学生，学校设有把英语当做第二语言学习（ESL）的课程，帮助他们跟上正常课程的学习。学费和其他费用，比如交通费、注册费和其他各种费用，一年可达 1.2 万多欧元。

如果听到这么高费用你还没吓跑，那我告诉你在下列各地都有国际学校：柏林、柏林－勃兰登堡（Berlin Brandenburg）、波恩（Bonn）、不来梅（Bremen）、德累斯顿（Dresden）、杜塞尔多夫（Dusseldorf）和河对面的诺伊斯（Neuss）、南巴伐利亚的海姆豪森（Haimhausen）、汉堡、汉诺威（Hanover）、法兰克福－辛林根（Frankfurt-Sindlingen），

海德堡大学的主楼

波恩大学的学生

慕尼黑有两所，还有法兰克福外的上乌瑟尔（Oberursel），柏林附近的波茨坦（Potstam），以及斯图加特（Stuttgart）。柏林的居民还有一个价格低廉的选择，叫做 JFK 学校，这是一所采用美国模式用英语授课的德国公立学校。

柏林、杜塞尔多夫、法兰克福、汉堡和慕尼黑还有全日制日语学校，波恩、不来梅、法兰克福、慕尼黑、纽伦堡（Nuremberg）和斯图加特设有业余日语学校。毋庸惊讶，这些学校完全效法日本的学校制度，而且能让你的钱包瘪一块，不过和国际学校相比，还是小巫见大巫。

你也许想给孩子的教育加点高卢风味，那我告诉你，波恩、杜塞尔多夫、法兰克福、弗赖堡、汉堡、慕尼黑、萨尔布吕肯（Saarbr ü kcen）和斯图加特都设有法语学校。这些学校把全套的法国体系搬到了德国的土壤上，费用与日语学校不相上下。

青少年

和多数工业国家一样，德国的青少年也存在很多问题。但是套用托尔斯泰 (Tolstoy) 的一句话，没有青少年问题的故事都相似，有青少年问题的故事各有各的问题。对来自外国的青少年及父母来说，他们最感兴趣的当然是那些不同了。

首先，所有来这儿的外国青少年都会面临前面几章提到的诸多困难，尽管德国的年轻人比他们的长辈更懂得变通，也更开明。但是迁到一个新的环境并适应它所要经历的种种考验在德国比在其他地方要艰巨得多，当然这还取决于孩子的敏感程度。

其中一个让很多来这儿的父母烦恼的问题是饮酒年龄。法律规定，只要满 18 周岁，任何人都可以饮酒或购买任何含酒精的饮料，但实际上差两三岁的青少年也经常在俱乐部和迪斯科舞厅饮酒或在超市购买酒精饮料，做到这一点毫不费力。很多少年，尤其是来自那些约束较多的国家的少年，会无法应对这种自由，多数人都会受到同伴怂恿，时不时加入其中。但作为父母，你必须尽你所能确认你的孩子在这方面没有不当行为。

非工作妇女

过去40年来双收入在德国已经非常普遍，这使那些居住在德国的非工作妇女处境不利。再加上除小城镇和乡村之外大部分地区社区和邻里关系淡薄，以及当地人对来自任何国家的外国人的排斥，她们的处境更为不易。

实际上，我认识的外国人中基本没有妻子不工作的，大多数朋友和熟人都是夫妻双方都在工作，即使不是正式在哪个德国或外国公司工作，也是自由职业者，或者干着某个有收入的行当。这大概就是因为德国为非工作妇女提供的活动空间太有限了。

不过，还是有一些机会，比如有为说英语的妇女开设了几十年的俱乐部，专门针对家庭妇女的需求。这些俱乐部都集中在大城市或大城市周围。

还有一些其他活动项目专门针对在家的妇女开设，尤其是在家照看孩子的妇女。关键是几乎所有这些活动都用德语，而不用德语的活动则经常用土耳其语或克罗地亚语。当然，举行这些活动的人大多都会说一点英语，可以在活动早期让你顺利参与一些基础的活动。但这还是说明学习德语非常重要，尤其对非工作妇女来说。

居住在城市的非工作妇女大多会建议和她们处境一样的家庭尽量住在大城市，或大城市边缘。她们经常和那些住在偏远郊区的妇女相比，那些妇女把自己安顿在一个小小的说英语的圈子里，几乎不学德语，隔离在身边各种活动之外，生活非常单调枯燥。所以，她们强调这是非工作妇女应该努力避免的。

宠物

德国人喜爱宠物，如果你听说哪个德国人对自己的妻子或孩子就像对自己的爱犬一样，那他就是个模范丈夫和模范父亲。2003年年初，柏林的一家法院判处一位71岁的司机败诉，他因躲避前方突然蹿出的腊肠犬而急刹车造成追尾。即便如此，普通德国人对他们四条腿的朋友依然关怀备至，人如果能得到这样的待遇也别无它求了。

很遗憾，对迁到德国的外国人来说，这种深厚的感情似乎只是留给在德国生长的宠物

女孩和白色的德国牧羊犬

柏林的指路牌

太多条条框框

当我去德国国家兽医部（Veterinäramt）询问有关带宠物到德国的规定时，那儿的兽医问我打算写几卷书。然后他带我到他的办公室，指出那本载有德国有关宠物规定的书——大概有 107 厘米厚，每页都是密密麻麻的小字。

因此我们不得不跳过这些规定，重复一下兽医给我们的建议：你最好询问你们国家的德国使领馆，他们知道针对你们国家的具体规定，能够告诉你把那个非人类的家庭成员带到德国有多大可能。

的。从国外带宠物到德国的相关规定既复杂又严格，而且对不同的国家有不同的规定。

交通

在美国人、加拿大人和澳大利亚人眼里，德国可能很小，而在新加坡人、韩国人眼里，德国却挺大。不管你怎么看，德国有堪称典范的交通体系，出门非常容易。德国人对这个体系也骄傲无比，而且也值得为此骄傲。

地方交通

德国大多数城镇的交通都没有问题，虽然公交车可能无法送你到家门口，但总能让你非常接近你想去的地方。

一条条公交车线路纵横交错穿过市中心，把城市各个部分连接在一起。在德国很多大城市，还有四通八达的地铁，方便那些喜欢快捷和不在意城市风景的游客乘坐。

持票乘车，否则罚款

如果无票乘车，不要试图说服查票员免除对你的罚款，因为查票员已经听到过所有可以想象的借口，而且训练有素，能够做到对最悲惨的借口听而不闻。而所有借口中最不可接受的就是没有零钱。自动售票机可以为所有的硬币找零，而且多数自动售票机还识别和收取纸币。赶时间、自动售票机前排队的人太多这样的争辩在查票员坚定不移的凝视下也会立即变得苍白无力。

电车是除公交车和地铁之外的另一种交通工具，在东部新五州尤为普遍。

极好的交通工具

德国交通一个非常值得称道的地方就是轻轨。这些高速线路主要来往于城市与市郊。德国多数大城市都有四通八达的轻轨网络，让你轻松来往于市中心。

在城中心，轻轨列车通常在地下行驶，出城中心后便驶出地面或高于地面。轻轨虽然便捷，但没有地铁发车频率高，因此如果两种选择都能让你抵达目的地，地铁会更可靠一些。而且轻轨主要为满足郊区的通勤者，所以周日发车频率会骤然减少，经常一小时才发一次车，有时甚至完全停运。

买票

进入轻轨或地铁站，你会惊讶地发现居然没有售票柜台，没有旋转门，也没有门，心想乘车是不是免费。不是。德国地方交通大多采用信誉制——不诚实的人会受到严厉惩罚。

多特蒙德市的轻轨

所有乘客乘车前都必须在站内的自动售票机上购买车票。这些自动售票机通常在楼上，所以去乘火车之前你得先买票。

上车时没人查票，但是查票员（Kontrolleure）会经常到火车、电车和公交车上去查票，确认你持有效乘车票证。如果你没有票，查票员会履行职责，根据不同城市，会向你收取25~40欧元的罚款。

罚款可以是票价的20至30倍，所以买

票会是更为明智的做法。这同样适用于电车和公交车。自动售票机通常位于电车或公交车站旁边。所有交通工具中，只有公交车的司机可以找零或售票，虽然他们经常为破开大面值的纸币发愁。在很多城市乘公交车，你必须从前门上车，给司机看你的车票或者买张票。（有些城市晚上 8 点以后才有此要求，大概是因为查票员这个时间都下班回家了。）

每个城市的票价各不相同，通常起价是 1.2 至 3.5 欧元。到郊区的路程长，所以票价更高一些。多数车站都有地图，显示不同的乘车区间及票价。我得承认，这些地图和票价区即使是对当地人来说也很不容易看懂，所以如果有人看上去比你知道的多，千万不要羞于开口。

如果你的路程很短，只是在市内，你可能只需要买张价格更为便宜的“短程票”。在售票机上找找写有“Kurzstrecke（短途）”字样的按钮，售票机上还会显示从你上车那站起哪些车站是短途站。

周票和月票

买张周票或月票，你就能省去所有这些麻烦。大多数城市都提供周票和月票，通常在主要火车站的柜台有售。如果你经常使用公共交通，除了方便，周票和月票还可以帮你省钱。

这听上去似乎近于完美，而且在德国大城市也确实如此。但是，在很多小镇，由于规模小，公共交通服务也很有限。在一些安静的小村庄和大部分乡村地区，公共交通非常有限，到了傍晚几乎没有任何公交服务。这些地区的居民只好依靠私家车或出租车。

前面已经提到，轻轨自傍晚以后就越来越少，其实所有的公交服务在傍晚高峰之后都会有所减少。最后一班火车和公交车大概是在午夜到凌晨 1 点之间，最早的一班大约在早晨 5 点。柏林的公交车彻夜运营，法兰克福和汉堡这样的城市在周末也有夜班车。

最近，大城市火车或公交车上的犯罪率上升，令人不安。因此，很多乘客不愿在晚上使用公共交通，因为犯罪大多发生在晚上。负责安全的小分队带着面目凶悍的狗经常在火车上巡逻，这让乘客恢复了一些信心，但这样的巡逻次数有限，远不能在某一个时间覆盖所有线路。公共交通当局提醒晚上的乘客要坐在第一节车厢，因为若发生犯罪，司机可以通过电话和安全部门联系。

出租车最安全

对很多乘坐公共交通工具的人来说，这些措施并不那

德国的高速公路

德国出租车的一大亮点是几乎所有车队都是清一色的白色奔驰，所以在德国乘坐出租车，你会觉得非常时髦。当然，要享受这种奢侈的服务你也必须有所付出，很多外国人都觉得这儿的出租车价格不菲。

么令人放心。尤其是妇女，她们容易成为被攻击的对象，所以晚上她们更经常乘坐出租车。除了极小的城镇，德国的每个城市都有很多出租车，而且非常可靠。

不过也别让我吓得你不敢在晚上乘坐火车、公交车或电车。虽然最近犯罪率上升的趋势让很多不记得有公交犯罪这回事的人深感不安，其实和很多西方国家相比，这里的犯罪率还是很低的。我身边就没有任何人在乘坐公共交通工具时遭遇不测。

国家铁路网络

对长途旅行的人来说，国家铁路就是最佳选择。国家铁路网遍及全国，连接各个地方——至少在东部和西部各自范围内如此。记得吗？东西部之间的交通受限制 40 多年，所以穿越其间的线路几乎没什么上档次的。

南北铁路线仍然是最发达的，虽然在这些线上班次也比较疏散。大的城镇都有铁路连接，而小的地方则比较困难，或干脆没有。

法兰克福火车站内

西部和柏林之间的铁路交通一直都还不错，前民主德国政府显然想要保持这条线路的完整，而且过去几年来还有所改善。但整个东西网络会在不久的将来生机勃发，因为德意志铁路公司（Deutsche Bahn，德国国家铁路公司）已经投入几十亿资金以振兴这个网络。

其实，东部铁路运输比西部已经繁重很多，毫无疑问，这是因为前民主德国汽车太少。出于同一个原因，东部的人传统上比他们西部的同胞们更依赖火车。至少在乘火车旅行方面，东部新五州很快就会出现政治家们一直所说的“繁荣景象”了。

选择火车

德国的火车有很多类型，由一系列不太容易搞懂的字母来区分。如果是短途，你可以乘坐快车（E Zug）或直达车（D Zug）。喜欢矛盾的人会很欣赏这一点：快车目前是这两种车中较慢的一种。

不过，如果是长途，也要尽量避免乘坐直达车，因为有更多更舒适快捷的选择，比如区际列车（Inter Rigio）、城际列车（Intercity）和列车中的旗舰——城际快车（Intercity Express）。城际快车在最快路段时速可达 250~280 公里 / 小时，车上还装有可以用电话卡的电话、传真以及设备齐全的办公室，一等车厢有电视录像系统，另外餐车和快餐车还有啤酒装在带龙头的桶里。不可不提的是，车上还有足够多的高科技卫生间。

柏林的火车

火车票价在德国是统一按公里数计算的，不过城际列车、城际快车和区际列车还要追加一点费用。如果你经常乘坐火车，买张火车卡（Bahn Card）是最明智的。火车卡有三种，可以让你在一年之内分别享受 25%、50% 的优惠，或者免费在德国境内乘火车旅行。火车卡价格也不尽相同，二等车厢有 50 欧元的，也有高达 3250 欧元的，一等车厢也从 100 欧元到 5400 欧元不等。这三种卡在一定条件下都允许最多四人以半票价格和你一同乘坐。

乘火车旅行一直是德国人喜欢的方式，而新改善后的各种服务使这种方式更受青睐。在周五和周六的下午及傍晚以及周一早晨，那些游客经常乘坐的线路会非常繁忙，所以这些时段乘车最好提前预订座位——如果可能，提前一星期。那些没有提前订座的人总是塞满了过道和车厢连接处。

空中交通

德国铁路四通八达，欧洲其他各国也毫不逊色，因此在欧洲乘火车旅行非常方便，而且比乘飞机便宜。但是如果你需要远距离旅行——大多数外国人都需要——德国的空中交通也特别值得称赞。

德国有 13 个机场，目前最大的是法兰克福国际机场。法兰克福机场是欧洲最大、最繁忙的机场，也是欧洲最大的空运中心。它享有几大优点，包括极好的购物设施、优质的银行服务、便捷的急救诊所和一流的会议中心。20 世纪 90 年代早期，法兰克福机场在不同的民意测验中都当选为欧洲最佳或第二佳机场。由于 20 世纪 90 年代中期法兰克福机场又兴建了第二座具有现代水平的候机大楼，其配套设施排名还是从最佳机场的名单中消失了。尽管如此，法兰克福机场还是相当不错的。

其他机场

德国的国际航线大多来往于法兰克福，虽然有些包机更倾向于杜塞尔多夫——德国第二大机场。法兰克福机场的航线飞往世界各地，而其他一些机场则只起降欧洲境内的飞机。柏林目前有三个小而不太适意的机场，新建的柏林勃兰登堡国际机场 2006 年 9 月破土动工，最初计划 2012 年 5 月启用，但已经多次被推迟投入营运。德国议院交通委员会一负责人最近表示，新机场最快要到 2017 年才能完工。

在 2005 年“全球最佳机场奖”（Skytrax World Airport Awards，由乘客投票评奖）评选活动中，莱比锡 / 哈勒机场获东欧最佳机场，慕尼黑机场获全球最佳第四名及欧洲最佳机场。

除非你从慕尼黑出发到汉堡，或从最西端出发到柏林或另一个东部城市，在德国境内旅行乘火车更便捷，当然也更便宜。不过如果你必须乘飞机，德国空中交通也会让你充分享受到旅途的愉快。

钟爱的汽车

有这么多便捷的交通工具，你肯定会想，私家车在德国恐怕濒临灭绝了吧。事实正相反。过去 35 年来，私家车牌照注册数量已从 800 万跃至 4000 万，而且还在增长。

法兰克福机场的安东诺夫安-124茹巨型运输机

德国可是个汽车王国

开车

那么一个神志正常的人为什么会选择驾驶私家车，选择精神分裂、交通阻塞，选择在规划糟糕的迷宫般的单向车道上晕头转向，选择体验合法停车位的严重缺少，而不简单地乘坐如此便捷的公共交通呢？其实答案很简单——自己开车更方便，出发返回，时间都由自己定。你自己可能有时也受到这些因素的影响。因此，在这里我给大家提供一些城市驾车的建议。

■ 即使你只开一段车，明智之举也是在到达交通拥挤的地区之前，把车停在一个合法的停车位，最后一段改乘公交车。这既少麻烦又省钱。

■ 德国司机都喜欢在绿灯刚亮或就要亮之前起步，他们对起步慢的人毫不宽容。重要一课：绿灯面前千万别却步！

■ 另一方面，也不要闯红灯，这儿的很多交通信号灯都装有高度很低的照相装置，会把闯红灯的车牌号照得清清楚楚。而且交警也不会认可你被冤枉的任何请求。

■ 不能只依靠地图寻找目的地，除非那张地图注明了单向车道，而且出版不超过一年。否则，你会发现离目的地最近的路总是被很多纵横交错、布局糟糕的单向车道挡着，好像故意让你兜奇形怪状令人气愤的圈子。如果你的地图帮不上忙，就问问当地熟悉街道布局的人，或者就只在宽一点的双向车道上开。

■ 很多德国居住区对泊车有限制，你会在街道一旁或两旁看见“只限本区居民”的字样。在小一点的街道旁泊车时，注意有没有显眼的公示牌禁止你泊车，否则等你办完事回来，就会惊奇地发现在挡风玻璃上有一张令人不悦的罚单。

■ 在德国很多城市大一点的街道上都有公交车和出租车专用车道。私家车不能在这些车道上行驶，除非是右转，而且只有在就要右转之前。如果你正沿着几乎空无一车的车道行驶，而左边的车却一排排拥堵不堪，那就极有可能你是错误地行驶在公交车道上了。

罗滕堡的街道

一般驾驶规则

正如你在第四章（详见“在德国人中寻找自己的位置”里的“驾照”部分）中所了解的，正式登记为德国居民后，你必须有德国驾照才能在这里开车。如果你是德国居民，国际驾照在德国无效。

德国的交通标志有些是德国独有的，或是欧洲独有的，上路前你必须掌握这些标志。在转驾照时，也会测试你对这些交通标志的掌握程度，但这并不说明你掌握了在德国驾驶的所有秘诀。

总的来说，德国的交通法规和欧洲其他国家的交通法规相似，但你必须熟悉地方差异。还要当心骑自行车的人！德国大部分城市都有专门的脚踏自行车道，对机动自行车也有严格的路规，但骑自行车的人可不愿在他们的专门车道上让路。实际上，很多这种“两轮旅行者”在交通拥挤时都是无所畏惧的大胆鬼。

城市驾车

在德国大多数城市，白天街道上都挤满了一排排汽车，汽车尾气令人窒息，一直到晚上很晚，情况才会有所好转。近期的一项调查表明，一年平均有 65 小时，德国机动车司机要么是盯着红灯，要么是盯着前面寸步不移的车。有些主要街道，比如柏林著名的库当大街（Kurfurstendamm），会一直堵到午夜。

高速公路

德国近乎传奇的高速公路对世界上的汽车司机来说，就如同泰姬陵、麦加、珠穆朗玛峰和传说中的黄金国爱尔多拉多（El Dorado）一样有名。所有司机都听说过它，有人警告你要当心这儿当心那儿，有人怂恿你一定要去试试，然后突然有一天，你就来了——行驶在这条世界上最著名的高速公路上。你可以在美国 66 号高速路上体验驾车乐趣，但德国的高速公路会让你体验超凡的驾驶快感。

在这个世界闻名的公路网上有过驾车经历的外国人通常有两种反应：一种人在驾车中体验到的是无比的兴奋与快乐，他们在无限的速度和自由中明白了汽车被发明的真正理由。第二种人则感到恐惧和绝望，认为德国人开车自己不要命，还让路上所有其他人陷于危险境地。

德国高速公路作为大规模公共建设项目始建于 20 世纪 30 年代的纳粹时期，现在全长 1.2 万公里，在全国形成一个壮观的钢筋水泥网，包括东部与西部。西德政府对修建高速公路总是非常慷慨，所以西部的高速公路以及通往柏林的高速公路路况良好；东部的高速公路也有了明显改善，尽管业余赛车手们仍然可以在这部分高速路上发现几个粗糙的大补丁。

不过，我们还是来说说德国高速公路最令人心动的因素吧：大多数高速公路都不限速，你的速度只受空气动力和车的限制。时速 160~200 公里 / 小时在这里不是什么奇闻，而一些超级跑车则会把那些行驶较慢的车远远地甩在后面。

无限的限度

安全和环境专家很多年来一直在呼吁对高速公路上的车速有所限制（无节制超速被普遍认为会导致森林逐渐坏死），但政治家们到目前为止仍然一如既往地拒绝这些请求，担心在高速路上限速会带来如同周三限制啤酒消费一样的结果。

不过，政府还是做了一些让步。高速路上某些路段现在已经安装了限速标志，而且政府“建议”司机把车速保持在平均时速 130 公里 / 小时。这个建议经常被德国司机和他们的老板们当成私底下开的一个玩笑。但是天气非常不好时，会实行暂时限速，可以限到 60 公里 / 小时。

19 世纪别墅

驾车礼仪

虽然大多数高速公路不限速，还是

有明确的规则、甚至礼仪要遵守，尽管这种礼仪更常在那些急于求快的人身上见到。

左边的车道只用于超车，在右边超车是严格禁止的！现在这种事并不少见：你在左车道上正加大油门准备超过一辆或更多的车时，另一辆车突然加大油门跑到你后面让你知道你占用超车道时间已经太长。

另外，闪前灯或摁喇叭让别人让出左车道是违法的，不要因为很多其他司机经常这么做就沾染这个习惯。如果这么做让警察抓住，那些闪前灯摁喇叭的英雄们不会靠边停车来安慰你。

刹住快乐——堵车

上面所说只适用于理想的状况，在很多其他的时候，大段大段的高速公路更像是

庞大的停车场。这在节假日开始和结束时尤其常见，而且正如在第七章：享受德国文化（详见“德国的假期”）中所看到的，德国有很多节假日。在某些节假日，南边那些车流量大的线路上，堵车几个小时非常普遍。

高速公路很多部分只有两条车道，车道突然减少时非常容易造成拥堵，这会使车流慢下来——而且很快慢下来。10 秒钟或更短时间内，当车速从 180~200 公里 / 小时突然减至类似爬行的速度时，通常会非常危险。

机动车及交通技术工程学会（VDI Society for Motor Vehicles and Traffic Technology）的教授乌韦·洛斯（Professor D. Uwe Loos）是一位交通专家，据他计算，德国高速公路拥堵地段的平均车速为 20 公里 / 小时——没错，这就是平均车速！

还有一个教训要吸取。德国交通事故的死亡率极高，而且多为多车相撞。电视新

德国的火车速度真不快

闻在报道一些大的事故原因时，经常指出事故的发生就是因为在那些德国典型的恶劣天气条件下车速太快。显然，很悲哀的是很多司机无视贴出的紧急限速标志。路面湿滑或大雾时到德国高速路上体会一下高速行驶，你会马上得到第一手的证据。

如果由于天气、精神压力或节假日人流如潮等因素，你想重新考虑是否在高速路上行驶，那就不要犹豫，锁好车，然后乘坐方便快捷的火车，或者预订一个有特殊优惠价格的航班，通常还会附带酒店和各种其他服务。

德国风光

第六章

饮食与娱乐

“马丁·路德使德国震动——但佛朗西斯·德雷克又使德国恢复了平静。他给了我们土豆。”

——亨利希·海涅 (Heinrich Heine)

传统美食烤猪肉

德国传统食品

德国人性格中率直、务实的一面在德国的传统食品中得到了明确无误的体现。德国人勤劳肯干但食物选择有限，而且要经常面对恶劣的天气，时间上也不充裕。他们的食品正好反映了这个民族的特点。换言之，标准的德国食品都做法简单、平淡无奇但分量充足。典型的德国餐正是以饱人之长补烹饪技艺简单之缺。正如一则老笑话所说，德国食品的唯一问题就是吃完几天后你又饿了。

大量的食肉者

大多数德国人都是忠实的食肉者。有多忠实呢？20 世纪 80 年代中期，当许多人因为健康原因而减少食肉数量时，德国是世界上唯一一个背道而驰的国家。

当这些德国食肉者大吃他们最喜欢的肉食的时候，他们往往见到猪腿或小牛腿这样的肉块而大快朵颐。德国饮食文化的一个主要支系——“gutb ü rgerliche k ü che”（意为上等中产阶级烹饪——译者注）——以这样的肉食摆放方式为特点：大肉块摊开着放在盘子中央，旁边是少量的土豆、面或丸子，以及更少量的蔬菜或沙拉。“gutb ü rgerliche k ü che”（你会看到很多德国餐馆在它们的标牌上自豪地使用这个名称）的统治地位形成于 20 世纪 50 年代。当时，人们刚刚摆脱持续多年的肉类稀缺的匮乏年代，重新回到可以享用“gutb ü rgerliche k ü che”的生活中，因此都不加节制地畅怀大吃，似乎要把失去的都补回来。

猪是德国厨房的标志性动物。猪不但相对比较容易饲养，而且一盘猪肉就能提供大量的人体所需的营养和热量。更有意思的是，据饮食历史学家所说，几个世纪以前德国人普遍认为猪肉是所有肉类里最美味的。

正如老话所说，除了猪的尖叫以外，德国厨师把猪的什么部位都用上了。他们的猪肉烹饪确实很有水平。你可能在其他任何一个地方都不会像在德国这样看到这么多种猪肉块和这么多种猪肉烹饪方法。而且，和其他肉相比，猪肉价格还相对便宜。

德国人喜欢吃的肉还有牛肉、鸡肉和火鸡肉。羔羊肉近几年来日益普遍，这主要是由于德国穆斯林人口的增加；但是，与其说羊肉是德国菜肴中的常见菜，还不如说它是一种外来的新鲜花样。鸭肉虽然是德国的中国餐馆里常见的菜，但对于德国人来讲这也是一种异国食品。鹅肉仍然在一部分德国人的菜肴中享受着特殊荣誉，但他们只在庆典的时候才会吃鹅肉。传统的吃鹅肉晚餐的两个重要日子是 11 月 11 日（圣马丁日）和圣诞节。但传统也会淡化，我所认识的大多数德国人过圣诞节已经不吃鹅肉了，而是改吃火鸡肉或火腿，而且完全不再庆祝圣马丁日了。

肉排

除了酸菜以外，德国厨房里最出名、最常用的两个词也许就是肉排（schnitzel）和香肠（wurst）了。肉排就是肉块，和你知道的标准肉块的大小差不多。

和肉片一样，肉排也是薄片的肉。在德国，小牛肉、鸡肉和火鸡肉都是以肉排的方式上桌的，但最常见的肉排是——你猜对了——猪肉。那些经常吃小牛肉做的维也纳肉排的人要知道，在中欧这儿，你享用的维也纳肉排通常是猪肉做的。

德国餐厅供应的食品——Sausa

关于 Cutlets(肉排)、Chops(肉块)、Schnitzel(肉排)和 Kotelett(肉块)

烹饪语言小提示:“Schinitzel”是英语“Cutlets”一词的直译,但德语中还有“Kotelett”一词,这个词相当于英语中的“Chops”。听起来很混乱?是的,许多人都被这几个词搞糊涂了,而且英语国家的人刚到德国的时候经常犯这样的错误:以为点的是“Cutlet”(肉排),但上来的却是厚厚的“Chops”(肉块)。更常见的是,德国人会向你推荐叫做“Cutlets”(肉排)的菜,以为“Cutlets”显然就应该是“Kotelett”的英文,但这并不对。

维也纳肉排是一种独特的肉排,肉打得非常薄,因此肉在打的过程中被撑得很开。事实上,在肉排的家乡维也纳(德语中是“Wien”,所以这种肉排的名字在德语中叫“Wiener schnitzel”),如果肉排没有从盘子边上垂下来的话,人们会觉得很奇怪。打薄了的肉排要裹上面包屑,然后放到平底锅里去煎。

肉排的种类

其他味道的肉排的做法有:

■ Holsteiner(裹着面包屑,上面有一个煎蛋和一个柠檬瓣儿)。

■ Jäger(泡在黑色的蘑菇酱里)。

■ Zigeuner(泡在有西红柿、青椒和红辣椒的辣酱里)。

■ Rahmschnitzel(泡在一种简单的奶油酱里)。

几乎所有的德国餐馆都至少有这些肉排中的几种,而中产阶级餐馆里则几乎必须有所有种类的肉排。

查尔斯·戴高乐有句有名的讽刺语，说的是统一和管理一个有 275 种奶酪的国家的难度。人们不禁要想，如果要管理一个像德国这样有 1500 种香肠的国家，他会作何感想呢？

香肠

“Wurst”在德语中是“香肠”的意思。在北美和英国的一些地方，“Wurst”被专门用来表示德国香肠。最初，由于其原料的原因，只有穷人才吃香肠，但现在香肠已经摆脱了原先的卑微地位，晋升为一种受到德国人民长久、深切热爱的食品。尽管现在大多数德国人有条件不吃香肠，但是，很多德国人仍然经常兴致盎然地吃这种食品。

香肠的主要原料是生肉末儿（猪肉、牛肉、小牛肉、鸡肉、兔肉和马肉）和调料。两种原料搅拌在一起，偶尔会加入如谷类这样的添加物，然后以各种不同的方式进行烹饪。由于肉被搅碎了，所以人们基本无法辨认香肠用的是哪种肉；在任何其他情况下人们一般都不会吃的一些动物部位就会被混合进去做成香肠。事实上，标准的香肠所用的肉正是那些本应该扔给不辨食物好坏的动物吃的肉。

传统的香肠皮是用牛肠、猪肠或羊肠经过仔细清洗后放在盐水或盐里腌制而成的。有一些现代的香肠皮是用塑料或水解纤维素做成的合成皮。有的合成皮是不能吃的，必须在吃之前先撕掉。

德国人其实把香肠分成两类：一类是比较粗的香肠，要切成片儿放在盘子里、切开的面包上或小圆面包里吃；另一类是一次就可以吃完的小香肠。我们大多数人听到香肠这个词的时候，脑子里想的可能就是小香肠的样子。

许多香肠和小香肠的名字都来源于其最初生产地的地名，而所使用的各种各样搅碎的调料和原料也使各种香肠味道迥异。德国的香肠专家说，常见的香肠里最美味的是图林根香肠（原产于

肉肠

图林根）和手指头大小的来自纽伦堡的纽伦堡香肠。法兰克福香肠是我所在的城市——法兰克福——所产的香肠，是美国热狗的直接始祖。和其他香肠相比，法兰克福香肠通常被认为属于不算很好吃的那类香肠（尽管仍然颇受欢迎）。

当德国人把小香肠当成一整顿饭吃的时候，他们会配上酸菜、土豆或冷土豆沙拉。或者，他们也会在快餐店里（见本章“饮食仪式”中的“快餐店”部分）把香肠当成点心大口地咀嚼。

蔬菜

从传统上讲，德国人在饮食方面和英国人如出一辙——当然，德国人比英国人更有创造性一点，更机智一点，也比英国人冒险得多。这可以从两个国家在对待肉或蔬菜的方式上看出来。由于德国的气候并不总是对地里长出来的作物那么友好，大多数的德国本地农产品都是经受得住严冬考验的敦实的蔬菜。

卷心菜

德语里的卷心菜是“Kraut”（卷心菜、德国人），所以你也许可以猜到卷心菜在德国人生活中的中心作用。[但德国的情况没有英国那么糟，瓦尔特·佩奇（Walter Page）曾说：“英国人只有三种菜，其中有两种是卷心菜。”] 卷心菜在德国如此普遍，以至于德国人给它取了另一个名字——“Kohl”（圆白菜）。“Kohl”这个词根出现在其他许多蔬菜的名字里，这些蔬菜都很敦实，在德国人的厨房里都有悠久的历史，如红

开心吃呀！

卷心菜、布鲁塞尔牙菜、花菜、无头甘蓝、白菜头、酸菜、白菜、大头菜。

德国人做蔬菜的方法是将其放到水里煮了又煮，直到不会伤着你为止。（正如许多德国人坚持的那样，指从内部伤到你。）德国人的口味现在已经基本向保留蔬菜原味和营养的方向转变，所以即使是传统的德国农产品也会以比较接近其自然味道和结构的形式上桌，尽管你还是经常能看到煮得透烂、味道平淡的菜被端上桌来。那些顽固的中产阶级餐馆往往比较偏爱这种烹调方法，所以你还是应该多加留意的。

这可是德国人最普通的一个人的餐量

土豆

正如本章开头引用的海涅的话，德国人餐桌上出现得最多的蔬菜是粗鄙的土豆（Kartoffel）。和大多数欧洲人一样，德国人一直到16世纪才开始吃土豆，但他们很快就喜欢上了这种食物。无疑，这要部分归因于可怕的普鲁士国王弗雷德里克大帝（King Frederick the Great）对土豆的大肆夸奖。

德国人做土豆的方式多种多样，但最常见的是煮（Salzkartoffeln）、煎（Bratkartoffeln）、捣（Puree）或像法国人那样切成细小的条儿然后再炸（Pommes Frites，即炸薯条，这个名字也来源于法语）。做法和炸薯条相同的是在德国有更悠久历史的土豆饼，把捣碎的土豆条儿打成薄饼，拌上洋葱，然后放到油里炸。德国人喜欢在上土豆饼时配上苹果酱（Apfelmuss），量通常很大，足够当一顿饭吃。土豆饼也是德国集市和嘉年华上备受欢迎的必备食品；圣诞集市上（见第七章“享受德国文化”里“街头或街区聚会”中的“圣诞集市”部分）如果没有做土豆饼的摊子，那是难以想象的。

从传统上讲，德国北部和东南部的人更喜欢吃土豆，而西南部的人喜欢吃面食。你会发现，在斯瓦比亚人的厨房里，面食仍然占主导地位。扁面是最标准的面食，但有一种由扁面演变过来的斯瓦比亚小麻雀面条很受欢迎。小麻雀面条上有紧密的螺旋，很筋道。西南部的人经常把小麻雀面和肉、鱼一起吃，但小麻雀面也经常作为主食，

德国的面包饺子

即作为一顿饭来吃，面里有小扁豆或点缀着洋葱，上面盖着奶酪。在斯瓦比亚的饭馆或餐厅吃饭的素食主义者可以避开成排的肉食直接点可口的小麻雀面。

除了敦实的土豆和面食，德国还有一种极受欢迎的食品，那就是令人生畏的丸子（Kloss，复数是 Klosse）。这种丸子是用大勺的面粉和捣碎的土豆或面包搅在一起，放上调料，做成大球，然后放到沸水里煮做成的。德国丸子绝对是很饱人的食品，所以最好只在胃口特别大的时候才点这个菜。

地方菜肴

除了上面提到的最受欢迎的菜以外，德国还有许多地方菜肴值得一尝。我从数以千计的地方菜肴或地方菜式中挑出最受欢迎的集中列举如下。这些菜至少在当季的时候在当地是随时可以吃到的。事实上，有些菜已经十分流行，因此在德国的许多地方随时都能吃到。

■ 冰 腿（Eisbein）

这是一道来自柏林的备受欢迎的菜，其实是一大块腌过的猪腿。这个菜几乎总是和酸菜及黄豆泥一起上。

■ 分肯维德比目鱼（Finkenwerder Scholle）

那些只在炸鱼加土豆片的店里吃过粗陋的比目鱼的人，会在吃完汉堡地区的比目鱼之后，对这种鱼多一层尊敬。这是一道简单但煎法高超的带有腊肉末儿的菜，通常与酸土豆沙拉和绿色沙拉一起上。

■ 盖斯堡马许炖肉（Gaisburger Marsch）

这是符腾堡的一种肉，里面有切成丁儿的牛胸脯肉、土豆片、小麻雀面和炸洋葱圈，有时候还有一些其他蔬菜。

■ 青 酱（Grüne Sosse）

这是法兰克福的特色菜。顾名思义，青酱就是绿色的酱，由多种青菜（每一个版本都不一样，但常用的有香葱、酸菜、西芹、紫花罗勒、山萝卜、水芹、龙蒿和独活菜）和奶油做成。有时候会把煮熟的蛋切了放到酱里，但多数时候都是把酱倒在煮透的蛋上和/或煮熟的土豆上。食肉者喜欢把酱倒在煮熟的牛肉上。在家里，我们发现这个酱和家禽、肉排以及各种绿色蔬菜一起吃味道特别好。青酱一般在春天、夏天和早秋的时候能吃到。冬天的青酱不够好吃，因为所用的青菜是冻过的。

海员杂烩

■ 棕甘蓝和滨可香肠（Grünkohl or Braunkohl mit pinkel）

不来梅的严冬最适合吃的菜就是棕甘蓝和滨可香肠。这道菜由蒸过的无头甘蓝、腊肉末儿、猪腹肉以及滨可香肠组成。滨可香肠是一种很肥的香肠。（你应该总是高兴地对你所吃香肠的原料保持无知，但对于滨可香肠，屠夫显然在告诉你："用点脑子，鼓足勇气！"）不来梅地区的许多公司和俱乐部会在冬天进行野餐，专为野餐提供服务的餐馆会提供很多滨可香肠，然后提供荷兰杜松子酒。喝这种酒可以化解香肠里的一些脂肪。

■ 熏猪排（Kassler Rippchen）

熏猪排源自柏林，现在在德国各地都可以吃到，而且深受人们的喜爱。 这个菜永远和酸菜、土豆泥一起上。

■ 柯尼希贝格肉丸（Knigsberger Klops）

这是来源于东普鲁士的一种美味肉丸。自从这个省不复存在之后，这个菜已经传到全国各地。肉丸里有搅碎的牛肉、猪肉、咸鲱鱼，还有洋葱和干面包屑。这个菜永远和浓面粉酱一起上。酱里的柠檬汁和续随子花芽可以使酱的味道更为丰富。

■ 海员杂烩（Labskaus）

这是德国北部港口（如不来梅、汉堡、吕贝克等）的一个简单的名菜。尽管最初这个菜是海员们敦实的早餐，但现在大多数不是海员的人也把它当做主餐吃。这个菜是咸牛胸脯肉、鲱鱼片、红甜菜、土豆和咸泡菜的独特杂烩。海员杂烩的上面必须放一个煎鸡蛋，旁边放腌鲱鱼。

■ 肝芝糕（Leber kse）

这是一道已经渗透到许多普鲁士厨房最黑暗角落的巴伐利亚特色菜。尽管名字的意思是"肝奶酪"，但这个菜既不含奶酪也不含肝，而是一大条蒸过的碎猪肉。这个菜必须经过轻微的烘烤，以使表层形成脆皮。传统的吃法是就着味道浓厚的芥末和酸菜吃。

■ 莱比锡大杂烩（Leipziger Allerlei）

这个鲜亮的由胡萝卜、豌豆、花菜、在黄油里炸过的绿豆和龙葵蘑菇等蔬菜、鸡汤，以及奶油杂烩在一起的菜，已经从它的家乡莱比锡传到了德国各地。人们或把这道菜当成一小顿饭，或把它作为一道维生素充足的配菜，和肉菜一起吃。

大馅饺子

■ 德国饺子（Maultaschen）

这是斯瓦比亚水饺的一种，馅儿有搅碎的小牛肉、细细的熏腊肉以及搅碎的猪肉和欧芹，用肉豆蔻作调料，上菜的时候是放在牛肉汤里的。这个菜的一种吃法是 gesmeltzt，即把冷肉饺切成指头大小的片儿，在上面浇上轻打过的蛋液，然后放到黄油里煎炸。这种吃法的肉饺通常配有棕色洋葱圈和斯瓦比亚土豆沙拉。（顺便说一下，斯瓦比亚在德国西南部，中心城市是斯图加特。）

■ 莱茵河腊焖牛肉（Rheinischer Sauerbraten）

腊焖牛肉是德国最负盛名的一道菜，而无数的德国人认为莱茵河的腊焖牛肉是最好的。这个菜的做法就是把牛肉片儿浸泡到又甜又酸的含有红浆果酱、奶油、洋葱、搓碎的蜜蜂煎饼（见本章的“糖、调味料和一切美好的东西”）、葡萄干以及红酒的液体中，然后用慢火焖。如果上给你的腊焖牛肉没有红卷心菜，那厨师肯定是太匆忙忘记了。上完莱茵河腊焖牛肉后，第二道菜也许会上煮土豆，但丸子更常见。

■ 白香肠（Weisswürste）

这道著名的巴伐利亚菜其实是一道颜色从灰白到浅灰的引不起食欲的菜。但是，这道水煮小牛肉和香草的香肠在南方还是很受欢迎。其实这个菜应该在中午以前吃，以保证其新鲜度，而且按习惯你点的香肠应该是奇数（这些香肠很小，一条还不够你一口吃），就着巴伐利亚甜芥末一起吃，味道不错。

■ 红粗麦粥（Rote Grütze）

这个菜没有按字母顺序排列，因为它很适合做这个单子的最后一个菜，它是德国北部一道独特的甜点。这道菜其实是煮熟的水果布丁，原料包括各种红色的水果，如樱桃、草莓、覆盆子和红浆果，以及西米或木薯粉。（因此该菜名为 Grütze，即碾去壳的燕麦或粗燕麦。）水果、果汁和西米放在一起煮好之后，要让布丁凉下来，然后在上面加上液体奶油或香草布丁。

这个美味提神的甜点在德国很靠北的城镇如汉堡和不来梅都吃得到。尽管夏天的红粗麦粥最新鲜，味道最好，但由于这个菜很受欢迎，现在有些地方一年四季都提供这个菜。当然，这要归功于水果冷冻的技术。

烘烤的食品

忘掉那些关于法国松饼和意大利面包和蛋糕的陈腐广告吧——德国人是无可争议的世界烘烤大师。凡是面团做的、从烤箱里出来的食品，最好的通常来自于德国、奥地利或瑞士的烤箱。可喜的是，这三国的烘烤技术相互学习促进，现在几乎每个国家都会做另外两个国家的烘烤美食。

德国面包非常好吃，颜色从浅到发白到黑色的都有。这些面包很少有因为中间鼓风而形成棉花状的，所以吃这些面包和小圆面包对于你的嘴、下颚和上颚都是一种感官享受。

你应该每次都从面包房里直接买面包。几乎每一个德国社区都有一个面包房。你应该尝尝各种不同的面包，直到找出你最喜欢的一种。你还可能发现有些面包和某些特定食物一起吃味道最好，所以你会时常根据你吃的东西更换面包的种类。如果你来到这儿还按旧习惯到超市去买中间有气孔的白色烤面包，那你就应该从这个国家被驱逐出去！

弗莱堡干酪蛋糕

水果干果蛋糕

糖、调味料和一切美好的东西

德国蛋糕和派的种类与德国小圆面包和面包的种类一样繁多，所以你就自己寻找自己最喜欢的蛋糕和派吧。但是，如果我不告诉你下面这一点，那我就是玩忽职守了：圣诞节这段时间是德国烘烤师的特殊季节，因为他们会在这个时候做与这个季节相关的特色蛋糕和派。同样，选择范围会多得让你兴奋不已，但有两种是你在德国的第一个秋天或冬天必须尝的：蜜蜂姜饼——一种味道丰富、做工高超的德国姜饼，通常在10月初的时候开始在商店或专门的姜饼店出售，以及圣诞果脯蛋糕——一种德国水果蛋糕，在圣诞节临近的时候会上市。

顺便说一下，德国认证规则把烤箱烘烤师分为两类。糕点师只能做蛋糕、饼干、糖果和派，而面包师只能烘烤面包、小圆面包这一类的东西。很多商店标有“面包师—蛋糕师”的标志，表示这家店的主烘烤师可以做各种烘烤食品。但如果你走进一家糕点师店，然后点脆饼干或面包棒，那你肯定会很失望地走出来。

德国人的饮食结构

尽管德国的饮食习惯在过去的50年里有了一些轻微的转变，但是，一些独一无二的德国特色还是保留了下来，比如，德国人一天不是吃三餐，而是在三餐以外又加了两餐。

令人畏惧的德国早餐

德国人的一天和其他国家的人一样都是从吃早餐（德语里叫 Fruhstuck）开始的。标准的德国早餐包括面包和/或小圆面包，上面经常涂着黄油，放着奶酪、冷面包片或香肠，有时也放上蛋。如果有蛋，那多半会是煮的（gekochtes Ei）或炒的（Ruhreier）蛋，而不是煎蛋（Spiegeleier）或蛋卷。

比较清淡的早餐主要包括标准的小圆面包或面包，上面涂有果酱、蜂蜜或坚果巧克力酱。坚果巧克力酱是一种浓厚的、要吃过几次才会觉得好吃的由巧克力和坚果做

德式早餐

成的酱，很受孩子们的欢迎。令其他国家的人难以置信的是，德国的成人也很喜欢坚果巧克力酱。由于人们在近几十年越来越关心饮食健康，有些传统的早餐食品已被牛奶什锦早餐或水果代替或补充了这些食品。早餐食品通常由几杯咖啡或茶冲下肚（小孩子喝热咖啡），果汁也是常见的早餐饮料。

这样的早餐听起来很饱人，而且确实很饱人。但不管你信不信，对于很多德国人来讲，这还不够，他们还要在早餐和午餐之间加一顿饭——第二顿早餐。如果你想保持身材，那你大可放心，因为这顿饭不是必须吃的，而且量也很少，只有正式早餐的一小部分。为了压压在上午 10 点左右喝的咖啡或茶，德国人会吃下另一个加了奶酪或冷肉的小圆面包、或一块蛋糕、或脆饼干。在工作地点，这顿饭通常就在办公桌上吃,或在公共的餐厅里吃。这种公共的餐厅对德国人来讲只是“咖啡屋”。

午餐

第二顿早餐使德国人能够熬到中午或午后。按照传统，午餐是德国人一天中最丰盛的一顿饭。孩子从学校回来，父亲从办公室或工厂赶回来，全家人坐在一起吃午饭。通常先喝汤，然后吃丰盛的主菜，最后吃甜点。甜点是布丁或冰激凌，也可能是水果或水果沙拉，但从不会是蛋糕。吃蛋糕的快乐只能留到特殊的时候才能享受。

晚饭

按照旧习惯，晚饭——Abendessen 或 Abendbrot——要比午饭的量小得多，也清淡得多。第二个德语词的字面意思是“晚间面包”，而面包确实在晚饭中起着最重要的作用；晚饭还会包括奶酪、冷肉或香肠，也许还有沙拉和混合调料。以前，德国人认为晚上吃大餐没有给身体留足够的消化和燃烧热量的时间，所以对身体不好，还会增加体重。现在许多德国人仍然这样认为。没错，德国人通常在晚上 7：30 或 8：00

的时候吃晚饭，然后过不了多久就带着饱饱的肚子上床睡觉。这中间的燃烧热量的时间比其他一些文化中的人要短。而且，别忘了传统的德国餐的量是很大的。

饮食观念的变化

现代生活已经慢慢地把德国的饮食习惯往英国和美国的方向转变，也就是午餐吃得少了，主餐改到晚饭。这种变化的理由是显而易见的：越来越多的人在工作，因此就没有时间在中午的时候做一顿大餐。工作的人也不再经常能在比以前短的午休时间里跑回家吃饭，然后再回去上班。

大多数的公司食堂仍然提供传统的三道菜的午餐，价格比较低。许多员工就在那儿吃午餐。但是，近几年，我和其他许多人都发现越来越多的白领工人都不再吃饱人的午餐，而是吃一盘沙拉、一两根香肠或三明治。而很多人在下午的前两个小时吃这顿饭——我们可以猜测这不是纯属偶然。

尽管现代的工作大环境迫使德国人改变了他们的饮食习惯，但许多德国人到了周末，特别是周日，就会回到传统的饮食习惯上。这就是为什么如果你应邀在星期天去吃饭，那很可能要吃一顿丰盛的午餐，或是下面要谈到的丰盛的下午茶点。

巧克力奶油蛋糕

浓厚的咖啡

这是德国咖啡的特点，是条顿厨房的荣耀：德国人要求咖啡味道浓厚丰富。他们抱怨说在世界上很多国家都很难找到味道好的咖啡，在英国和美国则完全不可能找到。德国咖啡是用多种咖啡豆混合研磨出来的，这样才会有德国人喜欢的丰富浓厚的味道。德国烧烤咖啡的过程也使当地咖啡的味道更加浓厚。如果你口味比较淡，那你品尝德国咖啡的时候要做好心理准备，德国咖啡在味道和强度上都和你的口味很不相同。

下午茶点

热咖啡

大约在我在德国定居下来一年后的一个星期天的傍晚，我邀请一位年轻的女士和我吃晚饭，而她却说她刚吃完"Kaffee"（下午茶点）还不饿。刚开始我以为那是她不想和我出去的蹩脚的借口，后来她作了解释我才明白，原来"Kaffee"一词通常指的是在下午的晚些时候吃的德国特有的一顿饭。和英国的傍晚茶有些类似，这顿饭不但是填补午饭和晚饭之间空隙的令人愉快的一顿饭，而且是衡量一个人是否热情、是否懂得享受生活中比较美好的东西的标准。

顾名思义，"Kaffee"的核心是咖啡，主人会给你上一壶咖啡，只要客人喜欢，喝多少杯都没关系。最近，出现了给不喝咖啡的人准备茶，还有给小孩喝的果汁和其他软饮。但和英国的傍晚茶有精美可口的三明治不同，这儿的下午茶点的主要食物是蛋糕，而且通常有不止一种蛋糕。德国人一般认为，把客人的选择限制在一种蛋糕是不好的，所以下午茶点会有两种甚至三种、或四种蛋糕，对此你要做好心理准备。

饮食仪式

和德国食物的卑微背景相匹配的是德国人的用餐仪式。德国没有什么用餐仪式，仅存的几个仪式很简单，很容易学会。你应该学会这些仪式，给你的德国主人留下好印象。最重要的一个仪式是祝福好胃口。这要在午餐和晚餐开始的时候说，但早餐和下午茶点的时候不用说。这句话要在每个人的第一道菜都上好了，大家准备开始吃的时候说。从某种程度上讲，这表示可以开始吃饭了。谁先说这句话都没有关系，但每个人都必须说——不说就会被认为是不合群的。

大的聚会场合有一个大家基本遵守的礼仪，那就是要等女主人展开餐巾后，其他人才可以展开餐巾。顺便说一下，吃饭的时候，餐巾应该放在腿上，擦嘴的时候才拿起来；吃完饭要把餐巾折起来（而不是捏成一团），放回桌上。

餐厅礼仪

不管你是在外国人的或德国本地的餐厅吃饭，都应该知道这里的各种行为准则。准则更多的是因餐厅档次的不同而变化，而较少因民族的不同而变化。

德国餐厅或餐馆的一个奇怪特点是共用餐桌。对于像德国人这样的人来讲，这种做法更让人觉得奇怪，因为在其他时候德国人总是尽力和外国人保持一个安全的距离。如果你走进一家餐馆，或任何一家不算太高雅的餐厅，里面没有空桌子，但有些桌子还有空椅子，那你就可以问：“这个椅子能坐吗？”如果坐着的人不是在等别人，那他或他们可能会点点头，让你和他们坐在一起。这时你就可以坐下。

如果你的桌子有空座的话，你也应该允许别人和你共用这个桌子。只有一个例外：我和其他几个人这个时候问新来的人他抽不抽烟，如果他抽烟，我就说我对烟有不良反应。如果他能够在整个吃饭过程中不抽烟，那他就可以坐下。如果不行，那就让他找别的没坐满的桌子。即使是在德国，这种做法最近也已经为人接受。

德式苹果派

这种共用桌子的做法看起来好像是一个结识别人的好机会，但事实并非如此。德国人非常善于分割空间，他们能够和你同坐一桌，和你近在咫尺，但却完全不理你。共用桌子的人除了说“祝您好胃口”和在你或你的同伴离开的时候说“再见”以外，相互之间几乎一句话也不说。如果你不说这些话，别人会觉得你不礼貌，很奇怪。但任何想使谈话进一步深入的尝试都会被粗鲁地制止。单是他们脸上的表情就能让你明白他们不想谈话。不要为了证明自己很友好而强迫别人

活泼的德国厨娘

和你谈话，因为这样对方会很不喜欢。

外国菜

一位四处巡游的美食家曾经这样评论道：“德国的铜管乐队音乐是德国食品绝好的配菜。”这样的评论可能有点儿太苛刻，但是，很多外国人，甚至是喜欢吃敦实食物的人，都不希望每天吃德国菜。不过，你并不是一定要每天吃德国菜，因为这儿有许多其他的美味食品。来自多种不同文化的移民给德国大点儿的城市带来了各种外国餐厅和杂货店。即使在最小的城市，只要不是在偏远地区，都至少会有一家意大利餐厅、巴尔干餐厅或土耳其餐厅，甚至三种都有。

20 世纪 80 年代末期，泰国餐馆已经成为德国最受欢迎的餐馆。德国大大小小的城市几乎没有哪一个没有泰国餐馆。现在，德国人好像又回到了他们最初的喜好——意大利食物上，仅随其后的是希腊菜，日本菜也越来越受到欢迎，但是日本菜比较贵。对于年轻人来说，意大利菜非常时尚。而在有墨西哥餐厅的城市里，年轻的职业人士则热衷于吃墨西哥菜。想吃中国菜的人随时可以上中国餐馆。可惜的是，为了符合德国人的口味儿，这儿的中国菜已基本丧失了其原有的美味。

给小费

很多德国人和大多数外国人都面临给小费的两难困境。从理论上讲，没有必要给小费，因为按法律规定服务费已经加在餐馆的价格里了。跟你说服务费不包括在餐费里的服务员是想绕着弯从你口袋里多掏出些钱来。这种事经常在大旅游景点发生，特别是当你是一个说英语或其他外语的人的时候。你应该适当地给这些奸诈之徒一个严厉的教训，不要按以下的建议给小费，只按账单上的数字付钱。

德国街头林立的快餐店

尽管给小费不是必须的，但对于还不错的服务还是应该给小费的。但至于给多少小费才合适这儿没有什么明确的说法。下面是一个大体的给法：

5 欧元以下的（从 2002 年开始欧元已经在德国取代德国马克），加到最靠近的整元；

5 欧元到 20 欧元的，加到最靠近的整元；服务确实很好的，再加上一两欧元；

20 欧元到 50 欧元的，加到最近的 5 欧元或 10 欧元。但是，如果小费在 2 欧元以下，那就应该往账单上加上一两欧元，但不要超过三四欧元；

50 欧元以上的，加到最近的 10 欧元（或如果你的餐费的确很高的话，加到最靠近的 20 欧元）。

一段时间之后你就会对给多少小费有感觉了。到那时候你就不再需要这些指导原则的帮助了。

顺便提一下，在德国给小费不是在你离开的时候留在桌上，而是直接付给服务员。给小费的时候要跟服务员说清楚你决定给他（她）多少小费，让他（她）从你给的总钱数中扣走小费。如果你给的钱正好包括小费不用找钱，你只需说"Das stimmt so (钱正好)"。同时，由于给小费的规则模糊以及分小费等做法的存在等，许多人在用信用卡付完账之后用现金付小费，以确保他们的服务员能拿到小费。

快餐店

美国的快餐连锁店如麦当劳、汉堡王和必胜客在德国兴旺发达的一个原因是德国已经有敦实的快餐传统。德国快餐的历史至少可以追溯到战前时期。小摊和店铺里挂着几种基本的香肠、汉堡牛肉饼（德国土生土长的汉堡，不带圆形面包）和饮料。这样的摊点和店铺点缀着德国大多数城市的街景。20 世纪 60 年代德国掀起了法国炸土豆、美国汉堡和炸鸡的浪潮。现在，很多摊点（在德语中称为 Buden 或 Schnellimbiss）选择在多元文化环境中争取上风，他们往原有的快餐中添加了肉串（schashlik）、印尼春卷（lumpia）和色拉三明治。但不管你选择哪种食物，价格肯定都很便宜，脂肪含量也都很高。快餐店是一个吃便宜简便的食物的地方，而不是吃健康食品的地方。

给那些到快餐店吃香肠的人一个忠告：如果你希望你的香肠像在家乡一样是夹在面包中的，那在这儿你会有点吃惊。德国人习惯单吃香肠，而不夹在面包里。你在这儿的小摊点香肠的话，他们会把香肠放在长纸盘里给你，纸盘边上还会有一点儿芥末儿和一个圆面包。这儿的标准吃法是一手用纸巾拿着香肠，蘸着芥末儿吃，吃完一口香肠就吃另一手拿着的圆面包。剩最后一点儿的时候，就展开餐巾，吃光最后一小块香肠，然后用餐巾擦油乎乎的手。（德国快餐店有一种经典的咖喱香肠，吃起来最容易搞得一团糟。这种香肠要切成片，用牙签插着吃。）

饮料

啤酒

啤酒不仅是德国最受欢迎的饮料，而且被视为德国的国宝。全国1200多家酿酒厂酿造出来的5000多种啤酒造就了这项国宝。而所有这些酿酒厂都得不停地努力工作，因为多年来德国人一直是世界上最能喝啤酒的人；在与澳大利亚人、比利时人、捷克人、丹麦人和爱尔兰人这些挑战者的竞争中，德国人一直位居首位。（近几年来，捷克人在人均啤酒消耗量方面超过了德国人。）

现在，你自己可能还不是个啤酒爱好者——暂时不是。我在来德国之前几乎不沾啤酒。现在，我已经是个忠实的啤酒爱好者，不过，我希望是个有洞察力的爱好者。和朋友、同事、顾客或亲戚在一起的时候，喝啤酒是一种基本的社交润滑剂，这比喝咖啡还常见。正如有人曾在饭桌上这样对一位不喝啤酒的人说过："如果你不喝啤酒，那你来德国做什么？"

德国慕尼黑啤酒节

在德国喝啤酒可能纯粹是为了快乐，这一点毫不夸张，因为德国有一个针对酿酒厂的严格法规，叫做《德国纯正啤酒法》。这个法规于1516年由巴伐利亚的一位公爵首次设立，规定啤酒只能用蛇麻草、大麦或小麦的麦芽、酵母和水这四种原料酿造。把啤

酒的酿造限制到这四种原料，不但保证了啤酒味道的纯正，而且据说正是因为添加其他成分导致了啤酒肚、头疼和最惹人讨厌的各种醉酒现象。

在将近五个世纪的时间里，没有任何人可以在德国销售未按纯正标准酿造的啤酒。但是到了 20 世纪 80 年代末，欧共体的其他国家认为这样的限制是不公平的贸易壁垒，因而违反了欧共体（现为欧盟）的规定。现在，在德国销售来自欧盟其他国家的非纯正的啤酒是合法的，但你几乎看不到有什么地方卖这类啤酒，毕竟，有 5000 多种一流的纯正啤酒可买,谁会去选择其他啤酒呢？（根据记录,一些符合《德国纯正啤酒法》标准的外来啤酒，如捷克的原味百威和皮尔森、丹麦的杜柏和嘉士伯，已经有一段时间销售成绩不菲了。）

尽管这儿有好几千种啤酒，但按种类划分还是没有比在比利时可以看到的多。事实上，德国大约有 20 个种类的啤酒。人们喝得最多、最受欢迎的是皮尔森（Pilsner 或 Pils）。皮尔森是金黄色的，度数较低，但味道浓厚，与英国的窖藏啤酒味道差不多。味道比皮尔森柔和一点的是出口（export）啤酒，口感和皮尔森很相似，但没有皮尔森那么苦。

紧随皮尔森之后的是阿尔特（Alt）。阿尔特是一种黑啤酒，最初主要盛行于莱茵地区，现在已经遍及德国各地，味道比皮尔森或出口啤酒都更有果味，更润喉。

阿尔特的一个地方版本是科隆的库尔许啤酒（Kölsch）。按科隆的习俗，库尔许啤酒都是倒在又细又窄的玻璃杯里喝的。库尔许啤酒色调金黄，味道和阿尔特相似，但口感和酒精度（库尔许是 3.7 度）都弱一些。喜欢喝库尔许的人都说这种啤酒更适合社交场合，因为即使喝很多也不会累、不会醉。

而巴伐利亚的威森啤酒（Weizen）就得不到类似的评价。威森在德语中的意思就是小麦，而往大麦麦芽中添加小麦就是威森啤酒味道独特的主要原因。威森啤酒有两类——混浊金黄色的发酵型和清亮金黄色的无酵型。原味的威森啤酒在口感和酒精含

我能边喝啤酒边吃东西吗

如果说大多数人是为了活着而吃饭，而法国人是为了吃饭而活着的话，那可以说德国人吃饭是为了有个下啤酒的东西。不过，德国人喝啤酒几乎不需要以吃饭为借口。事实上，很多德国人半开玩笑地把啤酒称作液体面包。

量上都比标准的皮尔森浓厚。

以上就是德国最常见的啤酒种类。当然，还有一些其他啤酒种类也值得一提。有一些是季节性的，如五月勃克啤酒（Maibock）。这是一种黑啤酒，麦芽含量很高，主要在五月里喝，但瓶装的一年四季都有。圣诞节勃克（Weihnachtsbock）和五月勃克一样浓烈，但只在圣诞节的时候才有。其他啤酒一年四季都有，但不是全国各地都有，比如烟熏啤酒（Rauchbier）、柏林白酒（Berliner Weisse，一种酸啤酒，用覆盆子汁或车叶草增加其甜味，用特有的敞口玻璃杯喝）、麦芽啤酒（Malzbier）（一种甜的，酒精度数极低的“准啤酒”，经常是给小孩或孕妇喝的）。

因为德国人如此喜欢喝啤酒，德国的酿酒厂因此还推出了一系列低醇或无醇啤酒。这些啤酒范围从淡化的出口啤酒到自来水一样的、只在储存过程中得到些许真啤酒味道的酒都有。这当中味道最浓的是莱明富啤酒（Clausthaler），它是迄今为止德国卖得最好的无酒精啤酒，也是世界上销量最高的无酒精啤酒。如果你是某个团队的指定司机，但又不想错过在社交场合喝啤酒的雅兴，那你就得在各种无醇啤酒中挑选出一种最适合你的。

重要的提示：市场上并没有真正的无醇啤酒，因为即使是被称做无醇啤酒的酒也含有很少量的酒精，通常低于1度。正常的饮酒者不用担心大量灌下这种啤酒会醉，因为你很可能在醉之前就已经因为喝爆了自己的膀胱而死亡了。

但是，对于正在戒酒的人来讲，喝无醇啤酒也很危险，这和吃含酒的糖效果一样。一瓶这样的“安全”啤酒会让你重新踏上酗酒的道路。

德国啤酒店的高手

葡萄酒

尽管啤酒在德国占统治地位，但是，作为欧洲良好公民的德国人也喝大量的葡萄酒。有些葡萄酒还产自德国。德国不能算是世界上真正伟大的葡萄酒制造国，但却确实酿造出了一些极品白葡萄酒。德国最负盛名的葡萄酒产地是莱茵地区（Rheingau）、那赫地区（Nahe）和摩泽尔－萨尔－鲁韦尔（Mosel–Saar–Ruwer）地区。这些地区生产的最好的葡萄酒有庄严的雷司令（Rieslings）、灰品乐（Grauburgunders）和白品乐（Weissburgunders）。德国西南部的巴登（那儿通常是德国最温暖的地方）和巴伐利亚的弗兰肯地区生产了许多质量好、受欢迎的葡萄酒，其中以各种弥勒－特劳多（Müller–Thurgau）最受欢迎。

如果你在葡萄酒店或超市买葡萄酒（哦，是的——德国的超市可以卖各种酒精饮料），而且想像个当地人一样，那德国葡萄酒瓶上的彩色图章可以帮助不了解葡萄酒的人挑选葡萄酒：黄色图章表示干葡萄酒，绿色图章表示半干葡萄酒，而红色图章表示甜葡萄酒。

大体上，最好的德国葡萄酒是白葡萄酒。近几年，德国葡萄酒生产者已经开始推出一些质量很不错的红葡萄酒，但大多数德国人想喝红葡萄酒的时候还是会选择欧洲其他国家的葡萄酒（甚至是美国加利福尼亚、澳大利亚或智利的葡萄酒）。但是，即便你热衷红葡萄酒也不要担心，因为这儿几乎每一个葡萄酒销售点都提供各种来自欧洲邻国如法国、意大利、西班牙和希腊的葡萄酒，而且所有这些酒都往往便宜得让任何曾在欧洲以外的国家（或在英国惩罚税的重税之下）买过葡萄酒的人感到吃惊。

雷司令的产地——莱茵地区

另外，德国还会给香槟爱好者一个最大的惊喜：德国有自己的香槟酒，在德语中叫做 Sekt。（在德国，就像在大多数欧洲国家一样，香槟这个名称按法律规定只能用在法国的香槟区生产的香槟酒上。）德国香槟比法国香槟味道好，但价格却比法国香槟低：一整瓶上等德国香槟的价钱只相当于一瓶中等法国香槟的关税，而且所有主要品牌的德国香槟都有小瓶装，适合于不想纵饮狂欢的时候喝。

（作为结尾，这儿有一个不幸的提示要给那些已经喜欢上蓝姑（Blue Nun）的人。蓝姑也许是销售范围最广的德国葡萄酒了。“这种葡萄酒什么都好”，但在德国却买不到。因为德国人并不怎么喜欢这种果味的马利亚半干白（Liebfraumilch），所以这种酒只做外销。）

纵饮香槟狂欢

施纳普酒（Schnaps）和干杯（Prost）

施纳普酒很合适作为德国酒类讨论的脚注。施纳普酒基本上是一种由多种萃取物组成的烈性酒。之所以说它是一个很合适的脚注是因为施纳普酒总是在一顿饭的最后或到酒馆喝酒的最后时刻才喝——如果喝的话。

德国人在举杯的时候有两种祝酒词：“Zum Wohl”（干杯）和“Prost”（干杯）!（“Prost”是较平民化但也较常用的一个词。）只要喝的是酒精饮料，德国人就肯定会说这两个祝酒词中的一个，但如果喝的不是酒精饮料，他们几乎从不说祝酒词。祝酒词在第一次上酒而且每个人杯子里都倒了酒的时候说。德国没有关于谁应该先说祝酒词的礼节，谁都可以带头。可是一旦有一个人说了，其他人就必须一人说一遍。不回敬祝酒词或带头开始喝酒而不说祝酒词被认为是不合群的。

水，到处是水

当然，有许多人根本不在吃饭的时候喝酒，不吃饭的时候更不会喝。所以，那你有什么其他可喝的东西呢？你不用在这儿改变你的习惯；不过，德国人确实觉得吃正餐的时候喝牛奶或汽水是非常奇怪的。在这儿，节制饮酒的人喜欢喝水。但记好了——在饮酒场合说的水指的是矿泉水。德国人对自来水有中度的厌恶感，但几乎对矿泉水上瘾；而德国矿泉水的种类几乎要超过啤酒的种类。如果你在饭馆里点自来水，服务员要么会觉得可笑，要么会给你简要讲一通喝自来水的坏处。（我第一次犯这种错误的时候，女服务员就给我讲了一通喝自来水的危害。这位女服务员不停地跑回服务台偷偷地抽上几口烟）。

德国人对自来水的保留态度不是没有根据。大多数德国自来水含有过多的钙，不过还从来没有人因为自来水中钙含量过高而死亡。更重要的是，矿泉水确实含有许多自来水难以企及的有益元素。

不幸的是，在你决定适应德国的方式改喝矿泉水之后，你会面对德国人所说的“艰难的选择”。德国的市场上随便就有好几百种矿泉水，不过，所有这些牌子可以划分为两大类：苏打水和无碳水。问题在于，每一种矿泉水当中的各个牌子之间都有巨大的区别。由于各种矿泉水的矿物质和微量元素含量不同，味道往往差别很大。有的很咸，有的味道像金属。即使在无碳水中，不同的品牌也有区别，有的汽少，有的汽多。

另一个搬到德国来的人需要适应的重要方面是：这儿的水、果汁和其他软饮几乎都不放冰块。这不是说这些饮料是温的，但很多德国人觉得放冰的或太冷的饮料太凉没法儿喝，会让上颚麻木。如果你喜欢在饮料里加冰块，你就得开口要，然后希望该酒吧或饭店储存有应急的冰块。或者，你可以点一杯冷啤酒——当然，冷啤酒里还是没有冰块。

德国一家生产矿泉水的泵房

第七章

享受德国文化

“懒惰是万恶之源。”

—— 德国古谚语

“今天我要做的就是——什么也不干。”

——德国现代广告标语

传统德式椒盐脆饼

读到第九章，你就会发现：尽管德国人热心于工作，但是和其他工业国家或后工业国家相比，他们的工作时间其实并不多。具体情况是怎样的呢？德国人下了班干什么去呢？往下看吧，说不定你会喜欢上这些内容呢！

德国的假期

几年前，我的妻子去美国度假。一到机场，就有位好盘查的验证官询问她是否有意在美驻留。“您说什么？”妻子不相信地问道：“到这儿来过一年才两周假期的生活？”妻子又急又恼、出言不悦。在德国人眼中，这种反应是再正常不过的了。要知道，一年为期 6 周的假期可是德国人最重视并引以为豪的民权之一。

事实上，正如标准的劳动合同中所述，德国劳动者每年可享受 30 天的假期，由个人决定分次或是一次休满。为了最大限度地享用连续的空闲时段，德国人喜欢有计划地安排休假。

通常的做法是，把假期尽可能地安排在周末前后；或者，见缝插针地把个人假期与全国性法定假日安排在一起。正因如此，每年的五六月份是德国的黄金假期，因为一连串的全国性法定假日都在这两个月。

学校假期

安排假期时，没有学龄期孩子的家庭毫无疑问占有明显优势，因为大多数父母因为子女的缘故，只能把假期安排在孩子放假时间。如果不受这方面限制的话，当然能够更好地享用假期了。

为了避免高速公路（Autobahn）和其他交通要道在学校放假期间发生拥堵，德国各州设法将放假时间错开，既可以缓解某些道路的压力，又保证了经济及其他各项公共服务活动的正常进行。当然，这也意味着，您无法与其他州的朋友一起旅游。不过，交通的确更加畅通，并且就度假地点而言，选择的余地相应更大、更让人满意。

公共假期

除前面谈到的 30 天有薪假期外，德国人还有许多带薪的法定假日，合理地穿插在一年当中。这类假期加起来 12 天至 15 天不等，取决于居住地点。如果你喜欢这些虽然只有一天但能让人喘口气的假日，最好住在天主教为主导宗教的州，因为天主教色彩越浓的州，这类节日就越多。以下是德国法定节假日一览表。

■元旦（Neujahr）

1 月 1 日

除夕夜人们会睡得很晚，这一天主要用于休息。在这一天，一些德国人仍然保留着日耳曼古老的传统——吃鲤鱼或猪肉拌酸菜 (sauerkraut)。

■三圣节（Heilige Drei Könige）

1 月 6 日

庆祝圣经中所说的东方三位国王（又称东方三博士）朝拜圣婴。仅为巴登－符腾堡州和巴伐利亚州的节日。

■圣星期五/耶稣受难节（Karfreitag）

日期不固定，可在三、四月中旬的任何一天。纪念耶稣受难。当日有许多庄严的宗教活动。

■复活节（Ostersonntag und Ostermontag）

日期也不固定，因为复活节总是在耶稣受难节两天之后。庆祝基督徒所信的基督复活。这两天其实也是德国糖果业庆祝丰收日，因为届时会有满篮的糖果和巧克力蛋派送，多数是送给儿童，有时也会送给成年人；彩蛋也备受青睐，一些地区举行传统的寻找复活节彩蛋活动，不过现在已不多见。

■劳动节或五月节（Tag der Arbeit）

5 月 1 日

有各种大型的讴歌劳动人民的游行庆祝活动，

复活节装饰

活动通常以振奋人心或极具抗议精神的演讲结束。现在，在 4 月 30 日晚上举办舞会或晚会的情况越来越多，活动由各类社会或政治团体赞助。

■耶稣升天节（Christi Himmelfahrt）

日期不固定，在复活节后第 40 天，即 5 月中旬或 6 月初。庆祝基督荣升天堂。这一天也是德国的父亲节。德国式的父亲节不是家人一起庆祝。这一天，做了父亲的男人们会一起出去，加深感情，共同畅饮。

■圣灵降临节（Pfingstsonntag und Montag）

日期不固定。庆祝圣灵降临到基督十二使徒身上，使他们能讲方言。通常是在 5 月底或 6 月初。圣灵降临节的 10 天后，就是耶稣圣体节了。

■耶稣圣体节（Fronleichnam）

日期不固定。在天主教或准天主教州（即西德南部各州以及莱茵兰地区）。活动的高潮是露天弥撒，其后举行游行活动。人们手托圣餐穿过条条街道。游行活动在一些小型城镇和乡村尤为隆重和盛大。

■玛丽亚升天节（Maria Himmelfahrt）

庆祝蒙福的基督之母——圣母玛丽亚升上天堂。仅为萨尔州和巴伐利亚州部分地

德国奥伯豪森的圣诞市场

区的节假日。

■德国统一日（Tag der Deutschen Einheit）

10月3日

庆祝1990年东、西德的统一。（替代原6月17日的节日，该节日在早些时期的书中还有记载。）

■宗教改革纪念日（Reformationstag）

10月31日

庆祝马丁·路德宗教改革运动。仅为五个新联邦州（即原东德所属地区）的法定节假日。

■万圣节（Allerheiligen）

11月1日

罗马天主教庆祝所有圣贤的日子，是天主教州以及图林根州天主教色彩较浓的地区的法定节假日。

■忏悔与祈祷日（Buss und Bettag）

日期不固定，通常是在11月中旬。这一新教徒节假日仅为萨克森州的法定假日。

马格德堡圣诞节街景

正如其英文名称“Penance Day”所示，这是个人为罪孽忏悔的日子(“Penance”意为表示忏悔的自我惩罚——译者注)。这一天曾是全国性节假日，但1995年之后就只有萨克森州视之为法定假日了。

■圣诞节（1 und 2 Weihnachtstag）

12月25日及26日

除这两天之外，许多部门12月24日下午开始休息，甚至全天放假。商店也比平时更早停业。在圣诞节前的一周，对每个人（包括商店里的店员）说“Frohe Weihnachter”(圣诞快乐)是相当重要的。非基督徒也要入乡随俗，否则会被视为极不友好。12月26日至31日期间，要把往日的问候改成“ Guten Rutsch ins Neue Jahr”，意为“新年到、好运到”。

■新年除夕（Sylvester）

12月31日

人们要么参加各类晚会，要么去喜爱的餐厅用餐。许多餐厅在这个晚上会有特色晚餐和娱乐节目。到午夜时分，大街小巷鞭炮齐鸣；孩子们欢快地舞动手中的烟花。活动持续近一个小时。之后，人们有的继续午夜前的活动，有的则打道回府了。

除上述法定假日外，如果你想全面感受德国生活的话，还有些日子或庆祝活动是不容错过的。实际上，这些日子的风俗习惯比上述节假日更为重要。

■尼古拉日（Nikolaus）

12月6日

尼古拉日有小包糖果赠送给所有孩子和多数成年人。要想有融洽和谐的办公氛围，一定要赠送糖果给身边的同事。老板们则要给所有的员工或下属送一袋糖果或一个尼古拉形状的巧克力。

■狂欢节或嘉年华（Fasching or Karneval）

狂欢节常常被称做“德国人的第五季”。源自古日耳曼部落的异教徒驱除冬季邪灵的仪式。德国人改信基督后，人们趁封斋节开始前的三天欢宴跳舞，尽情作乐，赋以这一节日淡淡的基督教色彩。（封斋节是指复活节前，为期40天的斋戒及忏悔，以纪念耶稣在旷野禁食——译者注）。不过，从庆祝活动来看，这一节日的异教色彩较基督教更浓些。

科隆嘉年华

狂欢节从11月1日正式开始。（确切地说是11月11日11点开始，不过对那天不要期望太高，因为那天也正是圣马丁日，主要的特色就是吃烤鹅肉和紫色卷心菜。）到2月份或3月初封斋节前一两周时才渐渐有节日的气氛。圣灰星期三（即封斋节首日）的前两天，节日气氛达到顶峰。

狂欢节也被人戏称为“疯狂的日子”（die Tollen Tage），这个名称把该节日的气氛表达得淋漓尽致。与里约热内卢或法国的狂欢节一样，在狂欢节期间，德国人在脸上画上各种稀奇的图案，有人干脆戴上假面具身穿古怪的服装四处游荡。狂欢节是酒吧以及其他售酒部门一年中生意最红火的时候。宾客们三五成群、蜂拥而入，来庆祝封斋节（40天）前最后的狂欢时光。社团、音乐家、表演者纷纷组织起来，献上准备了一年之久的剧目。音乐剧或舞蹈表演中有主持人或喜剧演员插科打诨，笑料总是一语双关，叫人忍俊不禁。演出期间，自然少不了喝酒。人们左一杯右一杯，戏借酒力、酒增戏趣，其乐无穷。演出结束后，还要喝上一两杯才各自回家。

有人开玩笑说，狂欢节就是德国人抛却平日严肃拘谨的面具，尽情狂欢的日子。节日期间，在电车上或地铁里都有素昧平生的德国人兴致勃勃地和你交谈，通常他们都会戴上橡皮鼻和难看的假发；在大街上或在小酒吧里会有人（当然也是不相识的）热烈地拥抱你；要是有勇气或借着酒劲，说不定他们还会上来吻你。

此类活动在狂欢节倒数第三周开始登场，接下来的两个星期活动最频繁、最热烈，到狂欢节的最后两天，过节的气氛才渐渐平息。狂欢节中这三个阶段特色各异，实在不容错过。

■魏玛狂欢节（Weiber Fasnacht）

魏玛狂欢节总是在狂欢节最后一周的星期四，源自大男子主义最盛行的时期。据说，在那天，一切都反过来了，由女人翻身做主、掌控一切。近年来，随着女性地位的逐渐提高，这一变化已不是那么明显，但一些遗俗依旧保留下来，男人们可要当心：这一天，女人可以用剪刀剪男士们的领带。在许多办公部门、酒吧以及餐馆，这一做法仍然保留着。所以，这一天要戴上去年别人当圣诞礼物送给你的那条难看的领带。

■玫瑰周一（Rosenmontag）

举行嘉年华大游行的日子（有些城市是在前一天）。成百上千的花车和游行队伍如潮水一般川流不息，热热闹闹的乐曲中夹杂着兴奋的尖叫声。许许多多观看游行的人穿戴得和游行人员一样夸张、一样狂野。游行结束后，许多人去参加大型狂欢舞会或去自己喜爱的酒吧。

■斋戒夜（Fastnacht or Fasnacht）

这可能是最名不副实的节日，因为活动是一整天而不只是在天黑之后。而且，斋戒场面仅仅指人们不往嘴里送食物或饮料的片刻工夫，时间仅够大笑或大喊“Helau”（嘉年华特有的呼喊语）。斋戒节是许多地区该季的高潮活动，主要的活动就是刚才提到的。和魏玛狂欢节、玫瑰周一相同，斋戒节也不是法定节日。当日，所有单位和商店至少中午就停止办公和营业了。

现在，你知道狂欢节多么让人激动、让人兴奋了，不过这种热烈的场面可不是在

狂欢节游行队伍中的女号手

德国随处可见的，因为它是天主教节日，在宗教改革运动时期，保守的清教徒决心清除教皇党人这种邪恶的异教残余（教皇党人是新教徒对天主教徒的蔑称——译者注）。你会发现，一进入德国东部和北部的新教地区，狂欢节就变得悄无声息或者根本就不存在。我曾经在汉堡度过狂欢节的最后一周，却没有感觉到一丝一毫的节日气息。柏林也是一样，只不过有一些餐馆和酒吧插上了彩旗——尽管周末的柏林平时看上去就像许多庆祝狂欢节的其他城市一样。

狂欢节气氛最浓的是莱茵兰地区和巴伐利亚；活动规模最大、形式最狂野的城市则属科隆、美因兹、慕尼黑和杜塞尔多夫。如果想见识最丰富、最完整的狂欢节，一定要在节日最后几天到前面提到的某一个城市。不过，无论在哪儿过节，到圣灰星期三午夜，一切庆祝活动都会戛然而止，所有酒吧和餐馆要按规定和风俗习惯关门停业。（次日早晨重新营业。）

休闲活动

有人也许会琢磨：这么多空闲时间，德国人怎么打发呢？（据估计，普通的德国成年人每年有 2500 小时的空闲时间。）答案很简单：以德国人特有的一丝不苟、最大限度地利用这些空闲时间。

德国乡村风光

自由支配的时间

德国成年人一般有将近 2500 小时的空闲时光。每周平均工作 36.7 小时，周末或公共假日每天则可自由支配。年假长达 6 个星期。东、西德在这方面原有的差别已逐渐消除。一段时间以来，德国家庭有 10%~15% 的收入用于休闲活动。德国人全年用于这方面的开支累计达 2250 亿欧元。

在规律却单调的工作日后，德国人总是匆匆忙忙赶回家，拾掇各自的公寓或私宅。有私宅的则花相当多的时间用来照管其居所，修缮房屋，优哉游哉地侍弄花园，或干点别的什么事。

德国小镇草坪

小花园（Kleingarten）

针对没有私宅或花园的人，德国有一个独特的地方，叫小花园（Kleingarten）或果园（Schrebergarten），指的是大片公共花园区内的若干小块封闭的土地，通常在城市里或恰好在城市边缘地段。这些土地一般都出租出去，租用的人从家里来这儿种植并照料这些花草、水果以及蔬菜。他们常常搭建棚子放置家具和园艺工具。周末的时候，这些地方格外受欢迎。人们来到这儿放松身心，远离城市的尘嚣和劳累的工作。

喜欢周游世界的德国人

有这么长的带薪假期，德国人热爱旅游就是自然而然的事了。多年以来，德国人一直都是境外旅游的领头羊，而且对于他们来说，走得越远越好。如果遇到去过亚洲、北美和南美、非洲或澳大利亚的普通工人，也不是什么稀奇的。有一点对于我们这些外国同胞来说

奥地利队主场迎战德国队

非常有利：一说起我们的国家，德国人立刻就会兴致勃勃地回忆起他们在那里旅行的情景。所以，这是一种极好的结交新朋友、巩固旧友谊的方式。

俱乐部（Vereine）

即使不出国门，德国人照样有各种办法消磨时光，并且总是激情饱满。德国有个特别的机构“Vereine”，或称俱乐部。德国人热衷为各种各样、大大小小的活动组建正式的俱乐部；甚至没什么活动也成立个俱乐部。

俱乐部多属法定的实体，有自己的章程和规定。会费通常较低，没有人会被这些费用吓跑。此外，很多俱乐部允许非会员参加某一特定的活动，有时甚至是定期参加活动，每次仅需支付小额的活动费。

体育运动是很多俱乐部共同的爱好。俱乐部是唯一让业余爱好者可能参加体育活动的地方，或者说，是唯一支付得起费用的地方。俱乐部自有活动器材，或者使用社区的器材和基础性设施。运动服装以及相关配套物品通常由会员个人承担。

不过，德国的俱乐部并不只有体育这一项活动。正式注册的俱乐部约有 30 万家，活动内容非常广泛。有业余戏剧、纸牌游戏、英语或其他外语日常对话、民族文化推广、政治或文化事务讨论、射击、邮票收集和买卖、养犬等。换言之，想参加的话，就一定有适合你的俱乐部。

酷爱体育

与大多数发达国家的情况一样，德国更多的人只是迷恋体育却并不积极参与。人人仿佛都是体育专家，各类体育栏目、体育报道以及体育赛事直播节目充斥广播、电视。事实上，有两个有线电视频道专门播放不同门类的体育节目。

德国队打入足球世界杯决赛次数最多，并四次夺冠（只有神奇的巴西队比德国获

在体育场的德国观众

得更多的冠军头衔），难怪德国人对体育的狂热全部倾注在足球上。德国队一出现在世界杯赛场上，德国的很多乡村和城市几乎就成了一座空城，只是时不时从屋子里传出欢呼声或唏嘘声，打破了弥漫全城的静寂。街头独行的路人仅凭耳朵就知道德国队是进球还是失分了。

与世界杯相比，德国甲级联赛（德甲）或欧洲杯的热度则稍逊一筹。这期间行人比世界杯期间要多些，而那些没有电视的酒吧和俱乐部在大赛当晚则顾客锐减，门可罗雀。

丰富多彩的体育活动

但是，即使足球非你所好，在酷爱运动的德国你也绝不会受到冷落。受本国培养的世界级球星尤其是斯蒂菲·格拉芙（Steffi Graf）、鲍里斯·贝克尔（Boris Becker）、安克·胡贝尔 (Anke Huber) 以及迈克·史提克（Michael Stich）的影响，网球几乎成了全民性的体育运动。部分因为本国球星伯纳德·兰格 (Bernard Langer) 的推动，高尔夫也颇受欢迎，尽管落后于一些火爆的运动项目如篮球、滑雪和滑冰运动。

橄榄球（美式足球）最近是很时兴的运动。大中城市里，美国国家橄榄球联盟（NFL）的表演赛场场爆满。德国在柏林、科隆、杜塞尔多夫、汉堡和法兰克福都有球队，几乎成了比 NFL 稍逊一筹的欧洲国家橄榄球联盟的中心。该联盟曾经从苏格兰绵延到西班牙北部，现在只剩下一支非德国球队（阿姆斯特丹队）。在联赛期间，两个体育有线频道会转播 NFL 以及美国大学队比赛的情况。足球迷们也不用担心看不到“超级腕儿”——收费电视台会现场直播这场冠军争夺赛。赛事结束几天后，还有普通体育频道回放精彩赛况。

不喜欢上述主流体育运动的人也不必灰心。最近有线体育频道和公共电视频道都开始试播诸如保龄球、冲浪、手球、排球、摔跤和拳击、台球、汽车赛、摩托车赛、骑马、举重、摇滚乐、交谊舞锦标赛、武术冠军赛、健美操比赛、欧洲飞镖锦标赛甚至美国角斗士比赛等节目。

啤酒酒吧朋友聚会

饮酒可是大事

我们的小戏剧团总是门庭冷落，我们问剧团的员工为什么不见他们的朋友和同事来看戏，答复是：他们更喜欢外出喝酒——而我们也主要在酒吧演出！

节奏相对较慢的、要求对运动规则的文化背景和竞技心理有所了解的棒球、板球项目，目前在德国还不流行。除了这些极少的例外，如果你喜爱体育运动，德国提供的选择余地还是相当大的。

体育运动具有的社会价值超过其自身价值。与人讨论体育运动是快速融入德国社会或德国社会某些部分的好办法。如果表现出对当天的主要赛事了如指掌的话，办公室或工厂里的同事常常会更快和你熟稔起来。（有关这些比赛及其人物的简要介绍，参见第十章：德国掠影。）

酒吧文化

德国的酒吧文化高度发达，对于痴迷体育或其他剧烈体力活动的人来说起着不可或缺的调剂作用。各种各样的酒让人畅所欲言，舒缓心灵，消除烦恼。酒吧也未必就和体育毫无关系，重要的比赛会在酒吧重复播放，还免去了去现场观看的舟车劳顿之苦。

各个阶层的德国人都爱去酒吧，泡吧是结识新朋友、巩固旧情谊的好方法。来自各个国家的人都会定期去自己喜爱的酒吧。（德语称为 Kneipen。）

但是，如果想找个你理想中的酒吧，要记得这个忠告：其他国家的酒吧不分阶层、类别，而德国则是个例外。德国酒吧是细分原则说了算。多数酒吧有其特定的顾客，外人并不太受欢迎。所以，你会发现，社区酒吧只接待本社区的顾客；一些酒吧只接待某个国家的顾客；有对雅皮士开放的酒吧；有为学生服务的酒吧；酒吧中最排外的可能是“Szene”酒吧，只欢迎本地“圈内人”。（抱歉，忘记说新纳粹酒吧了，它自然是最排外的，但是本书的读者不必与之有任何瓜葛。）

你会很快发觉自己走进了上述某类酒吧，但若没有该类酒吧熟客相陪，就别指望有人友好地接待你。尽管如此，有很多酒吧是欢迎生客的，并且很快就有人与之交谈。我发现这种情况一般都出现在工薪阶层地区，或者在更低档的酒吧。但是，再次提醒，去这些场所千万不要刻意打扮，否则就有炫耀的嫌疑而遭人冷落。档次越高的酒吧越排外，与着装无关。还有，在“民族”酒吧，如果不会说该民族的语言，实际上是无法与人交流的。

街头或街区聚会

德国人另一个喜闻乐见的娱乐方式是街头或街区聚会（Strassenfeste）。这些令人愉快的聚会由当地政府与企业组织和赞助。尽管活动规模大小不一，更常见的是在几个街道展开。有时是沿着河岸 1.6 公里左右开展（如著名的法兰克福“Mainuferfest”）。聚会上有许多货摊叫卖各式各样的食物和饮料，还有游戏节目、公共关系或信息服务等。这一类大型聚会还有为孩子提供的娱乐活动，各种活动都伴随着阵阵欢快活跃的现场演奏或唱片播放。

数千场聚会大多是在夏天举行，这样组织者就可以借宜人的天气取得最满意的效

法兰克福街道

果。有一种特别的聚会，即葡萄酒节(Weinfeste)，举办得略晚些，是在第一茬葡萄成熟的时候，主要在葡萄种植区的小城镇和乡村举行。乐曲、欢呼声、美食等都与街头聚会相似，但是，正如节名所示，葡萄酒节的多数货摊展示葡萄酒公司的新产品，酒商们照看各自的酒摊。

啤酒节

慕尼黑啤酒节（Oktoberfest）

德国最负盛名的酒节绝不是葡萄酒节，而是啤酒节 (Bierfest)。当然，我们说的是蜚声世界的慕尼黑啤酒节 (Oktoberfest)。慕尼黑啤酒节的露天广场在城镇边缘延伸 4000 多平方米开外，不仅是同类活动中规模最大的，而且是历时最长的，持续两周之久——这两周实际上不是在 10 月而是在 9 月。

慕尼黑啤酒节时有一排又一排的售货摊，但是最有特色的是超大型帐篷，当地的主要啤酒公司把里面布置成临时的啤酒厅。两周内几乎每一天，源源不断的啤酒被倒入容积达一升的巴伐利亚式大酒杯中，数万名客人坐在长形桌边的长板凳上尽情畅饮，巴伐利亚乐队的音乐深沉悠扬，在啤酒帐篷里回荡，人们只有提高嗓门与朋友交谈。

啤酒节的气氛有点像狂欢节。不同的是，素不相识的人在这儿顷刻之间就熟络亲密起来，完全不符合德国人的特性。不过，我知道有很多人对慕尼黑啤酒节颇感失望，有德国的也有外国的。他们认为它过于浩大、嘈杂和商业化。其他的人则很喜欢这个场合，年年必去。如果很爱喝啤酒而且德语（尤其是巴伐利亚方言）还不错的话，一定会在这里度过非常快乐美好的时光。(虽然参加盛会的游客来自世界各地，但你无疑会遇到无数讲英语的人。)

圣诞集市（Der Weihnachtsmarkt）

无独有偶，圣诞集市（“Weihnachtsmarkt”或“Christkindelmarkt”）的气氛同样活跃，

纽伦堡乡村小镇风光

同样令人难忘，堪称街头或街区聚会的姊妹花。圣诞集市最初是设在主要城镇以方便手艺人圣诞节前出售货品的市场，其形成比街头聚会要早好几个世纪。

现在的圣诞集市仍然保留了这一传统，无数的小货摊上成堆摆放着大小不一的工艺品。圣诞集市是挑选最好且最便宜的圣诞饰物的地方。（别忘了，德国可是圣诞树的发祥地噢。）圣诞市场也卖陶器、木制品和手工制作的珠宝。除此之外，还有价格奇低无比的冬天用的物件。几年来，我在圣诞集市买了好几条漂亮的山羊绒围巾，价格仅为商场或服装店的一半。

圣诞集市通常设在大型中央广场、宽阔的步行区或一些小小的街边。最大、最有名的在纽伦堡、罗滕堡（见第二章：国土与历史概览）和慕尼黑。通常在 11 月下旬开放，持续四周。不过，一定要注意安排时间噢！圣诞集市通常在圣诞节前几天就结束了。如果 12 月 23 日或 24 日赶往当地圣诞集市搭“末班车”购物的话，就会发现圣诞集市已经结束了，让人扫兴啊。

媒体

德国人并不缺少机会了解信息和娱乐身心，如果你能阅读文章且能浏览图片，那就更好，因为德国有 1 万多种日报、周报或月报、月刊，其中包括许多贸易类和专业类刊物。当然，多数是德语的。不过，在德国出版的土耳其、意大利、波兰、塞尔维亚－克罗地亚语的刊物在许多报摊上也能见到，报道本国消息或者本国公民在德国生活的情况。

德国大部分地区也有英语刊物。最知名、发行范围最广的也许是总部设在巴黎的《国际先驱论坛报》(International Herald Tribune)。事实上，德国是《先驱报》的第二大市场，发行量超过 3 万份。现在，备受青睐的《先驱报》在德国法兰克福印刷，因此，每天清晨在德国所有主要城市的报摊就能见到，甚至还能及时送报到家。《先驱报》

> 纵观德国平面媒体，发现有个奇怪的现象——德国没有严肃的周日报纸文化。虽然并非完全没有周日报纸（《图片报》《法兰克福汇报》《世界报》都有薄薄几张少得可怜的周日版），但是，像英国或北美那种内容丰富的周日报在德国是找不到的。在德国，周日是用来安排家庭事务或暴饮暴食的。

源源不断地给人们奉上美国的消息或其他国家的国事民情。

比较著名的英国报纸如《泰晤士报》(The Times)、《卫报》(The Guardian)、《每日电讯报》(Daily Telegraph) 大多定期销售，《经济学家》(The Economist) 和欧洲版《时代周刊》(Time) 和《新闻周刊》(Newsweek) 等杂志也是这样。美国知名的刊物如《华尔街日报》(Wall Street Journal) 和《今日美国》(USA Today) 也为德国报摊锦上添花。你瞧，在德国就能了解英语国家的时事，消息十分灵通。

德语出版物

要了解德国的情况，上述报刊显然不如德语出版物。如果你的德语水平较高，应该尝试看看这类出版物。德国目前最大的报纸是《图片报》(Bild Zeitung)，每天发行400 多万份。《图片报》也是最通俗易懂的（其易读性与高发行量也许不无联系），正是因为这样，德语还不熟练的外国读者更喜爱看它。“Bild” 在德语中的意思是 “图片”，仅凭报名就已经知道大致情况了：在格调鲜明、思想新锐的散文页中夹杂着大幅图片，有时是暴露或全裸的女性图片。《图片报》的销量可能超过英国声名狼藉的《太阳报》(Sun)，不过倒没有人批评该报有何不得体之处。

慕尼黑风光

不过，德国第二大报纸——汉堡的《时代周刊》(Die Zeit) 却备受嘉许 (发行量约为《图片报》的 1/10)。其后依序为：受人关注的《法兰克福汇报》(Frankfurt Allgemeine Zeitung，简称 FAZ)、与《图片报》类似的《柏林报》(Berliner Zeitung)、慕尼黑的《南德日报》(Suddeutsche Zeitung)、汉堡的《世界报》(Die Welt)、《法兰克福评论报》(Frankfurter Rundschau)，还有在德国最受欢迎的贸易金融类专业报——杜塞尔多夫的《商报》(Handelsblatt)。

在数量极多、光鲜照人的德国新闻杂志中，最受欢迎的是《明镜周刊》(Der Spiegel)、《明星画刊》(Der stern) 和《焦点》(Focus)，这些后起之秀模仿《新闻周刊》，魅力十足、难以抗拒。其他许多杂志则是有趣的混合体，既有知识性文章、裸体图片、令人垂涎的食谱、撩人的性感姿态、实用的家用小窍门，也有五花八门的广告，从壮阳药到无条件快速贷款，应有尽有。

万能的电视

虽然不像美国电视一样节目多、普及广，由于电缆和有线频道的发展及其与政府电视台间的竞争，德国电视在近 20 年来发展迅猛。装了有线 (或安装卫星电视天线) 的用户现在能接收大约 35 个频道，据媒体重要人物预测：不久这一数字仍将大幅提升。(另一方面，一家在 20 世纪 80 年代后期备受瞩目的有线电视企业在 90 年代初期关门倒闭；还有一家公司几乎从创立之日起就在苦苦支撑。) RTL 是德国主要的有线电视台，也是欧洲最大的电视台。

以前，德国到上午 10 点才有电视节目，凌晨一两点钟后，所有节目结束。现在，

在柏林也可乘游艇观光

晚间节目与早餐节目时间贯通相连，再顽固的失眠者也能在这个时段找到一些合适的节目。

公共广播电视

由政府资助的公共电视台仍然是德国电视系统的支柱。它包括两大全国性电视台——德国电视一台和二台（ARD 和 ZDF），还有几套“第三套节目频道”。第三套节目频道与某一州相连，例如巴伐利亚、黑塞或北莱茵－威斯特法伦州。稍小一些的几个州则整合资源，形成地方性第三套节目，如：西南电视台、北德电视台以及德国中央电视台。这些频道历来以极具挑战性的节目制作著称，不过最近连这些电视台也有点改弦更张，开始播放一些迎合大众口味的节目。

谈到广播，公共电台与私人电台的比率与电视的情况正好相反。相同点是：无论是电视机或是收音机的所有者每年都要缴纳少量的年费，作为公共电台的基金。只要购买电视机或家用收音机，就要到银行或邮局填写 GEZ（全称 Ceb ü hrencinzugszcntralc）注册表。之后，GEZ 会从你的银行户头扣除相应的费用。（目前，广播单项使用费为每月 5.2 欧元，电视单项使用费为每月 17.03 欧元，两项共用则 17.03 欧元。）注册事宜现在可以在 GEZ 的网站上完成。

这一套看起来只对自觉的人才有效力，但是，不要以为不注册就能免费看电视、听广播噢。GEZ 的工作人员开着装有电子设备的敞篷车四处检测屋内电视机和收音机的数量。如果发现了电视或收音机，却没有填表注册的，就会在月使用费之外开出小额罚款。

柏林电视塔

有线电视

德国电信也负责有线电视的安装。有线电视用户必须另外付给他们月费。独门独户的用户必须自己到电信部办公室办理相关事宜；住在多单元大楼里的居民则要看其他居民或房东的意愿了。由房东去申请有线电视服务并代缴月费。如果与多个家庭住在一起，而只有你一人想收看有线电视，这事是办不成的。不过不用担心，因为德国人大多喜爱有线电视。

看电视是学德语的好方法。（要是被人撞见在看一些无聊的节目，我总是拿这个理由来搪塞）。但是有线电视里也有许多英语节目。现在德国有线电视播放的有家喻户晓的 CNN、NBC 超级频道，还有来自英国的欧洲版 MTV。

其他频道与别的国家一样——播放好莱坞电影和美国电视节目。绝大多数译制成德语，也有一些是英语播放配以德语字幕，还有一些立体声电视机可以双声道播放——揿下按钮即可在德语、英语之间切换。

如果因为邻居或地理位置的缘故无法安装有线天线，你可以安装卫星天线。要安装的话，只要查一下所在地区提供此类服务的公司并从中找家价廉物美的就可以了。实际上，卫星电视在很多方面比有线优越，因为室外天线能接收到更多的电视频道（包括一些国外的电视频道）。如果你打算住上两三年的话，可能会更划算。（因为卫星接收不按月收费，而只收取天线费和一次性安装费。）

在卫星电视方面，外国人其实比德国人更有优势。租房的多数居民必须得到房东或房屋所有者的允许才能安装天线，但这种要求可能因安装天线对房屋可能造成破坏或仅仅因为天线会有损房屋外貌而遭到拒绝。但是，在 20 世纪 90 年代初，一项法院裁决宣布：外国居民有权要求安装卫星天线以便通过电视了解本国的信息。

柏林音乐厅

艺术活动

既然电视节目如此丰富，大概德国人极少到室外进行娱乐和文化活动吧？事实远非如此。德国被冠以“有文化的民族”（ein Kulturvolk）之称，100 多年来，他们一直以此为荣。德国的音乐厅、戏院、电影院和博物馆常常爆满。

柏林博物馆

艺术活动的资助者

德国政府投入到艺术领域的人均经费居世界首位。大大小小的城市都在上演种类繁多的戏剧，呈现出一派繁荣的文化景象。私人赞助仍然较少，但的确也时不时地资助戏剧制作或表演。

戏剧数量的确是很可观的，从柏林、慕尼黑、汉堡、斯图加特、科隆和法兰克福等城市数量惊人的剧目就可见一斑。最令戏迷感到头疼的就是如何从中作出选择。但是，许多专业和业余的评论人士对戏剧质量表示质疑：纳税人的钱花得到底值不值？

剧院

许多戏剧的确既无趣又难懂，戏剧业基本依靠政府补助维持。地方剧院（Stadttheater）是政府拨款最多的，这样就导致戏剧业的表面兴旺繁荣，也为艺术家提供了更大的想象空间，无论这种想象是多么的不着边际。

例如，大剧院的一些剧目就深受这种任意放纵的影响，去剧院一看就知。不过德国剧院对世界经典戏剧的诠释可能与你所期望的大相径庭。这种自我放纵、场面奢华的表演对观众的好处在于：就算不明白每句对白，也能在视觉中找到乐趣。

德语还不熟练的人并不一定就无法享受戏剧之乐，许多城市有时演出英语剧目。有时甚至在市郊社区能看到用英语演出的嘉宾表演（Gastspiele）。一些城市甚至开始筹办英语戏剧团。即便是这样，要欣赏到用莎士比亚和萧伯纳的语言演出的节目也并不那么容易。

慕尼黑市政厅

博物馆

德国人对参观博物馆有浓厚的兴趣。目前有 6000 多座博物馆并呈上升趋势。（仅 2000 年就新增 200 座博物馆。）更重要的是，博物馆客流量一直在增加：德国博物馆每年接待超过 1.1 亿的参观者。一个中等国家有 6000 多座博物馆是极为惊人的，好在这 6000 多家分散在全国各地。大都市的博物馆数量最多，城镇或乡村也有小型的教堂博物馆或市政厅博物馆。

艺术博物馆相当多，历史和民族博物馆也不少。此外，还有音乐和乐器、葡萄酒、巧克力、玩具、光学装置博物馆，乌尔姆（Ulm）甚至有面包博物馆。最受人们欢迎的可能是科技宝库——位于慕尼黑的德意志博物馆，它以实物和模型向人们展示现代技术的发展，声名远扬。

博物馆原本是德国中世纪或现代早期的礼拜堂和大教堂，在战争期间遭到严重破坏，但现在几乎都已恢复原貌。相当多的博物馆壮丽而辉煌，重新绽放昔日的光彩。这类博物馆大多数一些时段仍然对公众开放，但这些漂亮的教堂仍然是宗教敬拜的场所，所以一定要遵守指示牌上的各种规定，别人祷告时也不要盯着看。在教堂做礼拜时去参观是极其粗鲁无礼的，通常会遭到训斥甚至被劝离教堂。

电影院

“一战”末期，德国政府意识到自己是在后方而非前线吃了败仗，认为德国真正需要的是更有效的宣传，于是就筹款在柏林小镇新巴伯斯伯格（Neubabelsberg）兴建了超级影院“Ufa”。一年之后，该政府已不复存在，“Ufa”却迎来了其发展的黄金时代。

毫无疑问，德国电影在魏玛共和国时期（1919—1933 年）曾名噪一时，享有世界声誉。经典影片如《卡里加利博士》（Dr Caligari）、《大都会》(Metropolis)、《吸血鬼诺斯弗拉杜》(Nosferatu)、《最卑贱的人》（又名《最后一笑》）(The Last Laugh)、《蓝天使》(The Blue Angel)、《马布斯博士》(Dr Mabuse) 系列和《可恶的人》是电影史课程的必备材料。但 20 世纪 20 年代后期，德国艺术人才纷纷前往好莱坞发展，到 1933 年纳粹

> 在法兰克福、汉堡、柏林和慕尼黑，现在甚至有音像带店专门或部分出售英语碟片。可惜的是，我至今还没看到中小型城镇有英语原版碟出售。

掌权，仍在国内的一些人才被迫逃亡或出走德国。德国电影再也没有从这两次沉重的打击中恢复过来，再也没有超越 Ufa 黄金时代的辉煌。

纳粹也很喜欢电影。1933 年至 1945 年德国电影业有相当多的作品。但历史表明，这些作品多数价值不高。有意思的是，这段时期的电影仅少数有纳粹思想，更多的只是滥竽充数、供人消遣的作品。

20 世纪 40 年代，德国电影业重新启动，但随后 20 年的德国电影质量远不如法、意、美、英、日、瑞典等国。直到 20 世纪 70 年代，德国电影业再次躁动起来。人们开始谈论新德国电影（Das Neue Deutsche Kino）。自纳粹掌权以来，外国的影迷们破天荒头一回谈起当时在国内创作的德国导演的名字，如：赖纳 · 玛丽亚 · 法斯宾德（Rainer Maria Fassbinder）、维姆 · 温德尔斯（Wim Wenders）、维尔纳 · 赫尔佐克（Werner Herzog）、福尔克尔 · 施隆多尔夫（Volker Schlndorff）和玛格蕾特 · 冯 · 特罗塔（Margarethe von Trotta）——施隆多尔夫的妻子。当时甚至有人谈起新巴伯斯伯格，还有人预言德国电影即将成为世界第一。

当今讨论更多的是德国电影的危机，有人问德国电影是不是死了。当然没有死，

法兰克福的电影摄制中心

德国影星莫里茨布雷多

但也绝非状况极佳。近 25 年来，德国也有一些电影在国际上颇有影响。如沃夫冈·彼得森（Wolfgang Peterson）的《从海底出击》(Das Boot)桃丽丝·多蕾(Doris Drrie)的《男人们》(Mnner)、维姆·温德尔斯（Wim Wenders）的《柏林苍穹下》（Wings of Desire，又名《欲望之翼》）、汤姆·泰克维尔（Tom Tykwer）的《罗拉快跑》(Lola Rennt)和《再见,列宁》(Goodbye, Lenin)。但是绝大多数德国电影只有为数不多的国内观众观看。运气好的话，再加上一些电视观众。

与其他国家一样，多数影院放映的几乎是清一色的好莱坞影片，商业性影院 80% 放映的是美国电影。部分影片原声播放配上德语字幕。但是德国译制行业无疑是最出色的，大多数电影在公映前都做好了德语配音。

眼花缭乱

以上只是一些必要的基本情况，一言以概之：尽管德国的休闲时间如此之多，要想让自己无所事事还真不是件容易的事。正如一个朋友所云："在德国生活的最大好处就是——在德国大多数城市，你永远不会感到闲得无聊"。

国旗电影胶片

第八章

学习德语

“我对上帝说西班牙语，对女人说意大利语，对外交官说法语，对商人说英语，对我的马说德语。”

——罗马帝国皇帝查理五世（Emperor Karl V）

在了解外国朋友或熟人在德国的经历时，我常常会问：“要想在德国过得好，应该做点什么呢？”他们的头一条建议总是——学习德语。说实话，这让我感到有点意外。

这个建议在某种程度来说有悖常理。因为操英语的人在德国太容易忽视学习德语。的确是容易忽视，但却是不明智的做法。忘掉旅游指南上那些“德国人都能说一口漂亮的英语”的话吧！事实上，德国有好几百万居民连一句完整的英语都说不上来。尽管也有几百万的德国人能说英语，仍然有许多人（包括我自己）多年来都靠给英语不太灵光的德国人教授英语谋生。

尽管如此，仅凭英语在德国生存还是有可能的。我认识好些操英语的人，他们几乎不学德语，却在德国生活了十几年。但是，对德语一窍不通，就不能与人进行某种层面的交谈和沟通，也难于融入德国人的生活。这样就无奈地限制了自己。当然你用不着成为德语专家，学点日常交流的德语还是有必要的。

好消息和坏消息

先说说好消息吧。说英语的人在学习德语的初期有非常大的优势，因为这两种语言在词汇方面有惊人的相似之处。其实，只要掌握一些简单的语音变换规则，短时间就能学会一大堆的德语单词。“i-o-n”组合就是一个很好的例子，你可以从下列类似的英语和德语单词开始学习。

慕尼黑街景

- Situation
- Diskussion
- Definition
- Motivation
- Manipulation
- Zivilisation

掌握了语音变换规则，再稍加努力就能把一些英语词转换成相应的德语。

Orientation	Orientierung
Modernization	Modernisierung
Consolidation	Konsolidierung
Stimulation	Stimulierung

此外，很多德语新词是直接借用的英语词汇。

- Computer
- Software
- Service
- Chips
- Know-how
- Timing
- Recycling
- Singles
- Lifestyle
- Hobby
- Team
- Teamwork
- Baby
- Manager
- Business
- Last but not least

不过几天的工夫，你学得飞快，快到觉得一周后自己就能说一口流利的德语了——可千万别这么认为。德语是一门非常难的语言，尤其是涉及略微有点复杂的句子结构（这与英语情况相似）。而且，德语名词都有阴阳性之分，但词性的阴阳与自然界的阴阳却未必相通。德语有四种形式的格，所以修饰名词的词要根据该名词在句中的作用改变形式。仅仅是格的形式用错了，全句的意思可能就变了。

如何学德语

学习德语

这就是我们要说的坏消息了，但我相信你已经知道学习德语必须下功夫，别以为随随便便、自然而然就能学会德语。德语在很多方面和英语大相径庭。要是不愿意自己说的德语磕磕巴巴半生

教授的故事

我们认识一位美国大学教授，他坚信靠一本常用语手册再加上一些平时随意所学就能学会的德语。可是，在德国待了9个月，临走时连一些简单的说明以及短语还得请人帮忙翻译。

不熟、比不会说给人印象更差的话，你就得系统地学习这门语言，至少入门时得这样。之后就可以通过看电视或听广播，甚至在街上溜达来提高德语。这些轻松愉快的方式使你完全沉浸于德语环境中，既有书面的也有口头的。

可靠而系统的方式是找本简明易学的德语学习教材（书后附有一些建议）。但是，书本的确有不足之处——既不能解答你的疑问，也不能检查你的发音是否正确。参加一两个德语强化班，效果会好些。

眼花缭乱的学校

在德国，有很多学习德语的机会。运气好的话，会有讲德语的人愿意私下教你。甚至有人用这种方式向你学习英语。如果没有这种机会，你可以去社区业余学校（Volkshochschule）学习，价格不贵。这种为成人开办的学校的缺点是班级人数太多，没有个人交流的机会，而且学习进度受他人限制。最后，学习成效还得看老师的水平。有高水平的老师，也有很平庸的老师。

我在社区业余学校学习过两次，两次经历有苦有乐。第一次，课程拖沓了好几个

慕尼黑城市面貌

星期，直到学得慢的学员退学后才恢复正常。可惜好景不长，班上只剩下几个好学的学生时，老师自己却突然不来了。我们无权追究学校的责任，甚至连学费也要不回来。第二次，课倒是坚持上完了，但中间也时不时地有点波折。

要是不想去社区业余学校冒险的话，你还可以从德国众多的语言学校中选择一所。这种学校班级往往人数不多，甚至还有单独指导的机会。这类学校几乎都能保证你学到交了学费的课程，但未必是一位老师从头教到尾！一些学校由于待遇差，老师们极为不满，结果就是：要么老师上课是兴之所至、毫无章法；要么课程还没学完，老师就走人了。我认识一些人在一次短期课程里就换了三位老师，他们感觉很糟糕。而且，别忘了，这些私人学校的学费比社区业余学校高得多。

柏林人行天桥上的行为艺术表演

歌德学院

也许最保险的是去歌德学院学习德语。歌德学院属非营利性机构，由德国政府授权并提供部分经费，旨在发扬德国文化和推广德语。该学院水准极高，备受赞誉。老师必须达到一定的要求，课程遵循既定之规，重在实用。总而言之，与其他非教育体系内的德语培训学校相比，歌德学院是信誉最好的。只可惜，歌德学院的学费也是最高的。正如其他事情一样，你还得权衡利弊。有个去歌德学院学习的熟人告诉我，那里的课程的确是一流的，不过花那么多钱值不值就很难说了。

同时，还需要考虑一些实际的情况。德国几乎所有城镇都有一所社区业余学校，很多城镇至少有一所语言学校，而歌德学院却只有 16 个城市有。另外，歌德学院是全球性机构，在 77 个国家有 126 所学院。如果你想在来德国之前先学点基础德语，想了解歌德学院在你所在的国家开设的课程情况，可致函管理中心。地址是：

Goethe-Institut Inter Nationes

Dachauer Stasse 122

80637 Munchen（慕尼黑）

远眺柏林

姓名和称呼

有一部分德语学习涉及正确使用姓名和称呼。本书第四章谈到了如何称呼身边的人（详见“公共自我，私人自我”部分）。本部分主要学习对不熟悉的人如何称呼。

Herr, Frau & Fraulein

一个人的姓前面有三种基本称呼：“Herr”（先生）、“Frau”（小姐，女士，夫人）以及“Fraulein”（小姐）。年满 18 岁的女性自动从“Frulein”过渡到“Frau”。和英语不同，这两个词并不表示婚姻状况。有意思的是，加上定冠词（“die Frau”和“der Herr”）之后，这些词就表示“这位女士”和“这位先生”。

职业称谓

要不是德国人历来钟情于更多的称谓，这三种称呼本来足以满足正式及非正式场合的需要了。这一点，翻开电话簿就知道。德国的电话簿上，在许多人的名字后注有学历，例如：工程学学位、商务或经济学学位以及生物学学位。

所有这些学位都不用于问候时的称谓，但博士 (Doktor) 这一称谓却是少不了的。但凡可能，不管获得的是哪个领域的博士，德国人都期望被人认可自己获得了博士这一称号。这意味着，千万不要只用“Frau”或“Herr”称呼这样的人物，而是要冠以“Frau Doktor”或“ Herr Doctor”。此外，教授、主任或主任医生（Chefarzt，通常也是

马克·吐温的烦恼

最后一条建议：马克·吐温有篇精彩的小品文《可怕的德语》(The Awful German Language)，你应该找来看一看。在文中，马克·吐温描述了自己学习德语时备受煎熬之情形，其诙谐的笔调让我们觉得这个过程很有趣。不过，一定要等德语学习有点成绩后再去读，否则，你可能把马克·吐温刻意的夸张以及追求喜剧效果的杜撰都当成事实全盘接受，因而放弃德语的学习。

更为重要的是，随着对德语的深入学习，你就能洞悉德语的奥秘，也更能理解马克·吐温的描述，体会到他直译这段德语对话的精妙之处，如："萝卜在哪儿？"——"她在厨房。""那个美貌的英国姑娘在哪儿？"——"它去看戏了。"马克·吐温以此来表明德国人对萝卜的重视和对漂亮女孩的轻视。

医学教授）等从事公务时，希望人们在"Herr"和"Frau"之后冠以其职业头衔。

贵族封号

虽然德国在1919年正式取消了贵族的特权，但仍然有一些人趾高气扬地用着其家族封号。正因为如此，今天一些地方仍然有冯·托恩和塔克西斯公主及王子殿下（Prinz and Prinzessin von Thurn und Taxis），在某个地方会遇到冯公爵和公爵夫人（Herzog and Herzogin von），还有许多某伯爵和伯爵夫人(Graf and Grafin，不计其数)。贵族特权制度可能是消亡了，但称呼这些尊贵的人物时，最好还是加上他们的封号，否则，不仅仅是其本人，连其他人也会认为你粗鲁无礼。

柏林博物馆内景

柏林勃兰登堡门

第九章

在德国经商

“德国现在是，并将保持为欧洲一体化经济动力十足的发动机。”

——欧盟报告

我曾经和这里的外国人有过交谈，他们之中几乎每个人都给出了一两条在德国创业的理由：一是因为爱人或配偶居住在这里，二是因为要在富足而充满希望的德国经济领域中掘一桶金。我不想打破你的浪漫幻想，但后面这群更加向往金钱的人占了移居德国的外国人中的大多数。因此，极有可能你也是奔着充满前途的德国经济来到这里的。如果是这样的话，那么有些事你就必须了解，以确保你能够圆满地达成预期目标。

另外很有可能的是你并没有真的计划在这里开展属于自己的生意。那些富有抱负的企业家们等会儿在本章后面自会谈及。但是首先让我们谈谈那些被公司派驻德国、或打算在德国找一份报酬丰厚的工作的人要了解的事吧。

良好的工作环境

许多人移居德国就是因为德国的整体工作环境能够提供令人情绪饱满的士气。比如，许多来自亚洲、欧洲和北美在这儿工作的移居者指出，在德国不管你从事什么样的工作，只要做得好就能赢得尊重。一位 20 世纪 90 年代在一家德国大酒店工作了 10 多年的英国人宣称："在这里，对你的评价是建立在你所做的工作之上的，而非你说话的方式、你住在哪里或者你的家庭背景如何。"大多数德国本土和来自国外的上班族们可能都会同意：在这里，你的成绩会被认可并得到回报——通常会相当优厚。实际上，多次的调查显示，在德国，大多数"领薪受雇者"对他们的工作"起码是满意的"。

在"融入德国"一章中，我们谈到了如何获得工作许可证以及怎样寻求求职帮助。现在我们一起来看一下在德国与工作相关的一些情况。

融入德国社会，我对工作是满意的

职业道德

宁芬堡内部

当然，在所有的民族典型形象中，最历久不衰的当属勤勉工作的德国人了。几乎所有外国人都断定德国是一个工作至上的国度。

准备好小吃一惊吧：作为世界级工作狂的德国人，其工作时间少于——不，远远少于——别的工业大国的人。官方的统计数据（1998年）显示德国工人每年只工作1560个小时，而日本工人大约为1889个小时，美国工人为1996个小时。

而且工作时长甚至仍有下降的趋势，尽管10多年来政府和管理部门对此颇有异议，费尽心机想改变这一趋势。国家领导们对此也感到紧张不安，正如多年前前总理科尔那样。当年他警告说德国正面临着变为一个巨大的悠闲乐园的危险。这番话听上去颇有道理，虽然它只会让对这一问题的讨论更趋白热化，而并非给出了指导性的建议。

工作日

这1560个小时可以平均分为195个8小时工作日，但在德国8小时工作日是一种例外而并非惯例，因为德国的工作时间一周仅为37.5小时。（虽然立法者越来越多地允许一些产业和行业坚持严格的每周40小时甚至更长的工作时长。）尽管如此，这儿的人们每年仍然仅有半年多点的时间在工作——但在此期间，他们通常会被要求全身心地投入工作之中。来自于更为宽松的文化背景的人们一开始可能对此会很不适应，他们会发现老板或同事们对自己有一些更多的期望。

例如，一个典型的德国工作日通常比别的国家开始得更早一些——同样，下班也更早一点。如果你的公司要求你在早上7点这个令人不能容忍的时间就开始一天的辛苦工作，不要为此感到大吃一惊，尽管早上8点也许更为普遍。许多公司干脆采取折中的办法早上7点半开始工作。

另一方面，这种令人早起的安排还有好的一面，那就是你通常会在世界上许多工人认为是半下午的这个时间就下班了。你可能在下午3点或3点半走在回家的路上了，这取决于午休时间的长短；当然最迟不会超过下午4点。（这都是在你不加班的情况下，

宁芬堡外景

市政服务

我本人曾多次试图在周五下午 2 点以后和私企里的关键人士取得联系，均无功而返。如果你期望在每周五中午以后在某个政府机关办理业务的话，你简直是在幻想。在另外四个工作日里找政府部门办事，也同样要提前一两个小时。公务员（德国有大量的公务员）因其有限的服务时间而常常成为首当其冲的玩笑话题。其中一个流传甚广的源自 20 世纪 80 年代后期，当时工会正在为每周 35 小时工作制与主管部门相持不下。据说德国公务员联盟坚决反对这条建议——他们永远不会支持把他们每周工作时间翻倍成为 35 小时！

加班在当今德国是一种最不受欢迎但正在日趋普遍的现象。）

谈生意要赶早

在这样一种体制中，对一方有利的事情就会对另一方产生不便：在下午 4 点以后你几乎很难再在办公室找到什么人了，所以重要的事务一定要在这个时间之前打理。（一定不要冒险在 4 点差一刻或更晚再打电话或登门拜访！在这个时刻你的合作人极有可能正在收拾东西准备离开——至少在头脑里他已经这样想了。）此外，在每周五这个时间还要提前至少一个小时，大多数上班族都会尽量让自己有机会把周末向前延伸到周五的下午。

德国经济的实质

工作早出早归源自习俗和偏好，而缩短的周工作时长则是德国强大的工会组织的又一胜利。尽管德国工会会员入会率近年来大幅减少，目前不足 30%，工会仍然具有相当强大的影响力，远远超出了 30% 这个数字。（这种影响力源自德国金属工业工会这一强大组织。拥有大约 280 万会员的德国金属工业工会现在仍然是世界上最大的单一工会。）作为一个整体，工会组织构成了传说中的德国社会市场经济（Soziale Marktwirtschaft）的一块基石。

本质上说，社会市场经济（你会常听人们提到这个词）与第二次世界大战后许多西方国家所发展的资本主义福利国家制度并无太大区别，然而德国人喜欢把他们自己的模式视为一种完全独特的形式。在他们看来，这是资本主义加上严格缜密的社会道德。

这一体制的基本原则受到战后经济中的大多数力量的欢迎，因为此时的经济明显地需要各方力量的全力协作，以便行动起来建设这个国家。实际上，让战后的德国从一个满是废墟、几乎不能提供食物、住所和供暖设施的战败国变成世界上最强大的经济强国之一的“经济奇迹”正是源于这些基本原则。如果没有了这些原则，或许“经济奇迹”就不会有那么神奇了。

社会伙伴和社会契约

这些主要原则中的一条便是大雇主和有较大影响力的工会之间的神圣的“社会契约”（social pact）。劳工和主管部门（在德国常常被生动地称为“社会伙伴”）数十年来在广泛地寻求相互妥协和让步，为的是达成长期的产业和平，而不是彼此对立。这种对立会导致社会动荡，还会导致反复出现、影响广泛的不安全感。为此，双方都为赢得产业和平做了大量的保证，这些保证便成为这个制度的一部分。

由于以上所述，德国在某种程度上成为劳工权利和劳务供给方面的典范。对于劳工们来说，胜利成果之一就是缩短了每周的工作时间并增加了许多的假期；另一方面，相比其他一些争议和分歧更大的国家，德国损失在罢工上的时间大为减少。然而，任何体制都不会是完美的，德国也经历了一些破坏性的罢工、怠工甚至停工等。但整体来说，这几十年来德国经济运转的还是不错的。

柏林街道夜景

雇佣和解雇

部门精简和强制裁员引出了另一个重要的问题。也许，你曾经从别的地方听说在德国要想解雇一个人几乎是不可能的。然而，这显然是对德国复杂的规章制度的另一种曲解。事实是这样的：德国的确有一套完善的关于解雇员工的规章制度，但这些规章制度更多涉及的是限制、而非阻止循环式的雇佣和解雇的操作运行。

在德国，任何雇员都可能被以正当的理由不予通知就解雇（eine fristlose）。“正当的理由”在德国包括偷窃、多次迟到、暴力行为或胁迫员工同事，以及把公司机密泄露给竞争对手。然而，解雇必须获得劳资协议委员会的通过，即便如此，雇员仍然可以上诉到劳动法院（Arbeitsgericht）来阻止解雇。在劳动法院，雇主必须提供证据证明解雇是正当的。如果不能证明的话，雇员会恢复原职或者因非法解雇得到一份丰厚的补偿。

如果生意不好的话，雇员同样有可能遭遇正当解雇（ordentliche k ü ndiging）。正当解雇必须在每个季度末（也就是3月、6月、9月和12月末）的六个星期前作出。正当解雇也要获得劳资协议委员会的通过，雇员也同样可以上诉到劳动法院。值得注意的是，即便解雇为员工接受或者被劳动法院认定是合法的，相关的雇员也有权获得法定的补偿。

但是有一种更简单地以正当理由解雇职员的方式。任何合法雇佣开始都会有试用期（Probezeit）。在此期间，雇主可以了解新雇员能否让他们满意，雇员也能发现自己是否喜欢这份工作。在试用期间，任何一方随时都可以终止劳务合同。一旦决定这样做，

交易所前的牛市PK熊市雕像

直到如今，在德国的工厂和办公室里，马虎的工作和不负责任的表现仍是不可容忍的。著名的学徒制被大多数大公司保持和传承。公司通过安排各种岗位，培训它所需要的工厂工人、办公室职员以及未来的管理者。而这些岗位通常是重要的、一流的工作岗位。

他们不需要任何理由。

以往，试用期一般为三个月。三个月的时间被认为是为雇主和雇员双方的权益都提供了最好的保护。然而近年来，试用期明显有逐渐延长到六个月的趋势。许多人认为，试用期的延长给了动不动就招聘解雇的雇主们更大的空间，以此来了解自己是否真的需要雇人，或者到底有多大必要雇人。我曾经认识一位电脑程序员，几年前他拒绝了一份工作，主要原因是他对合同上附注的六个月的试用期心存疑虑。

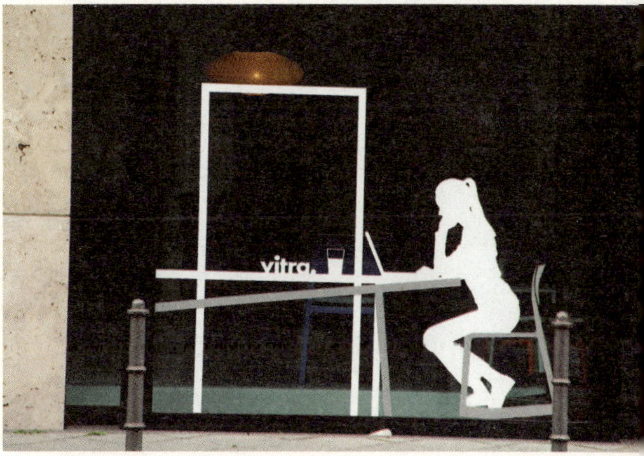

法兰克福橱窗

不管你的试用期是三个月还是六个月，最重要的是，在此期间你要格外努力来展示你的能力，否则，就像在任何传统的雇佣解雇的社会中一样，你很快就会被扫地出门。

最后，在德国，如果有人想向你兜售永不下岗这种陈腐的观点的话，记住，任何人随时都可能被解雇，只要雇主准备支付最终的赔付金。（在许多情况下，他们认为为此赔付还是很值得的。）

德国人的一丝不苟

尽管现在看来略显古板，德国人坚持遵循旨在维护产业和平的“社会契约”已经很久，这正如他们尽力保持工作质量优异的好名声一样。其中一个主要原因在于：即便工作时间越来越短，他们仍保持做事一丝不苟的传统。如上所述，德国人工作时通常会十分勤奋努力。实际上，不止一位客观的观察家把这种评价上升到另一个高度，指出德国人追求一丝不苟的程度近乎狂热。

这是必然的。自从工业革命一开始，几乎所有德国的经济核算都附有这样的基本

柏林街头的正义女神像

现实：作为一个珍贵自然资源匮乏的国家，德国不得不依赖其本地居民和外国移民的创造力和勤劳，因为只有高质量的工作才能保证国家取得巨大的经济成就。自从19世纪初期以来，德国工业的开展主要是靠从国外进口原料，运用工人专业的技术和精湛的技艺对其进行加工，然后以“附加值”很高的价位重新输出。

尽管德国自然资源十分匮乏，“德国制造”的标签在20世纪20年代就已经毫无疑问地成为世界性的质量品牌。而德国人只有保持这种典型的对待产品和管理的一丝不苟的态度，才能继续保持其良好的声誉。

遗憾的是，在过去的10年间，“德国制造”在某些领域里确实已经失去了些许光彩。是的，众所周知的价值观的转变（Wertewandel）甚至已经渗透到德国人的传统工作习俗中，从而使得这种值得称赞的条顿民族的一丝不苟的态度变得不再像先前那么认真。现在，即便是德国神话般的发展动力偶尔也会陷入停滞。难怪10多年来，德国的管理者和年长的雇员会对这个国家的未来扼腕发愁。他们看到了职业道德的削弱，尤其是年轻人职业道德的缺失，这种变化会让国家跌入日渐衰落的过程。

但是更多清醒的观察家坚持认为关于德国职业道德缺失的报道过于夸大。当然，把战后的国家从一片瓦砾中重建成为一个主要的经济强国所付的艰苦努力在很大程度上被淡忘了。但是德国的这种变化趋势也是意料之中的，因为不仅在德国，在全球都存在这种趋势。即便如此，对许多国家而言，德国人这种打了折扣的勤奋仍然是人们理想中的一丝不苟的工作态度。

这或许是最公正的总结？是的，因为德国人仍然相当勤奋；不是，因为他们不再像以前那样努力工作了。(而且你会发现不同的人和不同的行业对职业道德坚守的程度不同；年龄越小，其职业道德的缺失就愈发明显。)但是不论年纪大小，德国人仍然坚定地信奉他们头脑中根深蒂固的这种一丝不苟的工作态度。举几个有分量的例子，想一下这些名字吧：宝马、奔驰、默克制药(Merck pharmaceuticals)、蔡司光学仪器(Zeiss opticals)、西门子医用技术(Siemens medical technology)、索灵根钢制餐具(Solingen steel cutlery)、布朗电气设备(Braun electrical appliances)。这仅仅是个开始。许多德国产品享有久远而可靠的质量优异的声誉，这说明德国人的职业道德仍然是那么坚定。许多人仍然尊崇工作，以保持经济的发动机全力运转。而且这确实是相当大的动力。

同样请记住，作为一个外国人，对你的评价更多是基于你多大程度上适应了这种理想，而非脱离这种理想。他们自然会体谅你，尤其是在一开始的时候，但之后你必须做得更好来展示你对工作一丝不苟的态度，这种一丝不苟要足以达到严格的德国人的标准。

一丝不苟——自有好处

但是一丝不苟的态度会消耗时间——即便对一个接受过良好培训的人来说也是如此。许多外国人对德国人这种认真的态度所花费的时间感到沮丧，尤其是需要作出决策时。在别的国家，公司或供应商会迅速地作出决断，然后研究细节；然而在德国，决策作出之前，必须先要研究许多方面的细节。

对于许多外国人，尤其是对于来自北美或其他充满活力的国家的外国人来说，这是很令人沮丧的。这种失望在您的公司也可能会遇到。当你着手一项工程，感到已经搜集到了足够的信息来作出决策并决心继续开展下一阶段的工作时，你很可能会非常遗憾地发现你的老板或同事们却认为，在作出关键的最终决定之前，仍有更多的工作、更多的调研、更多的试验需要去做。

同样，当你在等待一家你希望与之做生意乃至期待加入的公司的回复时，也会遭遇失望的打击。当然，很有可能在拖延的背后隐藏的是效率低下，也可能仅仅是公司把你的事暂时搁置。不过更为可能的是，他

法兰克福橱窗与雕塑相映成趣

一锤定音雕塑

们希望在进一步开展工作之前，对许多方面的情况作出更加全面彻底的调查。这种耗费时间的工作的优势就在于：一旦公司告知你他们的决定，制定细节这种属于下一阶段的工作已经被那家公司做好了。

申请工作

现在我们谈一些求职方面的事情。请记住计划的重要性，另外还要知道德国企业极少会为了一份当前的空缺或是即将开始的工作岗位而招聘员工。雇主或雇员的通知都必须在每个季度末的六周前正式提出，所以你今天面试的工作只有在一个季度以后才可以就任。

此外，如果你具有专业技术而不是灵活的经商头脑的话，不要忘记德国人重视经过培训的技术人员，主张各行业的从业者都应经过严格的培训。当你去德国时，确保带上你所有的证书，并祈祷他们会被接受；一般情况下，这些证书是不被认可的。如果德国官方不认可你的这些证书，你就必须在当地参加培训课程（对于欧盟公民以及有居留权的非欧盟公民们来说，培训课程完全由政府资助）。记住，不管你对所从事的工作有多么在行，你必须拥有那张神奇的培训证书之后才可以上岗。

服务行业

听了一些悲观者关于德国职业道德下滑的抱怨，现在我们转向一个职业道德从未有过滑坡的领域。这主要是因为它的职业道德水平本来就处于一个相当低的层面。

没错，我们现在谈的是德国的服务行业。还记得前面的章节里我们谈到的德国服务行业中那些奇怪而有趣的方面吗？没有排队叫号系统；大商店里没有为少量购物专设的收银台；大多数售货员都态度冷漠。现在我们再看看另一个让我时常感到不舒服的方面：当因为过失或出现什么问题给顾客造成不便或不利时，德国企业只会对顾客作简单的赔偿，或许还会马马虎虎地随便贴上一个致歉条。几乎没有企业会附赠一些额外的利益来向顾客展示他们的良好商誉，以保持（或重新获得）顾客的眷顾；也没有企业会为修正错误而全部买单，即便大部分过错都在公司自己这边。

德国超市的啤酒

上述四个方面表明在这个国家服务这个概念所包含的一些独特的东西：服务，其本身作为一种目标（其推论是为顾客着想）没有在其他国家显得那么重要。在德国，为客户服务主要限定于为客户提供优质可靠的产品和令人满意的维修或其他需要的售后服务。至于购物本身或者提供某种愉快的购物经历……那德国人就远远落后于其他国家了。

最令人不解的是，德国的消费者们自己仿佛并不要求这种便利。而这种便利在许多别的国家已成为一种标准。原因何在？答案似乎在于文化自身。德国服务行业的这些缺点由于恶性循环而无限期地延续了下去：商家不提供对顾客友好的服务，于是消费者也就对此没有什么期盼；因此，服务行业也没有理由提供或改善其服务，所以，对顾客友好的服务就……啊，你明白了吧？

当然了，德国人对糟糕的服务和欠佳的商店运作还是有自己的不满的，但是他们很少公开地抱怨。他们要么自己低声咕哝几句，向后面的顾客发发牢骚，要么克制地皱皱眉头生闷气，而后更多的是向家人或朋友抱怨。在商店里，他们更多的是责怪排在队伍前面进展缓慢的顾客，而非僵化的体制本身。事实上，德国人似乎是在像抱怨糟糕的天气那样抱怨糟糕的服务：仿佛对此非常遗憾，但又无能为力。

上面是服务行业不足的一面。好的方面（哦，并非完美）是，只要你不期盼满带笑容的服务，服务行业还是说得过去的。不管是送货上门还是修理设备、家具或房屋，

希姆基OBI贸易中心

提供服务的人都会努力把基本工作做好（尽管有时会比那些更注重服务的国家花费的时间长些）。

在最糟糕的情况下，人满为患的餐馆或咖啡厅所提供的服务简直慢得滑稽。（事实上，德国的喜剧演员确实就侍者进行了模仿并大获成功。）但是在那些能力、速度和效率极其重要的服务行业部门中，你不会经常感到失望。其他行业中德国人那种悠久的值得称道的认真态度在这些服务业的从业者身上似乎难以找到。

德国商业特征

在德国工作或创业远远不止是把你的工作日向前调一两个小时或分外努力地埋头苦干。正如德国社会显示出一种主要特征一样，德国商业也具有某种特性。而是否能加入那个对自己的工作“起码是满意的”多数群体取决于你对这种特征的适应情况。不同于重视人际关系的许多亚洲和拉美文化，德国文化是彻底的任务导向型。这种取向在商业界尤其突出。在德国商业界，人际关系远没有需要完成的任务重要。如果你确实来自一个更注重人际关系的社会，你就需要作出痛苦的调整，以适应德国商界对于任务的重视和对于人际关系的淡漠。

同这种任务导向相关的还有这样一个事实：德国是一个以问题为导向的社会。德国人倾向于把任务看做是问题。在商业中，这意味着他们经常会等着任务以问题的形式展现出来，然后用标准的条顿民族一丝不苟的工作态度全力解决这个问题（这意味着问题解决的过程肯定会相当的认真专注）。

所有这些都折射出德国人的另一特征：德国人是反应型的而不是主动型的。他们

德国波恩的商业街

结构至上

事实上，如果说德国人是“文件崇拜者”的话，他们同样可以被称为“结构崇拜者”。他们希望在投入工作之前确保有一个运行良好的结构在发挥作用，因此组织结构经常优先于目标。乍看起来这好像不符合他们“以任务为导向”的本性，但对于许多德国企业来说，组织结构是它们必须致力完成的首要任务。

这种对文件的崇拜在德国人处理商务合同的方式上表现得最为明显。他们把合同视为最高权威，视为谈判的最终结果。一旦开始实施一个项目，他们就把这个项目的合同视为“圣经”。但是对于许多人，尤其对于那些来自亚洲国家的人来说，合同仅仅意味着正式谈判的开始。我的许多学生，以及来自德国其他大公司的人们，都曾表示对那些来自中东和亚洲地区公司的客户极度失望甚至愤怒。德国人觉得这些客户是在试图重新修订已经签好的合同，而这一点是德国人很难接受的。

不是冒险者，也不是开拓者。他们很少像一些亚洲人和北美人那样，找出问题，然后寻找解决问题的途径。当问题出现的时候，德国人会快速地行动起来寻求解决途径，但在早期发现问题阶段他们缺乏主动。

慕尼黑住宅区

不变的程序

然而，德国人极力倡导程序化：他们总是希望了解游戏规则，并且希望把这些规则书面化，或最少把它们清晰地阐述出来。一位曾经同许多德国大型公司合作做过一些关键项目的美国顾问说：在开始的一两天里，由于他没有就项目将如何开展作出精确明晰的陈述，曾遇到了不少的困难。很少有德国人喜欢让一项工程或别的事情顺其自然地发展。很自然，这种过程违背了德国人凡事都要掌控的需求。

正是由于这种对程序的执着，德国人又被称做“文件崇拜者”。他们乐于看到事情被写入文件，而文件本身就具有了权威，从而为德国人提供了渴望的安全感。

自然，所有这些也能说明为什么许多身居要职的德国人对谈判感到不太自信，因为在谈判这一阶段，事情还没有清晰的眉目，各方权益还在变化，各种差别还不明晰。德国商界的确有不少一流的谈判者，尽管被派去参加谈判的人通常在别的领域更富有才干。这些人中的大多数，不论他们是高级工程师还是项目经理，都希望看到谈判尽快结束，从而能够实实在在地开始实施这个项目。

倾心于图表

德国人的这种“文件崇拜”在另一方面表现在他们对图表的偏爱上。基本上所有德国公司都有其引以为豪的图表。公司的运作几乎都是基于这些图表。一位英国的银行家在一家德国最大的私有银行担任高级职务。他承认最初在面对德国盛行的被他称为“数字框架”式的思维方式时，曾感到不知所措。

对此，他作了进一步解释：在英国和别的国家，金融分析家常常会考察多种因素，然后基于这些因素作出判断；而德国人常常只列出那些可能会影响决策的重要类别，然后就每个类别的影响程度进行计算排序，最后把它们汇总成一个总的数据，他们会基于数据最高的那一项作出决策。

德国公司／企业结构

德国基本的企业结构是埃菲尔铁塔（或金字塔）结构：非常严格的等级制度。这

宁芬堡宫殿前的天鹅

管理层说了算

有一个老笑话讲的是一个德国办事员。一天早上他早早到了公司，发现自己的椅子上有一枚大头钉。他迟疑了一会儿，然后小心翼翼地坐了上去，心里想着管理人员放一枚大头钉在那儿一定是有原因的。

这个笑话在一定程度上真实地反映了德国传统的企业文化。显然，这一点现在也没有什么太多的变化，除了他（不过如今很可能是她）也许会先偷偷地把大头钉滑到坐椅的边上，然后再畏畏缩缩不情愿地坐下去，表明自己还是尽责坐了大头钉。如今，许多德国的职员对于管理高层的决定持有一种怀疑态度，对公司也不再那么言听计从，但是他们依然遵循这些基本的结构程序。

种严格的等级制度由界定分明的不同角色以及这些角色内部或相互之间的代表构成。公司中的各种职责划分清晰明确，乃至于从上至下，你经常会遇到工人们把自己隔绝在给自己所安排的角色之中。（这一点也不夸张。沿着大多数德国办公楼里的走廊转转，你就会惊奇地发现所有或几乎所有的门都是紧闭着的。总的来说，德国人很不喜欢在北美和其他一些国家流行的“开放式办公”。）

德国宝马公司总部

德国人性格中严重缺乏灵活性，这在本书其他部分的很多方面都能看到。这种灵活性的缺乏在这里也产生了影响。一旦在工作中有了定位，德国人会尽力保持这一定位。这就是为什么很难让这里的工作人员做一些超出职责以外的事——不管是大商店里的售货员、大厦里的保安人员、银行里的出纳员、办公室里的职员，还是那些身居中层甚至高层管理职位的人。德国人当然也愿意职位升迁，但是当他们仍然负责某项具体工作时，让他们做一点超出职责之外的事可就要了他们的命了。

送交义务（Bringschuld）和收集义务 (Holschuld)

所有这些都反映在形容德国企业文化内部主要作用的两个重要术语上：送交义务（Bringschuld）和收集义务（Holschuld，获取或收集信息的义务）。送交义务指大多数德国公司的主流：雇员们要向上级递交信息。一旦最高管理层收集汇总到所有这些信就像我的一位学英语的学生（一位经过培训、身居重要的管理岗位、对女性这种困境表示同情的工程师）指出的那样，在他大学第一年的工程课上，超过 200 名学生中只有 4 名女生；到了毕业时，这个数字跌到了零。这个比率预示着女性在德国工业中成功进入高层希望渺茫。

息，就会依此作出决策。

尽管雇员们向上层递交大量信息，这些信息本身却没有大力推荐或重新制定政策的权力。在德国企业里，命令大多是自上而下而非自下而上传递的。高级管理层作出决策，然后层层向下传达；下面的员工所能够做的就是执行政策，而非制定政策。

换句话说，管理高层作出战略决策，而中层和基层管理者负责对决策的日常操作进行管理，再往下由工作团队执行和实施这些决策。

柏林的公司办公区域

职场女性

詹姆斯·布朗（James Brown）也许为德国商业写了主题歌："这是一个男人的世界，这是一个男人的世界，但如果没有一个女人，世界将毫无意义，毫无意义……"实际上应该说如果没有了女性的话，世界将毫无意义，而且是很多女性。女性大约占了劳动力的 50%，而且正是由于她们的劳动，德国经济的许多领域才长期充满活力。但是这个体制充满了不平等。虽然在那一小部分连"最起码满意"都没有达到的人群中并没有作出性别区分，我仍然可以肯定地说，在这个不满的群体中大多数是女性。

这种不满的一个主要原因似乎应该是薪金的差异。2002 年的官方统计显示：在私营企业中工作的女性的薪金只有男性的 73%，而在公共部门工作的女性，其工资也仅相当于其男性同事的 77%。多项调查显示：对于相同的工作，女性很少能得到同男性一样多的报酬。（一项调查发现担任高级行政职位

男人们如是说

一些男性雇员说的话可以让你了解他们中一些人的看法（你可以自己判断其正确与否）：

- “女人无法胜任工作或不适宜工作。”
- “女人没有领导能力。”
- “女人太情绪化了。她们不能让别人接受自己的意志。”
- “女人缺乏自信。”

还有那条悠久而可靠的反对理由：“女人对她们的职业缺乏献身精神。如果必须做出选择的话，她们会为了家庭牺牲事业。在人事发展方面培养女人是不值得的。”

或者就像一位德国某家大型跨国企业的执行副总裁在大约15年前对我说的那样：“我宁愿买台机器也不愿雇个女人。最起码机器不会怀孕。”（当然，机器还不会生病呢，但这位管理者却并未因此停止雇用男性职员。）

在许多商务英语研讨会上，我注意到一些英语明显优于大多数男同学的女性在课堂上都有点沉默寡言。如果她们在大多数男同学回答不出问题时说出正确答案，她们就充满歉意。而当把课堂分成角色扮演的小组时，女性（即使其中有些人在公司里担任重要职务，而且英文也很好）会被分配扮演不太重要的角色，而她们竟然接受了这样的安排！

的女性最少要比处于完全相同职位的男性少25%的报酬。）

尽管在德国经济中许多关键的岗位都有女性任职，许多观察家，不管是从事实际工作还是从事研究工作的，都指出女性需要面对一个玻璃天花板，而在德国，这个天花板低得让人喘不过气来。一份2002年的调查发现，德国6.4%的男性从业者属于经理或主管，然而只有3%的女性从业者归于此类。自从早在1963年的第一次此类调查至今，这种令人失望的百分率就一直基本维持在这一水平。

那么造成这种差异的根源在哪里呢？事实上，有些原因听上去还颇具说服力，甚至很合理。比如，在像德国这样的经济体中，工程设计和专业技术长久以来都非常重要，高级职位长期以来都被那些具有浓重的工程设计或技术背景的人们所占据。而这一领域恰巧又鲜有女性涉足。

男人们如是说

但是许多观察家，包括不少自称的受害者，在这种令人无法满意的女性地位中看到了一些更罪恶的东西——他们称之为男性歧视。一种企业内部的男性结盟对企业中的人员安排似乎起着重大的决定性作用。许多男性通过这一程序很快把自己推销出去，然而，在逐步向权力中心进军的征途中，女性从一开始就面临着几乎不可逾越的困难。

根据个人经历以及许多其他男性和女性的说法，我认为就德国商界中的女性而言，这些观点中至少有一条是正确的：这里的女性缺乏自信，尽管更多是因为男性同事和老板给予她们的负面反馈，而非因为荷尔蒙这种生理因素。

正如我们下文所见，展示自信的能力在德国商界是一种威力强大的武器，缺乏这种能力正是一些女性问题的原因之一：不管是她们自己缺乏信心，还是拒绝放弃特权的、以男性为主导的商界让她们缺乏信心，二者都让她们成为受害者。

不管是什么原因，来这里工作的女性都应该意识到这些必须全力通过的障碍。很有可能对你的评价并不完全基于你的业绩和才能；在这个男性主导的商界里，你必须加倍努力才能够赶得上男人前行的步伐。

创业

听说过那个关于百老汇每一束光都能代表一颗受伤的心的古老故事吗？那么，在德国商会（Handels-und-Industrie Kammer），每份翻旧了的档案至少也能代表一颗受伤的心。

柏林歌剧院外景

很多跨国公司和活跃的企业家们都在关注德国并为之所吸引。世界上最大的经济体之一，恰好正处于新欧洲的中心，而且还是欧盟迅速扩张的统一市场的主要驱动力；繁荣的国内市场；经过良好培训的劳动力；堪为典范的基础设施——在这样一个充满希望的经济环境中怎么可能失败呢？然而，许多跨国公司和为此兴奋的企业家已经在此遭遇失败，从而加入了大批伤心者的行列。

毋庸置疑，德国拥有一个极具希望的经济环境，但同时也非常棘手。如果你想在这里做生意，绝不能抱着所有大门都向你敞开的幻想匆匆跑来。如果没有注意到这么多风险，你注定会失败。

开始的基本要点

如果你已经做好前期的考察工作，并且仍然坚信德国确实就是你要开展生意的地方，那么你首先要做的就是设立一个法人实体。在德国最常见的有两种法人组织：有限责任公司（GmbH）和股份公司（AG）。两者之中，你肯定会选择前者；股份公司需要大量的资金，因为必须要有董事会，必须要有审计，必须要有信息披露等，而最终与有限责任公司相比并没有任何明显的商业优势（除了股份公司可以在开放股票市场上出售股票）。各种规模的外国企业大多选择有限责任公司，或许你也应该这样。（事实上，许多德国的大型企业现在都改组成一些较小的有限责任公司来规避股份公司的一些缺点。）

法兰克福德国银行

非常有趣的是，比起许多国家的规定来说，在德国建立有限责任公司的程序并没有那么烦琐，主要是一些常规法律管辖范围内的手续。公司营业执照的起草可以使用相对简单的日常用语，而不需要使用冗长的目的条款来细述公司所有可能的业务范畴。此外，对于有限责任公司来说，对公司股东和负责人没有什么国籍要求，也不要求有董事会。

你所需要的就是至少 2.5 万欧元的资金和一个公证人（Notar）来证明你公司的组成。有了公证人在你注册文件上盖的印章，你就可以去你公司所在的市法院的商业注册处（Handelsregister）了。在德国，所有的商业单位都必须要在这些商业注册处登记注册，在那里，负责注册的工作人员，也是法官，会审查你的文件，然后安排注册登记。在此之后公司的注册会向公众公开，接受监督。

一条重要的注意事项

在你的公司正式注册之前，它仅是作为一种具有无限责任的民事伙伴关系而存在，这在德国企业经营中就像系着两根长橡皮筋玩蹦极一样。

银行的作用

在第五章中，我们谈到了个人如何与银行打交道。但是企业与银行打交道完全是另一回事，任何有心成为企业家的人都必须迅速地熟悉有关情况并与之接洽。

《商业周刊》曾经谈到过德国银行业古董般的习俗。你很可能会亲身经历同德国银行打交道的过程，发现这个过程喜忧参半。不利的一面是，德国的银行家几乎都比较保守，他们更愿意在效益明显的领域投资那些已有建树的企业。如果你的企业还不在此行列的话，不要期望能够从德国银行界得到什么同情。事实上，这里许多成功的企业在他们早期的运作时，不得不从国外的银行或投资者那里募集资金。

但也有好的一面。德国银行所提供的远不止金融方面的支持和建议。他们同时也

俯瞰法兰克福

德国国会大厦外景

掌握你所在行业的大量信息数据，他们还可以安排重要的会面和联系（包括一些同政府部门的沟通，这对你会很有帮助）。

在这里，银行雇用的专家可以在各个方面帮助你建立企业。总体而言，和其他国家的银行相比，德国银行同企业的经营联系更密切（许多银行本身就是企业的大股东）。事实上，如果企业发出邀请的话，一些银行家甚至会帮你找到合适的管理人员以及其他关键岗位的人才。

德国的银行业是一个复杂的熟人关系网（这种体系积累了许多正面和负面的东西），如果你想在这里开设业务或者大规模拓展现有业务的话，最好请一位在同一领域的朋友推荐一家合适的银行以及一位那里的联系人。贸然前往常常会受到冷遇。

适应体制

也许你已经了解到德国经济的运行是由许多规章制度决定的。这些规章制度既维护着广受赞扬的产业和平，同时又缺乏灵活性，令人沮丧。如果想在这里开设公司，你会发现自己深陷于各种各样的规章制度以及不成文的规则之中。但不要忘记，正是这个刻板的体制帮助西德取得了战后的“经济奇迹”。

对于雇员来说，德国是一个充满吸引力的地方，而对于雇主来说则刚好相反。作

感谢德国，收入还是蛮不错的

为雇主，你必须意识到情况和你做雇员时已经完全不同了，你会发现这着实令人痛苦。现在你明白了为什么德国并不像你第一眼看上去的那样是个企业家的乐园。

事实上，德国是世界上雇佣成本最昂贵的国家,。高平均工资只会让德国在雇佣成本高的国家中排名第四；而那些额外的费用却让德意志远远超过了那些成本最高的国家而高居榜首。在德国，雇主必须支付工人一半的健康、退休和养老保险。他们还要支付工人们30天法定休假以及所有法定节假日期间的工资，尽管越来越多的合同在削减甚至取消这一费用。（2002年初，虽然东部五个新州的工人成本仍然仅有西部州的69%，而东部州的单位人工成本却要高出25%。）

现在，如果你想通过讨价还价来减少一点基本工资，就会有另一个惊讶等着你：取决于你所从事的行业，你会发现你必须支付的工资和薪水已经由工资收益保障协定（Manteltarifvertrag）决定了。这项协定是由你所在行业的大工会连同制造业或商业协会制定的。如果要雇用任何这个团体内经过培训的工人，你必须接受这些条例，其中包括每年在12月份多给员工发一个月的工资作为一份圣诞大礼。

打入市场

那么，为什么在德国创业会是一个棘手的难题呢？其中一个主要原因在第二章已经谈及：德国人，你还记得吧，不是乐于冒险的人。尽管在德国人中有许多乐于冒险者，他们所处的环境却并不鼓励他们这么做。公司和银行总是在尽可能地规避风险，许多德国本地人——从工厂装配线上的工人到极富想象力的管理人才——更倾向于拥有一份有合法收益和各种保障的稳定工作。在这些人身上很难见到鼓舞人心的创业精神。

尽管德国政府会为正在起步的小公司提供许多税率优惠，各种规模的公司还是会因为体制内部的其他阻力而进展困难。例如，风险资本仍然不活跃，德国的银行家们

消失的咖啡滤纸

当报道暗示说漂白咖啡滤纸有可能对健康有害，还可能给饮品本身添加一种不受欢迎的怪味时，它们在商店货架上便迅速消失，速度之快令我吃惊。这个热衷咖啡的国度迅速转向小厂家生产的原色非漂白滤纸，最终迫使这个行业内所有的大厂家都停止为国内市场生产漂白滤纸。

几乎都比较保守，他们更愿意为已有建树的企业投资，而且股票市场对企业上市的要求十分严格。

一旦越过了上面这些障碍，你还要面对来自消费者的难题。德国人对其信赖的产品非常忠诚；如果感觉什么产品不错，他们就会坚贞不渝地一直使用这种产品。在许多别的文化（尤其是北美地区的文化）中，你会看到这种态度：“好吧，也许我们这个星期该试一试这种。”而在德国，这种情况非常少见。

这并不是说德国的消费者从不改变选择；如果给他们值得改变的理由，他们也会的，而且会相当的快。例如，出于对环境保护的考虑，许多顾客放弃了好几代人都使用过的清洁剂和其他清洁产品，转而青睐于更加环保的产品。

总之，要想打入德国市场，你不仅必须要制造出更好的产品，还要让公众相信老的产品已经不能胜任了。

最费心的问题

前面我们谈到德国政府为刚刚起步的公司提供许多有利的税率政策。其实这些政策不仅提供给企业，还提供给众多正式“个体经营”的养家糊口者。但是要想利用这些税率优惠，你必须对之有一个彻底的了解。但是记住，这是在德国，你是永远也做不到这一点的，所以你必须寻求这方面的专家提供的服务。

我们要开发什么更加环保的产品呢

不管你是以何种方式来实现或建立“个体经营”（selbstständig），尽快地找到一位

咱们怎么能找到一位理想的税务顾问呢

理想的税务顾问（Steuerberater）对你来说大有益处。这些人可以指导你安全地通过迷宫般错综复杂的德国税法，帮助你确定最佳的解决方案。[知道吗，就连曾任德国总统和德国高级法院法官的罗曼·赫尔佐克（Roman Herzog）也承认自己不能完全看懂纳税申报表。] 由于这些人中许多都熟悉金融事务，所以在他们指引你渡过像黑暗中的沼泽一样的税务难关时，还能给你一些宝贵的商务建议。

问题在于，要想找到一位理想的税务顾问简直要比找到一位优秀的牙医还难。他们的约见日程自然要比优秀的医生排得更满。事实上，一些最受欢迎的税务顾问根本不接收新的客户，除非是由长期可靠的客户强力推荐而来的。要想觅得一位理想的税务顾问，最保险的方法是请教同样在从事个体经营的朋友或同伴。翻阅电话黄页寻找税务顾问就好比试图在暴风雪中采摘一片雪花。

同布鲁塞尔的摩擦

既然你已经掌握了以上所述事项（希望如此），要知道，你还需要进一步了解这样的背景，即欧盟在不断地对德国经济和德国管理部门施加新的影响。由于欧盟成员对欧洲一体化越来越消极——至少在经济领域是这样——来自布鲁塞尔（欧盟总部所在地）的新规章制度将对德国的商业模式产生更加深远的影响。

对于外国人，尤其是英国人来说，这着实让人感到意外：在德国国内有许多坚定的“欧洲怀疑主义者”（Eurosceptics）。许多德国人在抱怨被他们亲昵地称为“布鲁塞尔独裁者”所通过的各项规定；一系列的民意测验显示，德国大多数人对欧盟决议可能给德国经济和工作关系带来的变化充满疑虑（而大多数欧盟其他国家却在担心欧盟委员会的决议很大程度上为德法两国的利益所主导）。

德国马克，再见

实际上，许多德国人对“布鲁塞尔未经选举的官员”的恐惧主要是关于失去他们钟爱和深信的德国马克可能带来的可怕后果。可是当2002年初德国马克最终消失的时候，这些忧虑多数被证明是毫无理由的。

确实，在推广新的欧洲货币欧元的过程中，出现了一些混乱、失误或耽搁。整个夏秋两季，每天都能听到关于货币兑换的抱怨，抱怨因为引进欧元和货币兑换造成价格上涨。人们有时把价格上涨归咎于欧元本身，有时又归咎于那些不道德的、利用这种新的法定货币大大提高利润空间的商人。（欧元价值几乎是已经停止流通的德国马克的两倍，所以消费者实际上支付的欧元减少了，尽管他们总收入的购买力略有下降。）

但是货币的改变远没有像最严重的欧洲怀疑主义者说的那样是场灾难或价格欺骗。事实证明，欧元的使用对硬币收藏家来说甚至还是一种恩惠，他们现在又可以在自己的珍藏中增加一种新的和一种旧的硬币了。显然，大多数德国人现在都把欧元的推广当做是去看了趟牙医：确实有点不适，甚至还有点疼，但绝没有想象中那么糟。何况从长远看来，这对自己还大有益处。

德国古城镇建筑

强势而又公平

一位在德国做了多年生意的外国人谈到他的德国伙伴、客户和供应商时这样说道："这些家伙真的很强势。但他们做事的确很公道。"和德国人做生意的人普遍持有这个看法。不要期待德国客户或供应商会做出大的让步；他们懂得只有保持强势——大写的强势——才能够在商界取得成功。另一方面，你不必担心被这些业务伙伴欺骗：那些老牌的，信誉良好的企业引以为豪的正是做事公正，以及为客户或合同方提供他们认为公平的交易。

准备应对变化

我们已经了解德国人是多么强烈地抱有一种不安全感，所以不要期待任何变化会以极快的速度生效。然而在国际经济形势发展的推动下，这种变化将会不可避免地融入德国人的商业模式中去。同样，德国人这种与生俱来的不安全感会最大限度地减小这些变化，至少会放慢变化的步伐。本章所述的部分现象在接下来的 5 到 10 年内可能会发生一些变化，但不会像善于接受变化的民族改变的那么多。

自己动手，打造成功

以上讲了那么多，现在我们来说说那些在德国商界我们可以自己动手、打造成功的方面，你会发现这些建议颇有价值。

第一印象很重要！西班牙人的笑

留下良好的第一印象

德国的企业就像大多数德国的消费者一样，很少"货比三家"式地选择服务商、供应商或者管理人员。从这一事实可以看到德国人性格中根深蒂固的保守主义。他们从已经确立的合作伙伴那里获取供应和服务，而且其管理人员也主要从自己的同行中招募。因此，在一开始就以你的能力或产品的质量来打动对方十分重要。一旦德国企业与你建立联系，只有当你表现极差，他们才会停止同你的来往，开始寻找别人或别的产品。（注意：在当今特别注重成本的情况下，大幅或者是快速提高你的要价称得上是"表现极差"。）

因此，比平常更加努力地工作、为新客户提供最好的产品或服务是非常重要的。要格外注意遵守交货日期；如果不能按期交货，要告知你的客户延期的原因及延期交货的时间，但是尽量不要让这类事情发生。如果有一个表现不错的开端，客户就更容易原谅你以后可能出现的问题或过失。

见面握手要有力，看着对方的眼睛

当然，很多时候，在事务正式开始之前，比如当你求职面试或协商合同时，你就得给对方留下良好的第一印象。虽然德国人更注重任务，他们也经常以貌取人，所以得体的外观能够帮你赢得某份工作或促进某项交易的达成。外在的表现正反映了一个人内在的东西；也许更为重要的是行为举止给人留下的印象。

不难想象，在一个充满了根深蒂固的不安全感的社会中，表现自信是十分有益的。当然，你需要有东西来支撑这种自信的形象，因为许多德国雇主和管理者会很快看出你的华而不实。不要留有任何疑问：确保自己了解情况；参加任何面试和商务会晤时都要有备而来；永远信守自己的承诺。

还记得第三章吗？德国人同样需要诚信（wahrgenommen werden）。在商业环境下，这点显得尤为真实：一次失信就可能导致你失去客户、升职机会甚至工作。因此，给人以安全感的诚信也就同样重要了。

还记得我们在第四章谈的那些内容吗？永远看着对方的眼睛，见面握手要有力，这些事项在商务环境中甚至更为重要。它对男女都适用，虽然女性的握手不需要像她的男同事那样有力。特别需要注意的是，不要俯视你的合作者或者把目光从合作者身上挪开；在德国，这被看做是弱势或不可信赖，而非看做是对对方的尊重。这里，你必须设法同时传达这样一种印象：强势而又能意识到自己的从属地位。

得体的着装

在德国商界，的确有各式各样、不断变换的着装规则。选择哪一种更多是由你在哪里工作决定的。在大多正式的商务环境中（包括所有德国的大型企业，以及其他的传统商业），员工们必须穿正式的商务服装。对男人来说，这通常是指：一套深色西服，浅色的衬衫配以领带或者毛衣，以及一双锃亮的皮鞋。

日常穿着随便

一位在德国工作的美国电脑程序员讲述了他们公司的着装规定：天气暖和时，只要公司里没有客户，短裤和T恤是广为接受的工作着装。如果客户要来公司，公司会提前一两天通知大家穿西装打领带。

和当今许多国家一样，女性在这一方面拥有更多的选择，但还远远不是“随便什么都行”。除了最因循守旧的传统公司之外，长裤套装被广为接受，而浅色调常常更受人瞩目。

但不管是男性还是女性（特别是对于男性而言），你都不要在办公室穿过于时尚的衣服。德国公司更希望公司自身成为大家注意的焦点，而不是任何员工个人。

不过，现在在德国兴起了许多“标新立异”的公司和企业，如果是在这些领域，你就有更多选择着装的自由。事实上，这里唯一最不适宜的着装几乎正是我们上面段落中所建议的。

还有许多公司是介于这两者之间。一家广告公司或电脑软件公司对着装的要求和一家银行的要求肯定是不一样的。

也许最好的办法是当你首次在一个地方开始工作的时候，先看一下身边的人怎么着装，然后跟从大多数就行了。

适度

恰当的语气、谈话话题、讲话方式以及正式程度在德国商业中都非常重要，在面

夏日，着装很随便

罗腾堡风光

对顾客、客户以及老板时，你应该努力把握分寸。例如，德国人的语调比许多英语国家人都低。如果你的语调偏高，那么在德国做生意时，你就应该尽量把音调压得低一点。对女性来说也是如此，尽管高音调主要对男性来说十分不利。

谈到说话的正式程度，请记住德国人做生意十分认真。永远不要在讨论或会晤中表现得过于随便，或者试图证明你多么的富有幽默感。你会发现在严肃的讨论中，任何笑话都变得索然无味。此外，永远不要对一个德国生意伙伴、合作人或同事直呼其名，除非你已同他建立了非常亲密的业务关系。

商务语言

与此相关的还有语言。在上一章中我们看到学一点德语是多么重要。但是在任何谈判中，总是说母语的一方，或至少是使用自己非常熟悉的语言的一方占据着主动。这是一个简单明了、无可争辩的事实。只有你的德语已经相当不错，并且你确实感到说得很自如了，你才能用德语而不用英语交谈。

许多在这里工作的成功人士确实在工作中主要使用英语，因为许多德国商人能说一口相当好的英语，而且不少人还对他们的英语水平特别自豪。尽管如此，如果你真的能够掌握几句关键的德语，并且在适当的时候把它们插入到谈话中，你会受益匪浅。这会让你的德国伙伴们感到你在努力学习他们的语言。

培训

德国经济成功的一个主要支柱就是许多德国公司在人力资本上的大量投入。例如，几乎所有的德国大公司——甚至许多规模稍小的公司——都拥有全面的学徒培训项目

施压把戏

不要威胁你的老板说另有公司给了你更好的工作，以此来达到加薪或晋升的目的——这在德国通常只会适得其反。首先，这意味着你不够谨慎，甚至把别人提供工作的事情泄露出去，而德国公司非常看重谨慎的品质（谨慎与安全感密切相关）。其次，德国的管理者从不接受别人的威胁；除了极个别的情况，他们宁可看到员工走人也不愿意屈从于心理上的压力。

柏林－克罗伊茨贝格区

（Ausbildung）。这个项目无论是对公司还是对实习生（Azubis）都是很有帮助的。在年轻人学到某个行业需要的或合乎市场需要的有用技能的同时，公司自身也获得了一个稳定的、经过良好培训而且熟悉企业文化的人才储备。

除此之外，还有许多技能进修课程帮助公司在职员工完善他们的技能，提升他们在新的世界市场中的竞争力。据说有 95% 的德国企业为其员工提供这种进修机会。你自己也可能在某个时候被建议参加一个或多个这种课程。这对你的业绩表现乃至职业生涯都极有帮助。德国国内外许多专家都对这些项目特别是学徒培训项目表示肯定，认为是它们帮助德国取得并保持了其经济强国的地位。

言归正传

众所周知，德国文化不注重背景（他们不需要对打交道的人了解太多），而德国企业只关心时间，不喜欢开场白过长。典型的德国人希望你在简短的寒暄之后“直奔主题”。而一旦你言归正传，他就不喜欢你偏离主题过远。他或她甚至会告诉你“我们现在已离题太远”。但千万不要让事情发展到这一步：你可以通过解读业务伙伴的肢体语言判断出你正在考验他们的耐心：手指轻叩，剧烈地晃脚，在你没有说什么需要他们表示肯定的时候用力地点头。这些都是“言归正传”的信号，甚至可能是“到此为止吧”。

顺便说一下，这并非就意味着德国商务谈判就不需要注重细节和礼仪了。事实上，除了一些很简短的会议之外，所有会议的标准惯例都是为来访者提供咖啡或矿泉水（如果有果汁的话，可用以替代）。当你在招待商务伙伴或合作者时，你要特别注意这一点，并随时准备为对方提供。

商务礼物

有关商务礼物的问题是一个非常有技巧的事情，需要很多德国人所说的“指尖感觉”。

对于公务员来说，此事非常简单。所有公务员严禁收取政府合约方哪怕是一支圆珠笔之类的东西。当然，经常会有腐败的报道从媒体传出，说某个公务员接受了比钢笔多得多的东西。但是这些报道一般会被看做是丑闻，而受贿者也会因此丢掉他这份安逸的可以享用终生的工作，甚至会被判刑入狱。这使很多人不敢亲历其险。因此，关于给公务员送礼的指导原则相当明确：想都不要想！

然而，当牵涉到私人企业的时候，事情就稍显复杂了。这种情况也更多地反映了德国人性格中的对立面。理论上，德国的企业不接受贿赂；德国人认为贿赂是自贬身份，是对人的侮辱，是极不体面的。另一方面，德国人同样是人，所以他们有时确实也喜欢接受礼品，只要礼品是为了感谢他们的忠诚和良好的工作业绩。

那么，是不对重要的客户表示感谢还是贸然进行贿赂呢？这就像是在石礁和漩涡之间混浊的海水中航行一样，真是左也不得，右也不行。一种办法是保证这个礼物毫无疑问就是一个礼物。送钱是绝对行不通的。当然，还要选择合适的时间和地点送出礼物：大多数是在圣诞节前后。

当一个大型项目存在一些问题的时候，则是一种例外。如果客户亲自不辞劳苦排除困难，或者是在合同之外做出让步的话，合同承包方的主要联系人就应该去客户那

圣诞节给同事送个礼物

谈判之后带客户去喝杯杜松子酒（但要列入公司预算里），这种招待可以被接受

里送给他们一件礼品，以感谢客户的帮助和理解。比如说一瓶葡萄酒或一瓶葡萄汽酒（Sekt）——德国的香槟。

葡萄酒、葡萄汽酒、干邑、白兰地、杜松子酒，这些都是向融洽的商务关系致谢的理想礼物。除此之外可作礼品的还有鲜花、糖果、水果或食品篮，或者是公司制造的一个小巧而又实用的产品。关键在于德国人很少向关系不密切的人赠送礼物，所以赠送商务礼品必须合理而又适当。在这种情况下，最好的经验是“礼轻情义重”。许多公司现在只向客户赠送圣诞卡，尽管日历——不管是挂历、台历还是可以随身携带的日历——也像圣诞卡一样广为接受。

商务礼物的另一个特别类型是业务招待。一位前往你的工厂、公司、特别是你所在城市的潜在大客户，会期望你在长时间的谈判之后带他（她）出去一起吃顿饭，甚至带他（她）简短地参观一下这个城市的主要名胜。这种招待不仅被接受，大多数公司还为之编有预算，而且德国政府还给予这种业务招待免税政策。

最后我们要重申这一要点：你能提供给德国客户或消费者的最好的礼物就是做出好的工作，交付好的产品，提供好的服务。除此之外，没有什么更多的要求；而达不到这些要求是不能被接受的。

第十章

德国掠影

"万事通也有一两件不知道的事。"

——弗兰克林·琼斯（Franklin P Jones）

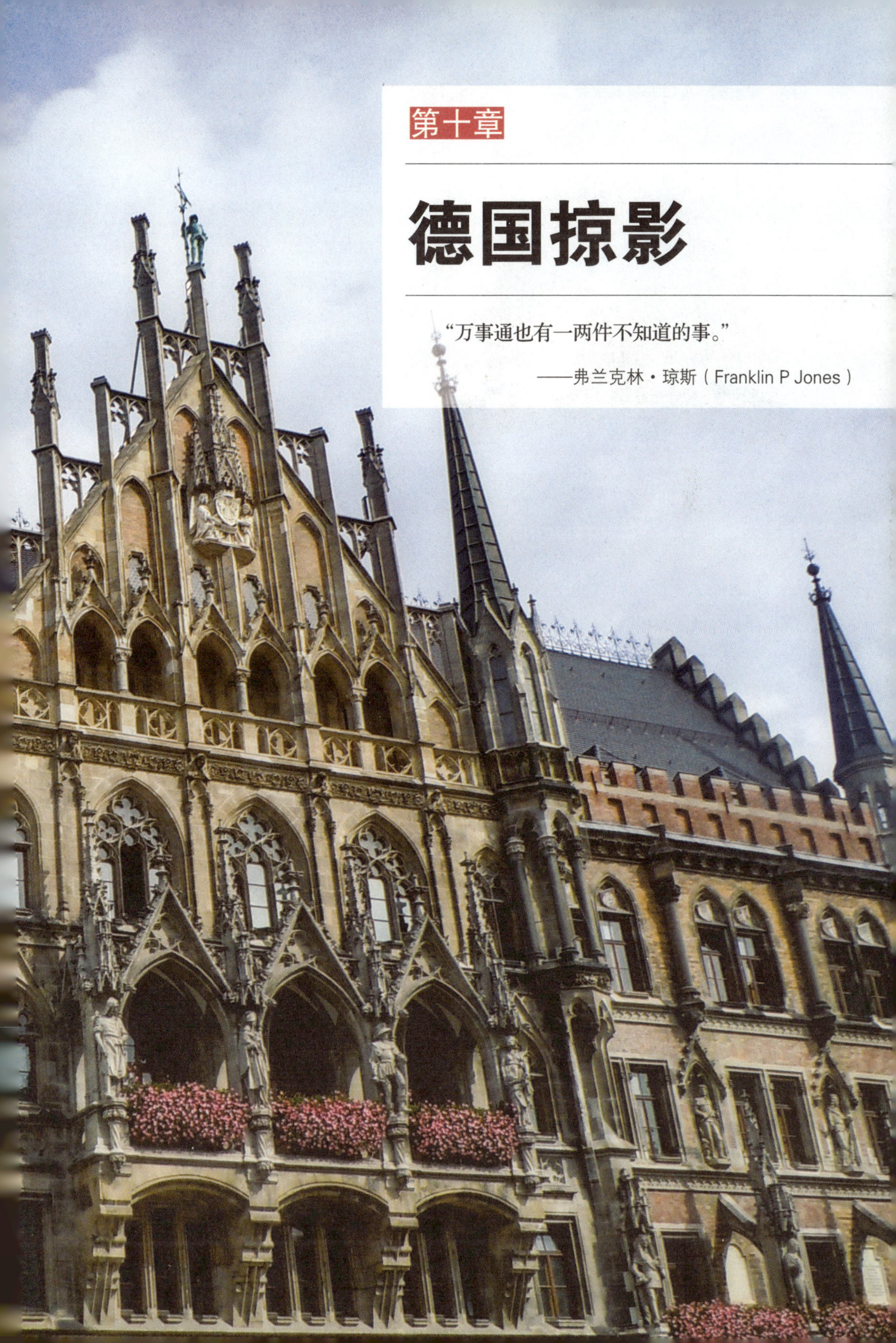

德国啤酒节图标

很可能你现在对这头大象（见前言部分）的了解比一开始时要全面多了。但是大象大而笨重，肯定还有些方面需要了解可又不适合在本书的其他地方介绍。现在我们就来说说这些方面，以便我们对这头大象有一个更全面的了解。

国家

正式国名

德意志民主共和国（Bundesrepublik Deutschland）。

首都

柏林（Berlin）。

国旗

自上而下由黑、红、黄三个平行相等的横长方形相连而成。

德国国旗

国歌

《德意志之歌》（Das Deutschland-Lied）。约瑟夫·海顿（Joseph Hayden）作曲，奥古斯特·海因利希·霍夫曼·冯·法勒斯雷本（August Heinrich Hoffmann von Fallersleben）作词。

时区

德国全部领土位于欧洲中部时区，比格林尼治时间早一小时——但只在秋冬两季。德国所有地区 3 月的最后一个周日开始实行夏时制，届时所有钟表向前拨快一小时。夏时制通常在 9 月的最后一个周日结束，钟表再往回拨慢一小时。由于德国地理位置

德国楚格峰

靠北，而且处于欧洲中部时区的西边，6 月中旬白天会持续到晚上 9 点半或 10 点，但即使在 12 月下旬，不到晚上 4 点半或 5 点也不会天黑。

国际区号

49

国土

地处欧洲中部，与 9 个国家接壤。海岸线长 2389 公里，波罗的海和北海环绕北边。

地理位置

位于经度 6°~15°，纬度 47°~55° 之间。德国是欧盟（EU）常任理事国之一，曾是欧盟前身西欧共同体的五个成员国之一。（很多人坚信成立西欧共同体的原意是为防止在法国和德国之间发生另一场战争。）作为欧盟人口最大的成员国，德国派往欧盟议会的代表人数也最多——99 人（总共 732 人）。欧盟的中央银行欧洲银行 1995 年在法兰克福开业。

面积

总面积：357 021 平方公里。

陆地面积：349 223 平方公里。

域面积：7798 平方公里。

多瑙河

最高点

楚格峰（Zugspitze）2963米。

主要河流

多瑙河（Danube River）、易北河（Elbe River）、伊萨尔河（Isar River）、拉恩河（Lahn River）、美因河（Main River）、摩泽尔河（Moselle River）、内卡河（Neckar River）、奥德－尼斯河（Oder–Neisse Rvier）、莱茵河（Rhine River）、施普雷河（Spree River）、威悉河（Weser River）。

气候

温和的海洋性气候，冬季阴凉潮湿，夏季温和湿润，偶尔有山风。

自然资源

耕地，煤、铜、铁矿、褐煤、天然气、镍、钾碱、食盐、建筑材料、木材、铀。

人口

80 710 000 人（2013 年 9 月统计）。

民族

德国人占 91.5%，其他较大的民族包括土耳其人、希腊人、意大利人、波兰人、克罗地亚人和塞族人。

宗教

路德新教（Evangelish）、罗马天主教（Roman Catholic）、自由福音教（Frei Evangelishe，某种程度上相当于路德新教的卡尔文派）。

语言与方言

德语［有不同方言，主要有巴伐利亚德语、斯瓦比亚德语和低地德语（Plattdeutsch）］。

政府

德国是民主制国家，所有年满 18 岁的德国公民都享有选举权。他们有责任选举大多数的政府官员，下至地方政府，上至联邦议院（Bundestag）。联邦议院是德国议会两院中人数较多、权力较大的议院。联邦议院必须每四年选举一次。

联邦议院负责国家所有立法工作以及对外政策的制定与执行。它由 603 位议员组成，比美国国会参众两院的人数还多。政府首脑为联邦总理（Bundeskanzler），他（自 2005 年下半年以来一直是男性总理）通常是执政联盟中最大党派的指定领导人。联邦总理通过与执政联盟商议进行组阁。

选举联邦议院时，每个选举人有两票。大约一半议员由各选区的选民直接选出，这是第一票。第二票为无记名投票，选举政党。选民把票投给他们支持的政党，联邦议院剩下的一半席位则按照各政党得票比例分配。各政党再按所得席位从事先决定的候选人中派出议员。

联邦参议院（Bundesrat）是联邦议院人数较少、权力较小的"兄弟"，由各州立法机关任命的代表组成，反映那个州的执政组成。联邦议院大约有一半立法必须要经

德国国王湖畔

不来梅街头雕塑

过联邦参议院通过，尤其是直接影响各州事务的立法。对于各州直接负责立法的事务（比如教育、法律及秩序等），参议院甚至有否决权。

联邦总统

德国联邦总统的职位很大程度上只是个摆设，享有更多的象征意义，而不是权力。这也反映了西德宪法的制定者们惧怕重蹈魏玛共和国覆辙的心理，因为大家普遍认为魏玛共和国的总统在自行解散议会、聘任总理等方面权力过大（尤其是鉴于最后一位魏玛总统极端错误地选择了阿道夫·希特勒作为共和国的拯救者）。虽然联邦共和国的总统所行使的权力无法和他们魏玛共和国时期的先任们相比，他们作为国家代表的象征作用还是非常重要的。

联邦总统不由选民选举，而是由联邦大会（Federal Assembly）的成员选举。联邦大会由联邦议院和参议院的部分成员组成，专门负责选举联邦总统。

行政区划

带“†”字符号的为市级州，没有州府。

“旧”联邦州（前西德各州）

■巴登－符滕堡（Baden-Württemberg），州府为斯图加特（Stuttgart）。

■拜恩（巴伐利亚）（Bayern, Bavaria），州府为慕尼黑（Munich）。

■柏林（†）（Berlin）。

■不来梅（†）（Bremen）。

■汉堡（†）（Hamburg）。

■黑森（Hessen，Hesse），州府为威斯巴登（Wiesbaden）。

■下萨克森（Niedersachsen，Lower Saxony），州府为汉诺威（Hanover）。

■莱茵兰－普法尔茨（Rhernland-Pfalz，Rhineland-Palatinate），州府为美因茨（Mainz）。

■萨尔（Saarland），州府为萨尔布鲁根（Saarbr ü cken）。

■石勒苏益格－荷尔斯泰因（Schleswig-Holstein），州府为基尔（Kiel）。

"新"联邦州（前东德各州）

■勃兰登堡（Brandenburg），州府为波茨坦（Potsdam）。

■梅克伦堡－前波莫瑞（Mecklenburg-Vorpommern，也叫 Western Pomerania），州府为什未林（Schwerin）。

■萨克森（Sachsen，Saxony），州府为德累斯顿（Dresden）。

■萨克森－安哈特（Sachsen-Anhalt，Saxony-Anhalt），州府为马格德堡（Magdeburg）。

■图林根（Thüringen，Thuringia），州府为艾尔福特（Erfurt）。

司法制度

除立法与执法机构外，德国还有非常行之有效的司法制度。德国法官很大程度上具有独立权力，虽然他们大多由政府任命，但是由于他们的连任不受任何政治倾向的影响，因此一旦上任，其独立权便牢不可摧。德国最高法院位于卡尔斯鲁厄，由 16 位法官组成，他们主要负责裁定议会通过的立法的合法性，或者负责解决需要对宪法进行不同解释的疑难问题。

德国开姆民茨市中心

吕贝克教堂

货币

欧元（€）。

国民生产总值（GDP）

27 376 亿欧元（2013 年）。

农产品

大麦、圆白菜、水果、土豆、甘蔗和小麦。

其他产品

牛肉、猪肉、家禽。

工业

德国是世界上最大也是技术最先进的铁、铜、煤、水泥、化学产品、机械、机动车、机械工具、电子产品、造船、食品饮料以及纺织品的生产国。

出口产品

汽车、化学用品、电子产品、食品、机械与设备、金属、纺织品。

进口产品

化学用品、食品、机械、金属、纺织品、机动车。

码头与港口

不来梅港（Bremen）与不来梅哈芬港（Bremerhaven）、库克斯港（Cuxhaven）、汉堡港（Hamburg）、基尔港（Kiel）、吕贝克港（Lübeck）、罗斯托克港（Rostock）、威廉港（Wilhelmshaven）。

（内陆港口）布腊克（Brake）、杜伊斯堡（Duisburg）、科隆（Cologne）、海利根港（Heiligenhafen）、美因河的法兰克福（Frankfurt am Main）、利尔（Leer）、维斯马（Wismar）。

机场

投入使用的机场共有 613 个，其中 544 个有铺设的跑道。

铁路

国家铁路系统全长 44 000 公里，另外私人工业及旅游用铁路全长 3465 公里。

时间表达

我们已经知道德国人对时间的固执，现在我们来看看他们如何表达时间。德国人使用 24 小时制，从零点——也就是我们的午夜开始。20 点 30 分对习惯于英语国家的表达法的人来说就是晚上 8 点 30 分。德国人不仅在书面语中这样表达时间，在口语中也如此。如果他们不知道英语午前（ante meridiem）和午后（post meridiem）的表达法，他们可能还会把它直接译成英文。由于他们没有午后（pm）之说，所以比如早上 9 点（9am），他们经常会说成"早的 9 点"（neun Uhr früh）。

日期

德国人不喜欢使用月份的名称，而喜欢使用数字，以这种顺序表示：日期，月份，

吕贝克市市容

理解德国理念 ARA

年份，中间用点隔开。很容易明白德国的31.12.99是指1999年12月31日，但是注意06.05是5月6日，而不是6月5日。（德国人不仅在书面语而且经常在口语中都这样表达时间。）

数字

数字及其使用在全世界都是一样的，但是德国人数字的书写方式和我们不同。在德国，小数部分不用点隔开，而是用逗号隔开。点只用来表示千、百万等。比如：98，6是九十八点六，4，25是四点二五，而1.200则表示一千二百，5.500.310表示五百五十万零三百一十。这你很快就能明白，但是在你填写第一张支票或银行转账单时，一定要小心，千万要小心！

另一个会让你感到麻烦的奇异之处是：德国人手写的“1”在左上角总有个小尾巴，经常让“1”看上去像个没有精神的“7”或是没有写完的“4”。想要区分“1”，要记住德国人总是喜欢善始善终，因此不会是没写完的“4”，而手写的“7”总是会在中间有一小斜杠，便于你把“7”和“1”区分开来。

电源

230伏特，50赫兹。所有插座都是两相圆头的。如果你的电器插头也是这样的，你可以带来，然后买一个转换器。转换器经常会烧坏保险丝，但保险丝的问题在德国很容易解决——扳动一下开关就行了。买个转换插头很容易，也更便宜，它可以让你的插头适用于德国的圆孔插座。

录像电视迷们：是德国人发明的PAL制，所以PAL制是德国标准制式，虽然东部有些地区仍然使用较差的SECAM制。这些制式和NTSC制完全不相容（NTSC是美国、加拿大、韩国、菲律宾和日本等的标准制式）。如果你的录像机或电视是NTSC制，就把它留在家吧。不要相信产品商和那些所谓“万事通”朋友——NTSC制在德国根本无法使用。（当然，多制式的录像机除外。）

名人录

邮票上的康拉德·阿登纳

康拉德·阿登纳（Konrad Adenauer）

德国战后第一任总理，西德民主制度的缔造者。阿登纳的个人名望与诚实正直的品格使德国得以恢复在全球的地位。

迈克·巴拉克（Michael Ballack）

另一个成为德国统一后的优秀人物的前东德人。他是上届世界杯的球星之一，而且注定要成为下届世界杯（指2006年德国世界杯——编辑注）——第一次在统一后的德国领土上举行的世界杯——的英雄人物。德国足球的传奇人物弗朗茨·贝肯鲍尔（Franz Beckenbauer）甚至称他为欧洲最优秀的年轻中锋。他在勒沃库森队（Bayer Leverkusen）的时间短暂而辉煌，之后转入拜仁慕尼黑队（Bayern M ü nchen），囊括了2001—2002年度和2002—2003年度"德国足球先生"的称号，而且力助拜仁队荣获2005年德国杯冠军。巴拉克高大强壮，他在球场上的巨大影响力不仅威慑着对手，也激励着队友。

鲍里斯·贝克尔（Boris Becker）

德国体育传奇人物。他于20世纪80年代中期荣获温布尔登（Wimbledon）网球锦标赛男单冠军，成为获此殊荣最年轻的运动员。之后他又两次蝉联温布尔登锦标赛冠军，而且不只一次在世界网球运动员中排名第一。

最近，贝克尔因在另一场地的"壮举"而使自己的名字频频见诸媒体——纠缠不清的离婚官司（他曾娶了俄罗斯选美皇后）和几百万马克的逃税事件。（在逃税案中，他被裁定有罪，缴纳了巨额罚款，险脱牢狱之灾。）

（教皇）本笃十六世（Pope Benedict XVI ）

本名约瑟夫·拉青格（Josef Ratzinger），出生于巴伐利亚，2005年4月当选为近500年来第一位德国籍教皇。本笃十六世一向以保守著称，在任罗马教廷的信理部部长时即被称为"天主的罗威纳犬"（Gods Rottweiler）。做红衣主教时，他得罪了很多开明的德国天主教徒，而且因为他对教会中异己的强硬态度和言论更得罪了很多新教徒。

但是，作为教皇，他许诺要帮助所有人，不论其宗教信仰如何。当然，他立即成为其家乡巴伐利亚州的英雄。

约瑟夫·鲍依斯（Joseph Beuys）

多媒体艺术家。他富有启示的政治社会见解和他的艺术一样著名。他的作品至今仍被世界关注，其中一个原因是他使用的非正常材料：金属条、布、棍棒，尤其是一团团的动物脂肪。

海因里希·伯尔（Heinrich B）

1972 年，伯尔成为纳粹上台之前以来第一位获诺贝尔文学奖的德国人，他的影响很快远远超出了他忠实的读者圈。伯尔以致力于广泛的社会政治活动而著称，他创作的故事、小说和散文无以计数，主要描述了纳粹专政时期及战后几十年纳粹影响下的德国社会。

威利·勃兰特 (Willi Brandt)

勃兰特是德国战后艰难时期一位杰出的政治家及道德家，1957 年至 20 世纪 60 年代中期出任西柏林市长，柏林墙建造时，他正是西柏林市长。1966—1969 年出任外交部长，然后成为战后第一位来自社会民主党（SPD）的总理。出任总理期间，他因对东方集团（Eastern Bloc）实行开放政策而逐渐有名，更因为在华沙纪念碑（Warsaw Ghetto Memorial）前下跪忏悔而让上百万人印象深刻。

教皇本笃十六世

因勃兰特的一位私人秘书被发现为东德间谍，勃兰特于 1974 年被迫辞职，但仍继续担任了 10 年社会民主党主席。在此期间，不论是作为社会民主党主席，还是作为数个国际组织的领导，他的影响都丝毫未减。

萨宾娜 · 克里斯蒂安森（Sabine Christiansen）

空姐出身，于 20 世纪 80 年代中期进军广播电视业，并主持德国最受尊重、收视率最高的晚间新闻达 10 年之久。1997 年，她开始主持一档以自己的名字命名的晚间访谈节目。此节目从此成为很多人必看的节目，而且第二天一定是办公室谈论的焦点。《世界报》（Die Welt）称这个访谈节目为“德国唯一有政治分量的电视节目”。克里斯蒂安森的访谈节目还被称赞为让重要政治议题适合大众观赏口味的每周论坛。

约施卡 · 菲舍尔（Joschka Fischer）

德国外交部长及绿党（Gr ü nen Party）领导人。菲舍尔是德国政治舞台上一位颇具魅力的领导人物——主要来自于他超凡的幽默感。约施卡，人们经常这么称呼他，高中时就辍学，曾是 20 世纪 80 年代促使绿党进入政治主流的领导人物之一。他当选为州议会内阁成员时打破历史先例，成为第一个穿着运动鞋宣誓就职的人。

20 世纪 90 年代，菲舍尔穿着已更入主流，却又一次因为成为第一位绿党的外交部长——政府第二大要职——而开了历史先河。他在国际斡旋与远程外交方面付出的努力及获得的成功提高了他在国际舞台上的声望，并促使绿党在 2002 年的大选中获得了更多的选票而得以成为执政党之一。虽然 2005 年初菲舍尔被卷入为犯罪及卖淫团伙过度发放签证的丑闻并因此名誉受损（还因此使他跌下享有很久的德国最受欢迎的政治家的位置），他仍然对德国政治有不可低估的威力。但是 2005 年 9 月菲舍尔离开外交部长的职务。

邮票上的斯苔芬妮 · 格拉芙

斯苔芬妮 · 格拉芙（Steffi Graf）

历史上最伟大的女性网球运动员。格拉芙自 20 世纪 80 年代起到退役一直独霸世界网坛，一路至少四次将四项赛事的大满贯揽入怀中，而且创 377 周世界女单排名第一的纪录，其中186周连续保持排名第一，令人惊异。格拉芙虽然已退役，却仍然活跃在网球场上，而且似乎决意要与其丈夫、有着不老传奇的安德烈·阿加西（Andre Agassi），创立一个网球王朝。现在这对夫妻已骄傲地成为两个孩子的父母。

君特·格拉斯（Günter Grass）

格拉斯与海因里希·伯尔一样是德国战后著名的作家之一，而且和伯尔一样，格拉斯也积极投身于社会和政治活动，并因此成为他家乡的重要人物。他的作品的主题也和伯尔的相似。最负盛名的小说《铁皮鼓》（The Tin Drum）后来被拍成电影并荣获1980年奥斯卡最佳外语片奖。2000年他成为战后继伯尔之后第二个获诺贝尔文学奖的德国人。

奥利弗·卡恩（Oliver Kahn）

德国顶级足球英雄之一。卡恩率领德国队在2002年的世界杯中输给了巴西，获得亚军。虽然德国队只得了亚军，卡恩却漂亮地击败了巴西的罗纳尔多获得2002年世界杯最佳球员称号，成为第一个获得此项荣誉的守门员。

虽然自1993年以来卡恩就是国家队队员，但自1994年赛季加入拜仁慕尼黑队后他力助拜仁队四次获得德国甲级联赛冠军。2000年他因守门的出色表现荣获两项令人羡慕的大奖——德国甲级联赛最佳球员和欧洲最佳门将。

德国顶级足球英雄奥利弗·卡恩

尼奥·罗施（Neo Rauch）

德国当代艺术家的翘楚。尼奥·罗施出生于莱比锡，近年来已经成为国际明星——他的作品在美国卖得几乎和在德国一样好。罗施的油画通常以密集的形象反映人物的内心冲突，并且通过对颜色和技巧的娴熟运用使画面在鲜艳中透着荒凉。

安塞姆·基弗（Anselm Kiefer）

基弗是国际艺术界另一个重要的德国艺术家，是德国仍然在世的著名艺术家之一。他以主要用铅笔绘制的巨幅作品及他所说的“画体”而闻名。他称自己的作品为“画体”，因为他的作品经常附有尘土、花瓣、烟灰和各种草根。近年来，基弗作品的表现主题转向古埃及与希伯来历史，并因此拥有了更多忠实的崇拜者。

尤尔根·克林斯曼（Jürgen Klinsmann）

克林斯曼 2004 年接替前队友沃勒尔（Rudi Vller）成为德国国家队主帅，带领德国国家队进军首次在德国举行的世界杯。虽然没有职业教练的经验，但英俊上镜的克林斯曼 10 年来一直是德国足球明星。他曾在 1990 年的世界杯中表现非凡，为德国捧得了世界杯，还于 1988 年和 1994 年两次荣获德国足球先生的称号。转会英格兰托特纳姆热刺队（Tottenham）后，他在 1995 年的欧洲足球先生评选中排名第二。1996 年克林斯曼又回到德国国家队，带领国家队夺得欧洲杯冠军，并在 1998 年的世界杯中也有出色表现。

赫尔穆特·科尔（Helmut Kohl）

科尔 1982 年至 1990 年任西德总理，1990 年至 1998 年任统一后的德国总理，至今仍算是德国政治史上极具影响力的人物。在其政治生涯初期，科尔并不被对手看好，然而他连连击败对手，成为俾斯麦之后任职时间最长的总理。他因抓住了两德统一的时机并最终促成两德统一而被称为“统一总理”（Unification Chancellor）。由于他未能或拒绝看清政治风向导致他本人及其所在政党在 1998 年大选中惨败。科尔在职期间涉及的几个经济丑闻，以及他在面对调查时所表现的强硬态度让这个“永恒的总理”（Eternal Chancellor）的名誉再度受损。

邮票上的霍斯特·科勒

霍斯特·科勒（Horst K hler）

基督教民主联盟（CDU）成员，2004 年以来接替约翰内斯·劳（Johannes

Rau）任德国联邦总统。科勒是经济学和政治学双料博士，2000 年至 2004 年任国际货币基金组织执行主席，2004 年离位竞争联邦总统的职位。科勒被描写为“一个卓有见识的爱国者”（an enlightened patriot），他认为“德国应该成为一个有真知灼见的国家”（Germany should become a land of ideas），对全球化持谨慎态度。

安哥拉·默克尔

安哥拉·默克尔（Angela Merkel）

德国政界的杰出女性，反对党基督教民主联盟主席，德国重要政党的第一位女性领袖。

默克尔出生于汉堡，幼年时移居东德，在东德长大，后来成为物理学家及化学家。1990 年，默克尔参加竞选东德第一个民主选举的议会，并在政府获要职。同年后期，她加入基督教民主联盟，两德统一之后成为扩大后的新联邦议院的重量级人物，并在 20 世纪 90 年代担任内阁两大重要职务。1998 年，默克尔第一次当选为基督教民主联盟主席，2002 年 11 月又以 93.7% 的得票率再次当选。虽然在 2002 年的大选中，她明智地让巴伐利亚州州长成为基督教民主联盟的第一候选人，在 2005 年的大选中，她率领这个偏右联盟向德国总理施罗德发起了挑战，成为德国历史上第一位女总理，并在 2009 年和 2013 年的大选中成功连任。

奥托·雷哈格尔（Otto Rehagel）

德国的红衣主教拉青格成为罗马的顶级人物，而奥托·雷哈格尔则成为希腊的半个神话人物。他率领希腊队在 2004 年赢得了欧洲杯冠军，令所有人刮目相看（里斯本奇迹）。雷哈格尔是德国甲级联赛中威望颇高的教练，尤其对于不来梅队，但 1996 年雷哈格尔率拜仁慕尼黑队在德国甲级联赛及欧洲联盟杯中仅获亚军，并遭解雇。2001 年，雷哈格尔执教希腊国家队，在 2004 年因其“完美指挥”让希腊队捧得欧洲杯之后，被邀请执教德国国家队，但他拒绝了此邀请，打算仍然留在希腊队。

格哈尔德·施罗德（Gerhard Schr der）

1998年当选为德国总理，是自1982年赫尔穆特·施密特之后第一位社会民主党的总理。施罗德以其精明的政治能力广受赞誉，在成功担任工业重州下萨克森州州长之后，又在1998年联邦议会选举中引领社会民主党重新掌握国家政权，率领他的偏左集团向最中央的位置靠近。现在施罗德被称为是国际舞台上“第三种路线”（Third Way）的主要领导人之一，在老旧的社会主义与先进的资本主义的残酷的不可调和的矛盾之间寻求一条可行的中间路线。在2002年的连任选举中,施罗德一度似乎要落选，但最后证明他是一个比对手巴伐利亚州州长埃德蒙德·施托伊伯（Edmund Stoiber）更强有力的竞选者，最终率领他的联盟险胜施托伊伯。

迈克尔·舒马赫（Michael Schumacher）

德国顶级赛车手，当之无愧的德国体育英雄。 自1989年获德国冠军之后，舒马赫创下了无数赛车纪录，一跃成为世界一级方程式优秀车手中的领军人物。

舒马赫创下7次赢得年度总冠军的纪录，比历史上任何其他车手都多两次。赢得的这些冠军，包括从2004年起的前5个，每一个本身都是一个新的纪录。（舒马赫最初的两个冠军分别获于1994年与1995年。）而2005年赛季开始，舒马赫的成绩并不理想，这也许预示着舒马赫的冠军生涯即将结束。但2010年初，舒马赫正式宣布复出，加盟前身为布朗车队的梅塞德斯车队。2012年10月4日，舒马赫宣布正式退役。

舒马赫还是很多电视广告中不可缺少的人物，尤其是那些汽车广告。一年能将8000万美金收入囊中也就不足为奇，这些收入大多都来自商业广告。

迈克尔·舒马赫

扬·乌尔里希（Jan Ullrich）

德国著名的自行车选手，1997年在享有盛誉的环法大赛中获得冠军，成为获此殊荣的第一位德国人，并因此成为民族英雄。当时只有23岁的乌尔里希还是获得这项许多人梦寐以求的大奖的最年轻选手。当他在2000年夏季奥运会上又揽入一金一银时，他作为民

德国新天鹅堡风光

族英雄的地位再次得到提升。但是，他酒后驾车被吊销驾照，而且在 2002 年 8 月被检出使用违禁药品，这使他的形象严重受损。对乌尔里希服用违禁药品的起诉还使这个人气下滑的英雄受到不能参加许多重大国际比赛的威胁，但他凭借自律和在雅典奥运会上的出色表现以及在环瑞士自行车大赛上以令人激动的一秒之先夺得冠军而重振声名，并因此逃脱封杀。他在 2004 年环法大赛中获得的值得尊重的第四名是他在这项比赛中取得的最低名次。[他的德国队友安德雷斯 · 克劳登（Andreas Kloden）在这次比赛中输给兰斯 · 阿姆斯特朗，获得亚军，并因此成为德国的英雄。]

主要话题

熟悉这些话题会让你更容易融入德国人的圈子，还会帮你避免出言不当。

拼写改革（Die Rechtscreibungsreform）

20 世纪 90 年代中期，各州文化厅——负责学校教育是其责任之一——认为德国的拼写太复杂，决定简化拼写方法以便让孩子们更容易掌握。一些批评家认为这项改革是毫无道理的，是对语言的愚蠢简化，而另一些人则声称这些新的拼写方法其实比旧的更复杂难懂。

这项涉及面广泛的改革 1998 年正式开始，设有一个过渡期，让新拼写逐渐代替旧

德国明星海蒂·克拉姆

的拼写。从 2005 年 7 月 31 日开始，所有学校和政府机构只能使用新的拼写方法。（到那时，如果学生使用旧拼写，就会被当做错误得到纠正，但不允许老师因此扣他们的拼写分数。）

这项改革遭到强烈反对。2002 年 8 月的一项民意测验发现 56% 的德国籍居民称自己是反对者，只有 2% 的人完全接受这项改革，认为这项影响深远的变革是一种积极的发展。而且反对这项改革的不仅是一小部分一知半解的语言学家，还有很多著名作家，包括诺贝尔奖的获得者君特·格拉斯，他们在写作中仍然继续使用旧拼写方法，而且坚持要求出版社照原样出版。德国大多数年轻作者甚至也和格拉斯站在同一战壕。不仅如此，德国声望最高的日报《法兰克福汇报》（Frankfurt Allgemeine）2000 年 8 月宣布，试用了新的畸形拼写方法之后，他们打算重新使用旧的方法，并且不再改变。

语言学家伊克勒（Theodor Ickler）是这次改革最著名的反对者，他指出要直到那些制定改革的官员们都放弃了他们制定的一些新的拼写方法而重新使用旧方法。尽管如此，德国最高法院 2005 年 6 月否决了关于停止改革的上诉。

弗兰斯堡的“积分账号”（Flensburg “Punktekonto”）

弗兰斯堡位于德国最北部，是保存交通违规记录的地方。这些官方记录会把司机因违规而得的罚分累加起来。基本上每一项交通违规都有一个特定的分数，如果你达到一定分数，你会被吊销驾照，或者必须参加驾校补习班。所以，当有人被拍到闯红灯，你可能会听到旁观者说：“他又给弗兰斯堡的积分账号加了几分！”

德国的时装浪潮

德国的模特

战后的前几十年，如果你听到有人把德国人和时装联系在一起，那一定是在讲笑话。但是随着德国经济技术的飞速复兴，德国自己的时装业逐渐引人注目。20 世纪 80 年代，由国际知名设计师胡戈·波士（Hugo Boss）、沃尔夫冈·卓普（Wolfgang Joop）、卡尔·拉格菲尔德（Karl Lagerfeld）和吉尔·珊德（Jil Sander）领

德国足球队队员在场上高唱《德意志之歌》

军的新的时装浪潮在国际时装舞台取得惊人的成功，成为德国人的另一个骄傲。其中包括拉格费尔德的时装模特——超级名模克劳迪娅·希弗（Claudia Schiffer）。

足球世界

了解德国足球的秘密，需要花一点时间，但如果你对德国赢得的 4 次世界杯比较熟悉，肯定会让周围人刮目相看。第一次赢得冠军是 1954 年在瑞士，那一次德国队大胜夺冠呼声最高的匈牙利队，创造了所谓"伯尔尼奇迹"（Miracle of Bern）。整整 20 年之后，德国队在阿姆斯特丹击败主场荷兰队又一次登上冠军宝座。这一次被称为"恺撒的皇冠"，因为外号"恺撒大帝"的弗兰兹·贝肯鲍尔（Franz Beckenbauer）当时是德国队队长，也是最耀眼的明星。1990 年，贝肯鲍尔执教的德国队在罗马的决赛中以 1∶0 战胜阿根廷队，再次荣获世界杯冠军。2014 年巴西世界杯赛，德国队一路势如破竹，连胜 4 支强队，第 4 次问鼎世界杯。（顺便提一句，德国队是荣获世界杯亚军次数最多的国家队。）

斯塔西（Stasi）

前东德国家安全局的简称（全称为 Staats Sicherheits Polizei）。前东德时期，这个机构几乎受到全世界的鄙视。虽然它早已不复存在，但过去在东德有着广泛的影响，而且保存着浩如烟海的档案，记录着哪些东德公民和安全部合作过，合作到什么程度等，因此今天它仍经常出现在各种新闻中。

附 录 FULU

文化知识小测试

现在你应该对德国的社会有了一个十分清晰的认识，如果你已经胸有成竹，做好准备要冲破一切障碍，那么丰富的文化体验一定会使你受益匪浅。你经常会觉得你好像在走钢丝，小心翼翼地要保持在德国的新生活的各方面平衡，假以时日，你一定会轻松适应新环境。为了测试你的勇气，请完成下面这组文化测试，这些问题会帮助你衡量自己在不同情况下的处事和应变能力。

新天鹅堡

情景一

今天是你的生日，办公室的同事都知道了这个消息。你会怎么做?

A. 置之不理。如果有人祝你“生日快乐”，疑惑地看他一眼，好像你根本不知道他在说什么。

B. 第一时间跑出去买来蛋糕、蛋卷、冷切肉和软饮，或许是一瓶林德葡萄酒，保证办公室人人有份，还多买一些以备有熟人突然造访。

C. 面带微笑地对每个人解释说在你的家乡，只有过生日的人才受到特殊款待，所以你觉得招待每个人不合适。

D. 下班后请办公室里的同事出去吃饭喝酒。

评论

B 无疑是最佳选择，你应该想到总会有人发现今天是你的生日，所以应该准备一些美味带来。

D 虽然恰当但却是下策，为每个人埋单会花去你很多钱，而且有些人下班后急着回家或去购物。

德国小女孩

A会引起疑惑、不信任和不良感觉，所以也许是最糟糕的选择。

C同样不可取，这揭示出身为外国人住在德国的一个重要原则：即使你不能完全融入德国社会，也要入乡随俗。如果事事都按照家乡的风俗去做，只会让人觉得你不善交际，令人不悦。

情景二

你是一名虔诚的教徒，到达德国不久就加入了当地的教会组织，互相交流宗教信仰。你注意到该组织有一些各种语言印刷的小册子，你会怎么做？

A. 拿一些小册子放在自己包里，在与他人交谈中可以马上拿出来送给对方。

B. 拿一叠小册子分发给你楼里的住户、居民区内的小商店、俱乐部和工作单位，并且告诉大家你乐于随时回答他们关于小册子的任何问题。

C. 少拿些小册子，只分发给关系密切的邻居和单位要好的同事。

D. 置之不理，居住在德国期间把自己的宗教信仰珍藏在心底。

评论

最佳选择是A和D，B和C会很快让收到你分发的小册子的人认为你是个宗教狂人。如果你选择C会使你的好友和同事疏远你，因为这里的人不喜欢你把宗教强加于人。

A和D哪一个更好，取决于你的性格和信仰的力量，D是绝对安全的办法，A有一定的风险，人们开始对你的宗教感到十分好奇，但一旦他们读了你的小册子或者仅仅是看到你在谈话中拿出小册子，也许就会转身离去。但如果你发现人们真的对此感兴趣，可以给他们一本。不过要记住，在德国，劝导别人改变宗教信仰会遭人白眼。

情景三

午饭时间你走进一家中档餐厅，或是下午到一家人气很旺的咖啡馆去，很快地扫视店内之后，你发现没有空桌了，只有一些单人座位。你会怎么做？

A. 等待服务员为你找到座位或等有桌子空出来。

B. 悄悄地找一个空座位坐下，对同桌的其他人不加理会，因为大家素不相识。

C. 走到一个空位前，问问其他正在用餐的人这里是否有人，然后彬彬有礼地坐下，等其他人开始说话自己才开口。

D. 离开这里找一家有空桌的餐厅或咖啡馆。

评论

D 最容易做到但却不一定是最好的做法，在高峰时间到处人满为患，除非你肯将就到一家饭菜质量不太好的地方去。

A 在这种情况下不现实，因为只有高档餐厅才有一位领班。如果你想等桌子空出来恐怕要等很久。

B 会有一点尴尬，因为在此情形之下很难做到不引人注意。虽然德国人在某些地方会对陌生人很克制，但是你的行为会被认为是粗鲁无礼的。

在这里 C 是最佳选择，在你落座之前要先取得他人的首肯，同时不要忽略其他的礼仪：马上祝愿每个人都有好胃口，或者等食物端上来的时候再说；离开时不要忘记说“再见”。

情景四

你早上醒来感到身上酸痛，于是你在上午门诊时间来到医院，你前面还有好几个人，尽管身体不适你还是耐心等待。然后你注意到有两个比你晚来的人

德国乡村风光

先被叫进去看病了。你会怎么做？

A.到服务台投诉，要公正嘛。

B.告诉接待人员你身体很不舒服，必须马上看医生。

C.咬紧牙关忍下来，有可能那两个人并不是加塞，而是预约的那个时间，或者是刚做完某种治疗回到候诊室。

D.如果疼痛还可以忍耐，离开这里换一个医生，不为患者着想的医生得不到患者的信赖。

评论

C是唯一正确的选择，这里所给出的两个原因解释了为什么有人提前被叫进去看医生。从你的角度考虑，B似乎是令人信服的，但要知道在繁忙的诊所，有很多患者都应该立刻就诊，但是医生和接待人员无法同时照顾每个人。

如果疼痛令你无法忍耐，进门后立刻告诉接待人员，有可能安排你优先就诊。

既然C是正确的，那么就无须解释为什么A和D不正确了。

情景五

你的朋友或同事邀请你去家里吃晚饭，但在前一天晚上甚至当天早晨你才突然想起来，出于宗教或健康原因，你和你的爱人都不吃猪肉。你决定：

A.不要为此担忧，虽然猪肉在德国是最常见的肉类，但请客的人很可能已经考虑到了你的宗教背景而准备了其他的食物。

B.不说话，但心里暗暗希望不要上猪肉的菜肴，如果真的有猪肉，就编造一些奇怪的借口，比如你一点也不饿所以不吃猪肉。

C.给你的同事打电话告诉他你不吃猪肉的事情，也许有点晚了，但会使大家就餐时避免尴尬。

D.为了彻底免除尴尬，找借口说突然生病了无法赴约，过后找机会问问主人他们准备了什么食物。

德国一小镇街道

慕尼黑啤酒节上的铜管乐队

评论

正确答案是C，这样做虽然有些尴尬，但却避免了答案B的更大尴尬。答案D比答案C给主人造成的麻烦更大，万一他们发现你撒了谎，你们之间的良好关系就会大打折扣。

答案A想当然地认为德国人有较强的文化意识，其实他们有时也有明显的文化误区。例如，在庆祝达豪（Dachau）集中营解放50周年的庆典宴会上，组织者上了一道烤猪肉，其实很多到场的嘉宾都是犹太人！

情景六

你的同事邀请你去家里喝咖啡或吃晚饭，你在他家里见到一张你找了很久都没有买到的碟片，卖碟的商店店员曾告诉你这张碟片不再卖了，你于是：

A. 问同事可否借这张碟片，这样你可以自己复制一张。

B. 向同事解释一下事情的来龙去脉，问他是否可以给你复制一张，然后马上说第二天拿一张空碟来复制。

C. 拜托同事如果他再去卖碟片的商店，替你看看是否那张碟片真的不再卖了。

D. 不作声，你深知德国人不愿意把东西借给别人，所以你不想让同事为难。

评论

答案D最容易，但也许不是最佳选择。答案A不是个好办法，因为你会使你的同事陷入尴尬的境地，答案C也无法解决你的问题。

答案B是最佳选择，因为你的同事也许根本不介意为你复制一张碟片，但你应该送给他一个小礼物表示感谢。

行为准则

正确的行为

- 每次见到邻居要和他们打招呼，一般在“Herr”（先生）或“Frau”（夫人）后面加他们的姓氏而不是名字。
- 进入小商店之后一定要说“Guten Tag”（您好）或“Guten Abend”（晚上好）。
- 应邀去别人家里做客时一定要带一个小礼物，鲜花、葡萄酒和国内带来的小纪念品都是合适的礼物。
- 如果你不能食用某种食物（特别是猪肉）或饮料，一定要事先通知请客的主人。
- 与别人说话时一定要看着对方的眼睛。
- 握手要有力。
- 尼古拉斯日 (圣诞老人节, 12月6日) 时要给下属和同事一些诸如糖果之类的东西。
- 在公共汽车上如果你坐在老弱专座上，要主动把座位让给年老体弱者。
- 使用卫生间之后要随手关门。
- 要真诚地赞美他人，德国人十分乐于得到应得的赞美，但他们对虚情假意的赞美持怀疑态度。
- 在高速公路上要在最右边的车道行驶，除非你要超车或正在高速行驶。
- 尽量学会欣赏德国人对啤酒的盛誉。

不正确的行为

- 除非事先约好，否则不要在晚上 10 点以后给别人打电话。
- 不要做不速之客。(唯一的例外是在圣诞节时去拜访亲戚，可以不事先打招呼。)
- 不要靠在别人的汽车上休息，汽车在德国近乎神圣。
- 不要在别人的住所前面闲逛。

幸福的家庭和狗

嘿！我说对了

- 不要首先换成“你”的形式或只叫名字，一定要让你的德国同事或朋友先这样做。
- 应邀去别人家里做客时不要送玫瑰花，因为在德国玫瑰花有着浪漫的联想，除非这种永恒的浪漫正是你想要的。
- 在裸体浴场不要目不转睛地凝视或靠近他人。
- 不要首先和德国人谈论两次世界大战或纳粹时期，的确有很多德国人愿意讨论这个话题，但还是让他们先挑起这个话头吧。
- 不要对陌生人过于热情，德国人会认为你有求于他或认为你反复无常。
- 乘坐公共交通工具时不要吃东西或喝饮料（或许水除外）。虽然你会时常看到这种情况，但此举通常被视为没有教养。
- 除了甜品以外，不要用勺子吃固体食物，德国人认为只有小孩子才这样做。
- 不要在别人生日之前就赠送礼物，如果你无法在生日那天到场，可以过后再给礼物。（在生日之前赠送礼物被认为是蔑视命运。）
- 如果你享受了外国人的纳税优惠政策，不要对此扬扬自得。德国人对必须缴纳很高的所得税本来就心存不悦，他们深信应该纳税面前人人平等。

词汇表

有用的词汇

在你开始学习德语课程之前，有一些非常有用的词汇应该掌握。下面的词汇会使你更加顺利地适应德国社会。

基本词汇

Danke 和 Nein, Danke——“谢谢”和“不用，谢谢”

这些基本词语会在你初到德国的日子里发挥意想不到的作用。

Bitte

这个词语具有双重含义“请”和“别客气”，它们会使你在德国的最初时光过得十分顺利。（这个词的双重含义也可以解释为什么你用英语对德国人说“早上好”的时候，他们常常回答“请”。）

Entschuldigung——“劳驾”

当你打搅了某人或向别人询问时使用。从理论上讲，这句话还在你不小心

德国乡村建筑

碰了别人的时候说，不过更常见的做法是假装什么都没发生。当然，不经意的碰撞和打扰之后，人们现在越来越多地以一句英文的“对不起”来表示歉意。

Guten Morgen, Guten Tag, Guten Abend, Gute Nacht——“早上好”，“下午好”，“晚上好”，“晚安”。

在德国的南部和奥地利，有一句全能的问候语可在一天之中的任何时间使用：Gruss Gott（“向上帝致意”）

Wie geht’s——“你好吗？”或者“一切都好吧？”

还有比这更加复杂的说法，但这个简单的问候就足够了。如果有人这样问你，比较有效的回答是：Es geht mir gut 或者 Es geht mir schlecht（“我很好”或“不怎么样”）

饮食

Ich Habe Hunger 和 Ich habe Duist——“我饿了”和“我渴了”

Abendessen——早餐、午餐、晚餐。

Essen 的意思是“吃”，名词 das Essen 的意思是“食物”。

Speiselkarte——菜谱或账单

对此要小心：如果你走进餐厅要“das Menu”，他们会微笑着给你端上来当天的套餐，共有三四道菜。Speiselkarte 会被分为两部分——Speisen（食物）和 Getranke（饮料）。

Bezahlen, bitte——“埋单”或“请拿来账单”。

餐后要账单时，服务生会问你 Zusammen oder getrennt?（“一起算还是分开算？”）

Bitte,wo ist…? ——“请问，……在哪里？”（填上你要找的地方。）

如果你要找的地方很容易描述清楚，你会得到这样的回答：Nach rechts（向右）、Nach links（向左）或者 Geradeaus（一直向前）。

Das gefallt mir 和 Das gefallt mir nicht——“我喜欢那个”和“我不喜欢那个”

柏林电视塔

德国国王湖

标志

Offen……营业
Geschlossen……关门
Eingang……入口
Ausgang……出口
Drucken……推
Ziehen……拉
Gefahr……危险
Vorsicht!……小心!
Umleitung……绕道行驶
Fahrkarten……售票处
Abfahrt……出发
Ankunft……到达
Damen……女卫生间
Herren……男卫生间
Besetzt……已订出
Frei……免费
Heiss……热
Kalt……冷

两个最重要的句子

Ich spreche kaum Deutsch 和 Sprechen sie Englisch?——“我喜欢那个”和“我不喜欢那个”,“我不会讲德语”和“你会说英语吗?”

除非你来德国以前有较好的德语知识,否则你必须面对这一切,来到德国的最初阶段,你很大程度上要依赖讲英文,这两句话可以帮助你度过这一时期。

新天鹅堡旁的湖水

信息资源指南

紧急情况和医疗卫生

紧急号码

- 警察　110
- 火警　112
- 救护车　115
- 有毒物品处理中心　（0761）19-240

医院

德国的重要医院包括：

- Albertinen-Krankenhaus, 汉堡
- Universitats-Krankenhaus, 汉堡－艾本德
- Kerckhoff Klinik, 巴德诺海姆
- Deutsches Herzzentrum, 柏林
- Universitatsklinikum Benjamin Franklin, 柏林
- Universitatsklinikum Charite, 柏林
- Universitatsklinikum Carl Gustav Carus, 德累斯顿
- Vinzenzkrankenhaus, 汉诺威
- Klinikum der Johann Wolgang Goethe-Universitat, 法兰克福

德国救护车

- Universitatsklinikums，蒂宾根
- Universitatsklinikums，乌尔姆

在德国，你一般没有机会自己挑选医院，如果情况紧急，根据就近医治的原则，你会被送到拥有相应医疗设施的医院。对于非紧急的情况，你的初诊医生会根据对其他医院的专业医生的了解而将你转院。

私人诊所与此不同，在那里你要自己付费，也就是说他们只针对购买了私人医疗保险的人或有钱人提供服务。

失物招领

德国的每一个城镇，不论大小，都有“失物招领处”，具体电话号码可以从你居住地的电话号码簿中查到。小城镇的“失物招领处”通常在市政大楼里，而在一些较大的城镇，它通常在政府机构中拥有自己的宽敞办公地点。此外，在大城市里，公共交通系统对在公交车和火车上捡到的物品设有自己的招领处。

家庭

定居服务

在过去的10年间，定居服务在德国兴起，服务机构的规模不等，小到只有几个顾问，大到拥有30多位工作人员，服务内容包括了定居德国或离开德国回国居住的方方面面。他们会就一系列的具体事务提供帮助，比如到哪里去买家具、如何粉刷房屋。

这些机构还会帮助你办理初到德国所要办理的各种繁杂手续，有些公司还会派专人到政府机构，去接待室排队为你领取各种表格，然后帮助你在家里填表，这样就省了你好多事，但有些需要你亲自出面。

定居服务在德国方兴未艾，从业者众多，下表提供了一些服务遍及全国的公司及其网址。

- Helga Thomas Relocation Partner（海尔格·托马斯定居合作社）
  网址：http://www.relocationpartner.de
- RE/MAX Relocation Europe（瑞/玛克斯欧洲定居公司）
  网址：http://www.Europe-relocation.com
- Relocation Management and Service（定居管理与服务）
  网址：http://www.reloc.com
- Relocation Service und Beratung（定居服务与咨询）
  网址：http://www.rsb-relocation.de

Crown Relocation（皇冠定居）
网址：http://www.crownrelo.com

酒店

在德国的任何一个城镇都有许多档次价格不同的酒店和旅馆，你可以事先在DER办公室预订，通常在城市的中心火车站附近。

不过，如果你没有预订酒店也不必惊慌，多数大城市都在中心火车站或机场设有酒店预约处，他们会根据你的预算为你打电话联系或查看计算机，找出哪间酒店还有空房间。但是这个系统在一些重要的交易博览会上遭遇了严重瓶颈（汉诺威国际信息与通信技术博览会或法兰克福书展），还有慕尼黑啤酒节。

娱乐休闲

书店

德国人喜欢把自己说成是“有文化的民族”，他们的书店规模和数量说明此

德国巴登市的一家酒店

法兰克福美因河

言不谬。下面这个仅涉及十之一二的书店名录，但却囊括了法国一些最佳的书店。

柏林

- Kiepert（在 Ernst-Reuter 广场附近）

  这里有大量德文和包括英文在内的原文地图、古籍、艺术书籍和平装本书籍。

科隆

- Buchhandlung Walther Koenig（Breite 大街 93 号）

  这是两家相邻的书店，都有大量的英文书，其中一家书店出售二手书和纪念品，另一家书店出售新书。

美因河畔的法兰克福

- British Bookshop（Borsen 大街 17 号，股票交易所附近）

  这里员工友好博闻，书籍齐全，以英文书为主。书店的橱窗贴着各种工作招聘和社区活动的信息。

- Hugendubel（Steinweg12 号，与 Hauptwache 相隔）

  这是法兰克福最大的书店，其中有一层全是外文书籍，以英文为主。

- Sussman' s（采尔大街 127 号，An der Katherinenkirche）

  这是个令人心仪的小书店，全部是外文的书籍、报纸和期刊，书店的员工有问必答，乐于助人。

- Die Wendeltreppe（Bruxken 大街 34

号，Sachsenahusen）

专营侦探和推理小说，以德文书为主，英文书籍也不少。书店的环境独树一帜，展示着蜘蛛、蜘蛛网、手铐和一些刑具。

汉堡

- Frensche International(Landsbank Galeire,Gerhart-Hautpmann 广场）购买外文书籍的好地方。
- Thalia Buchhaus（两家店：一家在Spital 大街，靠近 Hauptbahnhof，另一家在 Grosse Bleichen，靠近Jungfernstieg）大型综合性书店，英文书籍资料齐全。

慕尼黑

- Fremde Welten（M ü llerstrasse43 号）这家书店不以营利为目的，全部利润捐献给发展中国家的福利事业，出售德文和英文在内的外文书籍。
- International Bookstore 国际书店
出售外文书籍，书店氛围友好。
- 胡根杜伯尔（Hugendubel）书店
在慕尼黑拥有至少五家连锁书店，其中最大的一家位于玛丽亚广场（Marienplatz）22 号，英文书籍和外文书籍最为齐全。离此不远在“Karl patz”的书店是最新的分店，规模也不小，有一家不错的咖啡厅。

交通和通信

城市和国家电话区号

德国的国家代码是 49，城市号码在国内要加拨一个“0”，在国外拨不必加“0”。

主要城市区号

柏林	030
科隆	0221
多特蒙德	0231
德累斯顿	0351
杜塞尔多夫	0211
法兰克福	069
汉堡	040
汉诺威	0511
莱比锡	034232
慕尼黑	089
斯图加特	0711

媒体

报纸

德国最大的报纸是《图片报》，在全

汉堡议政广场

斯图加特皇宫

国有不同的地方版本。（比如，《柏林图片报》注重柏林当地新闻，还有读者在其他城市搜集到的相关文章和特写。）该报被认为格调不高，而且文章的准确性和公正性也受到置疑，但因为它的语言通俗易懂，十分适合还在学习德语的人阅读。《柏林报》或者叫BZ，和《图片报》在许多方面都十分相似。

那些更有名望的出版物包括《时代周报》，是汉堡的周刊；《法兰克福汇报》(FAZ)；慕尼黑的《南德日报》；汉堡的《世界报》；《法兰克福评论报》；杜塞尔多夫的《商报》，这是发行量最大的商务和财经出版物。这些出版物中有些推出了周日版，但还没有知名的周日报纸。

杂志

在众多印刷精良的德国新闻杂志中，最好的三家是《明镜周刊》《明星画刊》和《焦点》。许多其他杂志刊登大量有趣的文章、肤浅的八卦新闻和裸体图片。

德国的许多地方都可以买到英文报刊，有总部在巴黎的《国际先驱论坛报》(纽约时报出版公司拥有)。《国际先驱论坛报》在法兰克福印刷，在德国的大城市都可以买到。其他容易买到的英文报纸包括主要的英国报纸，比如《时代周刊》《卫报》和《每日电讯报》，还有美国的主流报纸《华尔街时报》和《今日美国》，还有一些杂志，比如《经济学家》和欧洲版的《时代周刊》和《新闻周刊》。

电视

德国的电视界被政府出资的电视台所统治，包括两个大型的国家电视网（ARD 和 ZDF），还有一些州级的电视台，被称为“第三频道”，比如巴伐利亚、北莱茵－维斯特法伦或者黑森林。一些小州联合起来组成地方性的第三频道，如西南电视台、德国北方电视台、德国中部电视台。第三频道一向以节目富有挑战性而著称，但最近他们也不得不做一些变通，插进一些节目以适应大众的口味。但在两个方面，第三频道始终坚持着他们一贯的宗旨，那就是更多地报道当地新闻，报道当地的社区和名人。

这些电视台有一个最大的优点：他们把所有的商业广告都限定在某些固定的时段，从不随意穿插在节目之中，但很多私人电视台的节目充斥着商业广告。

个人理财

税收

基本的税收问题可以免费在当地的税务机构办理，每一个大城市或县都有自己的税务局，他们的职责之一就是给纳税人答疑解惑。但你事先要有心理准备，你会排很长时间的队，他们给你的忠告不多，而且多数对收税方有利，所以你最好自己请一位税收方面的顾问，向他请教。

银行业

德国的私人银行有三种，但在过去的几十年间，它们之间的差别有些模糊，不易立刻区别开来。

但它们之间还是有差别的：大型商业银行、提供全面服务的储蓄银行和信用合作银行。最后一种规模最小，分布

莱比锡

于城镇的居民住宅区。

以德意志银行、德国商业银行和德累斯顿银行三大银行为主的大型商业银行声誉较好，主要面向大客户而不是小客户，但近年来他们采取了一系列的举措，从储蓄银行吸引私人客户，后者一贯被认为对小客户更亲善也更有利。不过近年来，很多大型商业银行都意识到了吸纳小客户的重要性，设立了提供全面服务的支行，其中的佼佼者有德累斯顿银行的Bank24、德国商业银行的“ComDirect”和欲宝银行（Vereinsbank）的“Advance Bank”。

很多有小账户的当地人仍然去本地的储蓄银行（银行名字都以城镇命名）或者“Raiffensbank”，以传统的信用合作银行为基础。其他的小客户更青睐“Bausparkassen”（建筑储蓄银行）的服务，比如“Wustenrot”，或由大型零售连锁邮政集团开办的银行，如“Quelle”银行。那些更注重环境的人则把他们的钱存进合作银行“Okobank”，这家银行只对环境有利的项目进行投资。

语言

在德国并不缺少学习德语的机会，大概最省钱的办法就是在社区业余学校注册学习语言课程，业余学校的成人教育学校遍布于全德国，其优点是学费低廉，但不足之处是大班授课，教师良莠不齐。如果你幸运的话，一定会从这样的课程中受益匪浅，但如果你运气不好，恐怕就学不到什么了。

私立学校

一些私立语言学校的分校遍布全国，

汉堡议政广场

包括了 Berlitz、Inlingua 和 Lin guarama。你可以从电话簿上查一个离你最近的。

很多学生抱怨在大型的语言连锁学校学习很不划算，其中一条就是老师常常突然不见了，也许在这一行里跳槽的情况比比皆是。小型的语言学校很多，他们在留住员工方面做得更好。你最好请在语言学校里学过德语的人向你推荐。

歌德学院

最可靠的办法就是上歌德学院，虽然学费或许是最昂贵的，但却绝对物有所值。在德国本土有 16 所歌德学院，在海外有 126 所。更多详情请访问学校的网站：http://www.goethe.de

更多阅读信息

关于文化误区

Facts About Germany.Societats-Verlag. Frankfurt am Main.

- 德国一年之中所发生主要事件的回顾，简明地概述了历史、文化、经济、政府、教育、交通、工业和休闲，很有价值。该书把德国既看成一个整体，又看成是各自独立的 16 个州。

These Strange German Ways.Susan Stern.Bonn:Atlantic-Brucke1994.

- 该书对德国社会的弱点、习俗和日常生活作出了简短的介绍，是一本信息量很大的指南。有趣的是，你会注意到作者在书中的判断与本书时有出入。

关于德国和德国人——综述

Europe and German Unification. Renate Fritsch-Bournoyel.New York and Oxford:Berg,1992.

- 本书探讨了这个在欧洲变得更新、

更大、更强的德国的特性。

The Germans,Gordon A.Craig. London:Penguin，1991.

- 著名的历史学家 Craig 介绍了德国社会和德国人，其中有许多富有见地的历史观点。

Germany and Europe:The Crisis of Unity.David Marsh.London: Man darin Paperbacks,1995.

- 作为英国驻德国的首席记者，Marshall 发人深省地揭示了德国统一所带来的巨大变化，及其对德国在统一的欧洲所担当的角色所造成的影响。

Germany and the Germans.John Ardagh.London:Penguin Books，1991.

- 关于德国以及德国人，收录了德国统一所带来的最初的震撼。

In Europe’s Name.Timothy Garton Ash.New York:Vintage，1984.

- 作者将德国的历史和欧洲的现实相结合，分析了处于变化中的欧洲的德国的嬗变和现状。

Meet United Germany Handbook 1992/93.Susan Stern(ed).Frankfurt am Main:Frankfurt Allgemeine Zeitung Information Services and Atlantik-Brucke,1992.

- 大量的事实和丰富的实用信息会帮助你度过在德国的最初阶段。

Meet United Germany:Perspectives.

选择学习用书

Susan Stern(ed).

- 同一出版社出版，该书收录的一系列文章会让你更好地了解德国社会的方方面面。

The New Germany:A Human Geography.Alun Jones.Chichester:John Wiley&Sons,1994.

- 和下面的 Diem 的书类似，但该书不着眼于某个地区，本书内容翔实，有大量的资料、表格、图表和数字。

The New Germany:Land,People, Ecomomy.Aubrey Diem.Kitchener Ontario:Aljon Print-Craft Ltd，1993.

- 这是一本宝贵的资料书，有大量的图表、地图和数据，便于你查到德国的背景知识和各地区的最新信息。

商业

Doing Business in Germany.Price Waterhouse,1998.(可就近在 Price Waterhouse 办公室得到。)

- 可快速查阅在德国经商的有用信息，全面介绍了税收、投资、出口、审计和财务等方面。

EuroManagers and Martians:The Business Culture of Europe’s Trading Nations. Richard Hill.Brussels：Europublications, 1994.

- 介绍了欧洲主要国家的不同商业文化，德国篇内容丰富，包括了十分流行的商业理念。

Riding The Waves of Culture.Fons Trompenaars.Irwin Professional Pub lishing，

德国的历史不能忘记

1994.

- 和 Hill 的书一样，本书也侧重于不同类型的商业文化，但本书作者没有局限于欧洲国家，而是对德国的商业思想作了深刻的剖析。

Succeed in Business:Germany.Richard Lord.Singapore：Times Editions，1998.

- 本书内容紧凑，方便实用，深入探讨了在德国成功经商之道。不论你是在德国公司工作的外籍管理人员，还是自己经商的企业家，都可以从这本书中受益。

学习语言

我自己学习德语是好久以前的事情了，所以不清楚现在流行的教材是什么，下列教材是德国的英文书店的销售人员推荐的。

- German in Three Months.Hugo Press Sufflok，1990.
- Teach Yourself German:A Complete Course For Beginners.Hodder，1989.
- German for Business. Hugo Press Suffolk，1992.
- Guide To German Idioms.Passport Books，1994.

历史

A Concise History of Germany.Mary Fulbrook.Cambridge University Press，1991.

- 简要回顾了德国历史上的重大事件（时间上到两德统一为止），内容丰富，使用方便。

Germany1866–1945,Gordon A.Craig. Oxford University Press，1984.

- 这是一本经典书籍，表明了对当代德国从产生到几乎灭亡的过程的理解，显示出作者的渊博学识，不过有的读者也许会认为书中有时言辞过激。

Germany Divided:From The Wall To Reunification.A.James McAdams.Princeton NJ：Princeton University Press，1993.

- 对德国历史上近期发生的事件作出了深刻的分析，可读性强，使你能够更好地理解德国统一的问题。

The Rise and Fall of the Third Reich. William L.Shirer.New York：Fawcett Crest,1992.

- 本书是对纳粹政权的经典解读，已是第三十四次印刷。作者在纳粹统治初期是驻德国的记者，对纳粹政权拥有第一手的资料，本书可谓是翔实的报道、辛勤的研究和亲身经历的完美结合。即使你不能从头到尾通读这部巨著，也能从书中的不同地方了解这段德国历史上最黑暗的时期。

食物

The Gourmet's Companion:German Menu Guide and Translator.Bernard Rivkin. John Wiley&Sons,1991.

- 如果你已有一定的德语水平，你对德国食物已有相当的了解，可以在餐厅点菜了，那么这本书对你会很有帮助。除此之外，还对你购买食品和饮料大有裨益。

德国圣诞美食